CLAROS E ESCUROS

Dados Internacionais de Catalogação na Publicação (CIP)
(Câmara Brasileira do Livro, SP, Brasil)

Sodré, Muniz

Claros e escuros : identidade, povo, mídia e cotas no Brasil / Muniz Sodré. 3. ed. atual. e ampl. – Petrópolis, RJ : Vozes, 2015.

1ª reimpressão, 2025.

ISBN 978-85-326-2168-9

1. Afro-brasileiros – Condições sociais 2. Afro-brasileiros e meios de comunicação de massa 3. Brasil – Vida intelectual 4. Cultura – Brasil 5. Discriminação racial – Brasil 6. Identidade social – Brasil I. Título.

99-0966 CDD-305.896081

Índices para catálogo sistemático:

1. Afrodescentes no Brasil : Sociologia 305.896081
2. Brasil : Afrodescendentes : Sociologia 305.896081

Muniz Sodré

CLAROS E ESCUROS

Identidade, povo, mídia e cotas no Brasil

EDITORA
VOZES

Petrópolis

Rua Frei Luís, 100
25689-900 Petrópolis, RJ
www.vozes.com.br
Brasil

Editoração: Fernando Sergio Olivetti da Rocha
Diagramação: Sheilandre Desenv. Gráfico
Capa: Sérgio Gonzalez

ISBN 978-85-326-2168-9

Este livro foi composto e impresso pela Editora Vozes Ltda.

Para Emmanuel Carneiro Leão,
mestre-de-pensar.

Sumário

Introdução

Dezesseis anos após a primeira edição deste livro e também após a comoção elitista causada pela adoção de "cotas raciais" no país, permanecemos afeitos à expressão "claros e escuros" como designação diferencial. Mais do que branco e negro, esses são termos de amplo trânsito no modo de identificação popular das diferenças fenotípicas, isto é, da cor da pele. Embora conscientes de que raça só existe uma, a raça humana, consideramos que não se pode ocultar sob as veleidades filosóficas do Esclarecimento e do Progresso globalitários a reiterada importância dessas distinções que, embora insuficientes para fundar cientificamente o conceito de raça, sustentam socialmente a *relação racial*. Em torno disso, mantêm-se privilégios de classe, levantam-se barreiras imigratórias, legitimam-se discriminações alfandegárias, construíram-se e constroem-se identidades culturais ou nacionais.

Estamos querendo afirmar que a atualização do liberalismo econômico na forma da financeirização do mundo, ideologicamente conhecida como "globalização", esquece em sua utopia anunciada as desigualdades e os conflitos subjacentes às diferenças econômicas, políticas, mas principalmente simbólicas.

Não é uma afirmação nova. Já no começo dos anos de 1950, o sociólogo Costa Pinto desacreditava abertamente dos prognósticos de vários de seus pares da época no sentido de que a discriminação racial deveria terminar tão logo se industrializasse plenamente o país. Nada mais acertado: em pleno século XXI, os "escuros", seja no Brasil, na América Latina, nos Estados Unidos ou na Europa, continuam econômica, política e simbolicamente desiguais frente aos "claros".

Neste trabalho, empreendido sob os auspícios do Conselho Nacional de Pesquisas Científicas (CNPq) e em meio às nossas atividades docentes no Programa de Pós-Graduação em Comunicação e Cultura da ECO/UFRJ, empenhamo-nos em demonstrar que a identidade cultural/nacional é uma das principais questões – senão a principal – que marcam fortemente a história intelectual do país.

Isso, aliás, tem sido muito evidente. Ao modo do episódio mitológico da Esfinge com o viajante, a nação sempre pareceu interrogar o intelectual brasileiro sobre a sua identidade. Muitas vezes em tom pessimista, como o de Monteiro Lobato em 1931: "Não sabemos o que somos. Há tanta escora e espeque e amarrilho de cipó na nossa estrutura social, que ninguém consegue ver claro a forma do nosso edifício. Parece república e não é. Parece democracia e não é. Parece país e não é. Parece que está vivo e não está".

Nacionalista ou não, conservador ou progressista, o pensador que efetivamente aqui tem marcado a história das ideias – seja ficcionista, ensaísta, historiador, praticante de ciências humanas e sociais – é aquele que, de um modo ou de outro, aceita o repto de tentar uma resposta para o "decifra-me ou te devoro" do território nacional.

Não raro, termina devorado. Um dos motivos maiores é a dificuldade de compreender as estratégias simbólicas atuantes nas comunidades ou no povo dos "escuros", esses que suportaram o peso da acumulação primitiva do capital e constituem até hoje uma espécie de símbolo ontológico das classes econômica e politicamente subalternas. Da produção artística e intelectual dos negros e mulatos dos séculos XVIII e XIX e à "maneira" sacra, lúdica e sutilmente política dos terreiros de cultos afro-brasileiros, sem esquecer os movimentos identitários posteriores aos anos de 1960, o enigma impõe como um constante desafio, com a espada de Dâmocles da discriminação racial sempre acima das cabeças.

Neste estudo, procuramos analisar as linhas e a dinâmica do pensamento identitário brasileiro – esse que percorre os mais variados gêneros discursivos e que chamaremos de "sociosofia", atitude reflexiva de bases literário-histórico-sociais, resultante dos momentos fortes da questão nacional – confrontando-as com as estratégias de singularização e soberania dos "escuros" e debruçando-nos sobre a banalização dessa problemática pela mídia e pelo mercado.

Nesta edição, incluímos como capítulo novo uma discussão sobre a questão das cotas raciais, que se estende de meados da última década do século XX até os dias de hoje, embora juridicamente sacramentada pelo Supremo Tribunal Federal. Sem se deter hegelianamente no problema conceitual de raça (argumentação prioritária dos intelectuais coletivos das classes dirigentes), o STF adotou uma inflexão mais "marxiana" (*à son insu*), ao reconhecer a relação racial como um material historicamente determinado na sociedade brasileira e convertido em condição intransponível das ações individuais dos "escuros" com vistas ao ultrapasse de uma cidadania de segunda classe.

Este não é um trabalho de sociologia nem de antropologia, *stricto-sensu*, mas um empenho de *pensar* – com os materiais das ciências sociais, da filosofia, dos estudos comunicacionais e da experiência participativa em grupos reflexivos da tradição negra – a condição de "claros e escuros" no Brasil. São cidadãos postos no interior de um paradigma étnico que os socializa segundo as regras de uma branquitude imaginária, anacronicamente colocada no patamar superior de uma escala de valores com pretensão à universalidade humana.

Um anacronismo é capaz de sobreviver à transformação das forças produtivas, como bem demonstra a história contemporânea do capital, uma vez que a suposta racionalidade do sistema costuma ser sustentada por práticas que escapam à sua própria linguagem. A forma social escravagista pode, assim, sobreviver com toda a sua herança psicossocial ao fim do modo de produção econômico baseado na exploração da mão de obra escrava. A força simbólica do *ethnos* é tão ou mais atuante do que as aspirações universalistas do *demos*.

Hoje como ontem, esperamos lançar uma luz a mais sobre a dita "brasilidade", incorporando de maneira afirmativa as contribuições da afrodescendência nos principais níveis em que estas se deram na história brasileira, sem recalcar as realizações nos planos das artes, das letras e do pensamento voltado para a ação. Mas igualmente uma luz sobre o mal-estar civilizatório chamado *racismo*, que se exacerba nas suas formas "neo"discriminatórias em todo o mundo pretensamente racional e democraticamente "ocidentalizado".

Aos mestrandos e doutorandos da ECO/UFRJ, assim como aos de várias outras universidades nacionais e estrangeiras, que acompanharam os nossos seminários e conferências sobre mídia e cultura nacional, agradecemos pelas discussões e por ajudas eventuais.

M.S.

2015

Parte 1
O campo identitário

Grito imperioso de brancura em mim.
Mário de Andrade

1

O mesmo e o outro

O monarquista Eduardo Prado foi um dos mais destacados publicistas brasileiros da primeira metade do século XX. Era homem de hábitos refinados, segundo descrição de Gilberto Freyre: "na Europa tratado como um príncipe e a quem raro faltou a companhia de um *valet de chambre* inglês"[1]. Caracterizava-se por um antinorte-americanismo sistemático, que Freyre explica por uma "certa experiência infeliz" que o ilustre paulista teria tido em barbearia elegante nos Estados Unidos: "erradamente tomado por negroide – era de fato muito moreno, podendo ser confundido com um indiano em trajo ocidental –, teriam lhe recusado serviço na tal barbearia, alegando 'color bar'. Que o estrangeiro desculpasse, mas aquela 'shop' era só para *gentlemen* brancos"[2].

Um episódio banal e miúdo dentro de um contexto segregacionista, poderia alguém dizer. Mas aqui aparece como trauma gerador de um ressentimento pessoal responsável pela posição teórica e política de Eduardo Prado, exemplificada em livros como *A ilusão americana*, ensaio sobre as relações entre Estados Unidos e América Latina. Considerando-se a importância e a originalidade da obra de Freyre, pode-se tomar a anedota como

---

1. FREYRE, G. *Ordem e Progresso*. 1º tomo. José Olympio, 1962, p. 159.

2. Ibid.

um índice da problemática da identidade e da diferenciação etnocultural que tanto tem ocupado o pensamento social brasileiro – ou seja, a questão "que sujeito humano sou eu"? – e que retorna com novo vigor no movimento dito de "globalização", no bojo das discriminações cotidianas de migrantes, negros e excluídos de uma maneira geral.

É igualmente certo, porém, que um comentário dessa ordem, apesar do recrudescimento do neorracismo ou das múltiplas formas de discriminação racial no final do século XX, possa ser tachado de mero antropossociologismo, rejeitado como tema significativo para o pensamento profundo. Para um determinado tipo de reflexão filosófica em curso na Europa, as "diferenças culturais" (o outro concreto, o sujeito exótico) não têm grande interesse para o pensamento.

O francês Badiou, por exemplo, discutindo a questão da ética, vê em tais diferenças "apenas a evidente multiplicidade infinita da espécie humana, que é tão flagrante entre mim e meu primo de Lyon quanto entre a comunidade xiita do Iraque e os gordos *cowboys* do Texas"[3]. Para ele, o culturalismo contemporâneo implica um rebaixamento objetivo da ética, uma mera fascinação turística pelo múltiplo dos costumes, das crenças, cuja consequência ético-social seria a coexistência tranquila ou a tolerância entre as "comunidades" culturais, religiosas etc.

Argumenta o *scholar* que a verdadeira questão não está no outro excluído, mas no reconhecimento do mesmo. Ele quer dizer que o problema maior para o pensamento filosófico não está na aceitação de outras identidades, pois a diferença é o que está aí, o que há (o múltiplo infinito), enquanto o mesmo é aquilo

---

3. BADIOU, A. *L'Éthique* – Essai sur la conscience du mal. Hatier, 1993, p. 40 [Ed. brasileira: Relume-Dumará, 1994].

que advém, é uma verdade: "Uma verdade é o mesmo para todos". Deste modo, o que deveria ser postulado para cada um não é a diferença cultural, mas sua capacidade para a conquista do verdadeiro.

Aqui aparecem dois problemas: o valor e a diferenciação. Por valor entendemos aqui a orientação prática do sujeito para a ação social, obtida por comparação de termos dentro de um quadro em que se confrontam e se escalonam equivalências diversas. Nenhum valor é neutro, pois espelha as convicções e as crenças de um sistema particular – é uma significação já estabelecida. Não basta, assim, afirmar a evidência da multiplicidade humana. A percepção da diversidade vai além do mero registro da variedade das aparências, pois o olhar, ao mesmo tempo em que percebe, atribui um valor e, claro, determinada orientação de conduta.

Quanto à diferenciação, é preciso notar que a multiplicidade tem principalmente a ver com possibilidades e não com identidades. A diferença não é um ponto de partida, mas de chegada – ponto de partida são as possibilidades concretas de diferenciação. Deste modo, a discriminação será o não reconhecimento da exclusão do outro nos percalços da diferenciação, ou seja, do movimento complexo dentro do estatuto da identidade. A verdade, enquanto identidade do mesmo, resulta da discriminação. Pode-se contra-argumentar a Badiou, apontando para a verdade como o advento do infinitamente diverso, isto é, para a diversidade humana como uma constante em todo empenho de realização, como a verdade do real concreto.

Estamos querendo assinalar que existe um abismo entre o abstrato reconhecimento filosófico do Outro e a prática eticopolítica (real-concreta) de aceitação de outras possibilidades humanas, da alteridade, num espaço de convivência. No discurso de Badiou, sujeito não se refere a um indivíduo, uma pessoa ou alguém concreto, e sim a uma instância (logo, uma construção topológica) advinda de um "processo de verdade". Verdade implica aí o rompimento de uma situação já dada, a escolha e a fidelidade de um sujeito. E a ética propugnada por essa reflexão seria a "ética de uma verdade", que visa a uma ruptura ou uma mudança no já dado da espécie humana.

Por trás dessa elegância conceitual, impecavelmente progressista, oculta-se uma enunciação política, segundo a qual o "verdadeiro" a que se aspira retorna sempre ao mesmo do Ocidente hegemônico, isto é, à "capacidade para as ciências, para o amor, para a política ou para a arte", já que estes seriam "os nossos universais", sob os quais se apresentam as verdades. O que no âmbito filosófico se apresenta como universal, no político pode evidenciar-se como uma centralidade de valores suscetível de redundar, em termos de prática social, no liberalismo assimilacionista, veículo de integrações forçadas ou de reconhecimento das diferenças apenas enquanto expressas por valores individuais.

"Universais" é um termo conceitualmente sedutor e, às vezes, politicamente astuto. Só que a argumentação de Badiou parece esquecer que os universais são dinâmicas de realização em vez de padrões de uniformidade. O correto não é necessariamente o verdadeiro, e a conformidade nunca é universal concreto, e sim uma abstração. Esta é, por sua vez, o principal mecanismo de toda discriminação.

Badiou acerta ao deixar claro que o relativismo cultural nada resolve quanto ao estatuto do sujeito contemporâneo. Não obstante, a sua ética universalista das verdades recai politicamente, em termos práticos, na velha centralização humanista operada pelo paradigma europeu de conhecimento e cultura.

O acerto lógico do enunciado filosófico não o torna necessariamente verdadeiro, posto que seu fundamento é um ideal ou uma fantasia: a suposição de que o racionalismo lógico, ao invés de uma tecnologia cognitiva historicamente condicionada, seja uma invariância substancial e automática em todos os grupos humanos; portanto, universalmente aplicável à diversidade das situações existenciais. O triunfo lógico da abstração filosófica garante aí o poder da identidade europeia ou ocidental, assim como a hegemonia de um pensamento.

Nesse sentido, histórias de vida ou mesmo pequenos episódios do cotidiano (a exemplo do narrado por Freyre a propósito de Eduardo Prado) podem ser às vezes mais esclarecedores do que longas digressões acadêmicas. Assim é que, em 1932, Monteiro Lobato relata numa carta o incidente a que assistiu em Taubaté, SP, quando um norte-americano retirou-se acintosamente de um restaurante por ter um "guarda-freios" de pele escura se sentado perto dele. O comentário de Lobato, racista assumido, interessaria a Badiou: "Filosoficamente me parece horrível isto – mas certo do ponto de vista racial".

A realidade é que na existência cotidiana de hoje, seja na Europa ou em qualquer outra parte do mundo industrializado, as relações humanas são atravessadas e muitas vezes determinadas por diferenças materializadas na variedade dos modos de crer, perceber, trabalhar, vestir-se e parecer somaticamente. A estética negativa do estrangeiro lastreia sempre os julgamentos na prática do *Gesichtskontrolle* (controle de rostos), ou seja, a decisão cotidiana sobre quem pode entrar em clubes, boates, restaurantes de luxo ou mesmo ser aceito para seguros de automóveis. O nome da prática é alemão, mas sua incidência é transnacional.

A globalização tecnoeconômica do mundo – uma nova etapa qualitativa da planetarização, que aceita a fragmentação territorial, mas nivela culturalmente as diferenças de povos e costumes em função da virtualidade do mercado – deixa intocada a questão do etnocentrismo ocidental, a questão essencial da heterogeneidade simbólica.

Percepção bastante polêmica do problema tem Huntington, conhecido historiador, politólogo, consultor de agências governamentais e empresas norte-americanas. Num texto bastante discutido na Europa por ocasião de seu aparecimento, ele aventa a hipótese de que, no "mundo novo", os conflitos internacionais não serão essencialmente baseados em ideologia ou em economia, mas em cultura[4]. Tais conflitos estão evidentemente a serviço da hegemonia ou de uma nova forma de "império": são todos paradigmáticos, isto é, guiados pela imposição de tipos e padrões de dever-ser, até agora ditados principalmente, em termos militares e econômicos, pelos Estados Unidos.

Nesta ótica, os estados-nação continuarão a ocupar o primeiro plano nos assuntos internacionais, mas os principais conflitos políticos mundiais envolverão nações e grupos pertencentes a civilizações diferentes. Os países deixariam de ser agrupados por critérios políticos ou econômicos, para tomar como referências a civilização e a cultura.

"Civilização", tal como Huntington a entende, é a forma mais elevada de agrupamento pela cultura e o fator de identidade cultural mais amplo de que dispõem os povos, independentemente daquilo que os distingue das outras espécies. Língua, história, religião, costumes, instituições e processo subjetivo de identificação são os elementos objetivos comuns que definem a

---

4. Cf. HUNTINGTON, S.P. *Le choc des civilisations?* Plon, 1994 [Commentaire, n. 66]. Trata-se de um artigo publicado inicialmente pela revista *Foreign Affairs* e depois ampliado em forma de livro: *O choque das civilizações e a recomposição da ordem mundial*. Objetiva, 1997.

civilização, permitindo aos sujeitos a tomada de consciência de sua identidade.

Nessa abordagem, civilização distingue-se de cultura pela amplitude do nível de identificação do sujeito. Assim, um homem que viva em São Paulo poderá definir-se culturalmente como paulista, brasileiro, católico, e civilizatoriamente como latino-americano. Mas aqui entra a questão radical da cultura: Um homem que viva em São Paulo poderia mesmo ser cidadão de qualquer outra cultura no interior de um quadro mais amplo dito "civilizatório"? A conceituação de Huntington opera na linha daquilo que a hegemonia europeia-ocidental chama de relativismo linguístico e cultural e que serve de base para a globalização.

Huntington classifica as civilizações (ocidental, confuciana, japonesa, islâmica, hinduísta, eslavo-ortodoxa, africana e latino-americana), admitindo que podem misturar-se, englobar "subcivilizações" (caso dos Estados Unidos no que diz respeito ao Ocidente), mas sem deixarem de ser entidades significativas. Os choques e conflitos tenderiam a advir de uma progressiva regionalização econômica – ensejada por um capitalismo mundializado, mas flexível – e da intensificação da tomada de consciência das diferenças culturais e civilizatórias.

Para o politólogo, o mundo foi impregnado por uma grande parte da cultura ocidental, mas num "nível superficial". Num nível mais profundo, conceitos ocidentais (individualismo, liberalismo, constitucionalismo, direitos humanos, igualdade, liberdade, império da lei, democracia, livre-mercado, separação entre Igreja e Estado) teriam pouca ressonância em outras civilizações. O fundamentalismo religioso poderia mesmo ser uma forma de reação ao "imperialismo dos direitos humanos".

É mais do que evidente a arbitrariedade classificatória de Huntington, quando se considera a imprecisão histórica e conceitual dos limites civilizatórios. Mas o fato é que ele apenas dá muita ênfase ao que pensadores de linhagens variadas vêm sublinhando: o peso crescente da dimensão mítica e comunitarista, logo, do vetor cultural, na dialética societária do mundo contemporâneo.

Em quase todos eles transparece o grande vício acadêmico da contemporaneidade: o culturalismo, convertido no final do milênio em ideologia teórica da globalização financeira do mundo. A razão culturalista transforma a noção lábil e ambígua de "cultura" na de uma ordem substancial e isolada das práticas políticas e econômicas, capaz de gerar por si mesma fatos sociais. Na verdade, à luz da dominação globalizante, o culturalismo é geralmente um novo meio de administração das diferenças socioeconômicas e de ocultação de problemas de sobrevivência das populações, às quais já está negado em princípio o acesso às benesses materiais da universalidade.

Só no âmbito dessa administração imperial do mundo é que se pode acreditar numa univocidade política das culturas ou das civilizações, para entendê-las como tendentes a um conflito, à maneira de Huntington. A lógica dessa argumentação toma "cultura" como puro mecanismo identificatório, logo, como uma orientação prática determinada e precisa. Cultura não é, aí, processo e elaboração, mas paradigma e unidade.

Uma lógica de hegemonia político-econômica encontra-se por trás desse culturalismo. De fato, a dimensão mítica e comunitária é reconhecida, protegida e promovida, desde que não ameace a hegemonia tecnológica. Por outro lado, a afirmação de uma "irredutível" alteridade cultural (por nação, etnia ou religião) concorre curiosamente para a unidade dialética do mundo arrematada pela organização capitalista. É que, atribuindo ao outro uma identidade definida a partir de categorias do pensamento ocidental – a exemplo de "nação" ou "cultura" –, o colonizador europeu ocupa um lugar na outra história e constrói o canal de passagem dos valores cristãos, da burocracia estatal, de padrões pedagógicos e do industrialismo.

Tribo, raça etnia, cultura tradicional e expressões análogas costumam ser criadas pelo Ocidente – para denegar a existência de outras formas de Estado e de economia política – e depois impostas aos outros como se fossem instituições originais suas. O culturalismo foi a lógica dessas operações no período clássico do colonialismo europeu e retorna com novos matizes sob a globalização financeira do mundo.

Isso não quer dizer que inexista o risco do potencial explosivo das diferenças culturais no interior da nova ordem mundial. E o reconhecimento disto tende a assumir, em discursos de chefes de Estado, matizes verdadeiramente culturalistas. Assim é que, em setembro de 1998, o presidente do Irã, Mohammed Katani, depois de denunciar o fundamentalismo exacerbado dos talibãs afegãos e ao mesmo tempo em que suspendia a *fatwa* (condenação à morte) contra o escritor Salman Rushdie, dizia pretender evitar o "choque das culturas" e promover o "diálogo das civilizações". Não é difícil de se enxergar aí a retomada política da oposição entre cultura e civilização feita por Huntington.

Sem a veemência que permeia o arrazoado de Huntington, Habermas situa o problema no âmbito de uma oposição entre universalismo e particularismo, fazendo uma distinção entre "cultura política" – aquela baseada no universalismo das instituições liberais, que asseguram democracia e direitos humanos – e "cultura etnográfica" ou "subcultura", sustentada pelo particularismo dos usos e costumes locais ou regionais[5].

Num contexto multiculturalista, isto é, de aproximação de subculturas dentro de um Estado-nação, registram-se normalmente conflitos entre a cultura política hegemônica e os grupos particularistas. Habermas admite a possibilidade de convivência do universalismo político com as particularidades culturais, desde que se preserve o sistema jurídico de caráter individualista, ou seja, que não haja direitos coletivos para os particularismos. O caminho de saída dos conflitos passaria, assim, pelo universalismo iluminista de uma cultura mundial, capaz de tolerar as idiossincrasias subculturais. Seria tal caminho o "transculturalismo", noção que implica a hegemonia de um projeto iluminista (ocidental), tolerante para com as diferenças.

É evidente que em toda esta suposta pluralidade, permanece sempre a decisão de que só o ocidental é modelo de dever-ser. O não ocidental pode apenas chegar a "sub", isto é, a cumpridor de normas, executor de modelos. Quanto ao transculturalismo, não é noção que se deduza até agora da análise das diferenças concretas, mas do imaginário de uma cultura política única, fundada na utopia iluminista e liberal de uma democracia universalista.

A tolerância afigura-se desta maneira como a ideologia possível para a consciência jurídico-liberal no interior de estados-nação fortes, polos atratores de imigrantes, a exemplo do centro capitalista no Ocidente cristão. Mas a prática demonstra que toda tolerância é intolerante com a intolerância dos outros e, por isto, tem a mesma precariedade dos sentimentos piedosos com que os presumidos fortes contemplam os presumidos

5. Cf. HABERMAS, J. *Folha de S. Paulo*, Caderno Mais, 30/04/1995.

fracos. É uma ideologia inviável, porque excessivamente sujeita às flutuações das consciências ou dos governos.

A virtualidade conflitiva do multiculturalismo era anunciada muitas décadas atrás pelo sociólogo Norbert Elias, compatriota de Habermas, ao comentar a transformação de aspectos da identidade de grupos humanos, em virtude da progressiva integração da humanidade em nível global[6]. Ele detectava como sintoma a criação de instituições centrais, como as Nações Unidas e o Banco Mundial, mas sem considerar a então incipiente transnacionalização da economia, promovida pelos organismos financeiros internacionais e pelas empresas multinacionais.

Sua argumentação é atual por assinalar o aparecimento de outro padrão de individualização, provocado por um tipo mais complexo de organização humana, em escala global. Para ele, o aumento da mobilidade local dos indivíduos, sejam turistas ou emigrantes – fenômeno de crescente importância sociológica no século XX –, oferece aos cidadãos dos estados nacionais novas oportunidades de individualização, alterando os padrões de comportamento e o raio de alcance do processo de identificação. A formação de uma ética mundial, correspondente a um novo sentido da responsabilidade global para com o destino dos indivíduos, seria consequência desse empenho de integração em nível global dos mercados nacionais de bens, capital e tecnologia, a que se tem chamado de globalização.

Vale observar, no entanto, que ainda não chegou ao fim o processo de concentração dos recursos mundiais em proveito dos colonizadores de outrora. Da sociedade global das nações ricas excluíram-se os povos das sociedades colonizadas. O movimento de integração de que falava Elias é excludente em ter-

---

6. Cf. ELIAS, N. *A sociedade dos indivíduos*. Lisboa: D. Quixote, 1993.

mos de economia e política. Mas também de cultura: ao perder a singularidade de sua diferenciação e reduzir-se às constantes repetitivas de sua experiência, a cultura perde a vitalidade do encontro com o outro e de regeneração de si mesma. Por isso, a força integradora choca-se hoje com as pressões antagônicas das singularidades locais, que podem não ser mais as dos estados nacionais, e sim de comunidades religiosas, culturais etc.

Com efeito, a crise da base social para o modelo liberal da nação na virada do século toma cores decididamente "etnoculturais", seja na África, América Latina ou mesmo na Europa. Dos setores excluídos pela globalização econômica partem impulsos étnicos, religiosos e comunitaristas em defesa "nacionalista" da região.

A força da cultura (ou do simbólico) como instância de primeiro plano nessa nova ordem de problemas foi igualmente acentuada por Polanyi, um dos grandes pensadores da economia política do século XX. Criticando o presumido universalismo da razão econômica, Polanyi demonstra como o livre-mercado e a economia política só fazem sentido no âmbito do capitalismo concorrencial, e como a sobrevalorização da instância econômica na vida social requer o recalcamento institucional de outras esferas, a exemplo da religião e do parentesco[7]. A economia política é, para ele, uma poderosa operação retórica que troca (metonimicamente) a totalidade complexa da vida social pela parte – especializada, racionalizada em termos estritos de custo e benefício – da economia.

Visando a uma análise concreta das sociedades, Polanyi concebe três modelos de integração – a reciprocidade, a redis-

---

7. Cf. POLANYI, K. *The Great Transformation*. Boston: Beacon Press, 1968 [Ed. brasileira: *A grande transformação*. Campus, 1981.

tribuição e o mercado – capazes de coexistir, não obstante a eventual hegemonia de um deles, como é o caso do mercado nos quadros do capitalismo concorrencial. Isso implica dizer que a integração social a partir da infraestrutura econômica, o famoso "determinismo econômico" que passa de Ricardo para Marx, é válida apenas dentro dos limites civilizatórios do Ocidente, cuja racionalidade, progressivamente seduzida por seus próprios meios (técnica, instituições, relações de produção, individualismo etc.) põe-se a serviço do lucro buscado pela economia de mercado. A ontologia do *homo economicus*, teoricamente problemática e socialmente anti-humana, é, nos termos de Polanyi, o sintoma filosófico da barbárie humana.

Cultura e racionalidade

Huntington, Freyre, Habermas, Elias, Polanyi são representantes de linhagens e qualidades diversas, arbitrariamente colhidos numa longa série possível, que dão à cultura um lugar preeminente na discussão da crise da filosofia da história ou da crise da própria racionalidade ocidental cada vez menos à vontade em seu sistema de categorias unificadas ou universalistas com que sempre pensou o mundo. Sabe-se como é velho o racionalismo, bem caracterizado no comentário hegeliano de que "a velhice do espírito é a sua maturidade perfeita", algo como os imortais que J. Swift faz Gulliver encontrar na Ilha de Laputa: "homens sempre velhos", que só eternizam a velhice por não poderem morrer.

Essa racionalidade tem gerido a cultura como um particularismo simbólico – que une o Ocidente de hoje à Grécia clássica – disfarçado num universalismo uniformizante. As reações ocidentais à velhice de tal posição costumam ver na cultura o conjunto das mediações simbólicas (língua, artes, leis, costumes, modos de pensar) com que qualquer comunidade histórica, e não apenas a europeia, aborda a sua singularidade. O perigo é incidir no relativismo (antropológico) das singularidades, substancializando-as em "identidades culturais" fechadas e deixando de lado o imperativo conceitual e político de reinterpretação da diferença pela universalidade ocidental.

Insistimos no "político" porque essa reinterpretação ou reinvenção da diferença não é tarefa exclusivamente filosófica. Embora se possa fazer da cultura o objeto de uma filosofia (a exemplo de W. Dilthey e seus epígonos), é preciso não perder de vista a evidência de que o saber demonstrativo (*logos apodeitikós*) e excelente em que consiste a filosofia *stricto sensu* é um produto da cultura ocidental e, portanto, uma racionalidade voltada para a sua própria tradição simbólica. A universalidade da questão de base da filosofia – que Aristóteles em sua *Metafísica* já circunscrevia como predicado de uma interrogação voltada para o "ser" das coisas – é objetivada por particulares determinações sociopolíticas no interior de um grupo específico a que o sociólogo Bourdieu deu o nome de "microcosmo filosófico"[8].

Para ele, na medida em que a filosofia conta com um corpo institucional e um corpo doutrinário, termina impondo a seus agentes, por meio de uma tradição discursiva, questões e métodos convencionais de abordagem. Por isto, seria o saber filosófico apenas um sistema de pressões que "fora de qualquer intenção consciente de dissimulação permite exprimir e experimentar oposições sociais sob uma forma conforme às normas de expressão de um campo específico"[9]. É isto também o que

8. BOURDIEU, P. *L'Ontologie politique de Martin Heidegger*. Minuit, 1988, p. 10.

9. BOURDIEU, P. *La distinction*. Minuit, 1979, p. 578.

Heidegger chama de "esquecimento do ser" e "abandono do ser", isto é, o "dessaber" do que significa plenamente "ser" e que redunda na tecnologia de um mundo sem "terra", último avatar da metafísica.

Na visão de Bourdieu, a filosofia – realizada numa certa maneira de exprimir-se, de dar forma aos problemas e legitimidade às questões – recalca a sua própria determinação social, isto é, o lugar socialmente determinado a partir do qual interroga e interpreta o mundo.

Vem daí uma espécie de movimento narcísico do discurso filosófico que pode levá-lo a desinteressar-se da existência real e, acionado pela lógica, a esmerar-se no "prazer de jogar, de bem-jogar o jogo cultural, de jogar com sua arte de jogar, de cultivar esse prazer que "cultiva" e produzir assim como uma espécie de fogo sem fim, o alimento sempre renovado de que se nutre"[10]. Esnobismo intelectual e aristocratismo comparecem por esta via ao ato de filosofar na medida em que se esvanece a energia histórica da interpretação filosófica.

Não se trata aqui de tomar partido na polêmica instaurada pela crítica de Bourdieu (que, por sinal, passa ao largo de qualquer discussão sobre as pretensões totalizantes e hegemônicas de sua disciplina, a Sociologia), mas de ressaltar traços pertinentes à crítica de determinadas posições filosóficas em face da cultura. Aliás, muito antes de Bourdieu, partiram do próprio campo filosófico questionamentos sobre a desvinculação do pensamento puramente lógico da existência real.

Kierkegaard, por exemplo, ao criticar a abstração hegeliana, diz que "em lógica, não deve devenir nenhum movimento; a lógica é, e tudo que é lógico apenas é, e justamente essa impo-

---

10. Ibid., p. 584.

tência da lógica está em sua transição ao devenir, onde brotam a existência e a realidade"[11]. É o que Valéry exprime, ao dizer que o grande medo que os lógicos têm da lógica é o de perder o controle da uniformidade e padronização nas transformações.

A crítica kierkegaardiana visa um alvo certo, pois o pensamento de Hegel tem-se revelado o suporte inabalável das sistematizações que se fazem até hoje com o selo da filosofia. Embora crítico da racionalidade moderna por sua abstração diante da realidade e seu desinteresse para com as realizações da diferença, Hegel busca a harmonia das coisas diferentes numa unidade – a Razão (*die Vernunft*, oposta a *der Verstand*, mero entendimento), o Espírito Absoluto – que só se manifesta num "espírito objetivo" (a cultura) administrado por um mesmo lugar, a Europa. A lógica é o instrumento dessa gestão, que leva Hegel, e depois Marx, a negar capacidade para a Razão (história, progresso, revolução) aos povos das américas e da África.

Condicionados por uma normatividade (uma ética) etnocêntrica, autores de obras e instantes gloriosos do moderno discurso filosófico acabam escorregando no terreno movediço das diferenças culturais concretas. Assim é que Kant, numa descrição etnocêntrica dos comportamentos humanos, pode revelar-se tosco e primário. Os indianos, a seu modo de ver, caracterizam-se pelo "gosto dominante para o caricaturesco, daquela espécie que atinge o extravagante, e sua religião consiste em caricaturas"[12]. Quanto aos negros africanos, "não possuem, por natureza, nenhum sentimento que se eleve acima do ridículo [...] O Senhor Hume desafia qualquer um a citar um único exemplo em que um negro tenha demonstrado talentos [...] Os

---

11. KIERKEGAARD, S. *El concepto de la angustia*. Espasa Calpa, p. 16 [Colección Austral].

12. KANT, I. *Observações sobre o sentimento do belo e do sublime* – Ensaio sobre as doenças mentais. Papirus, p. 75.

negros são muito vaidosos, mas à sua própria maneira, e tão matraqueadores que se deve dispersá-los a pauladas"[13].

Pode-se argumentar que esse tipo de consideração não faz parte do núcleo do pensamento kantiano reproduzido pela instituição filosófica. Ou então que Kant viveu a pré-história da antropologia, este saber que hoje acolhe outras visões do mundo e está pronto a relativizar o próprio humanismo europeu.

A isso um Octavio Paz responderia que a antropologia resulta do remorso europeu a respeito dos "primitivos". Mas não falta quem veja esse remorso como de fancaria: a antropologia pretende "defender e salvar os índios, os negros, os primitivos da autodestruição dos europeus"[14]; por isso, a única salvação de que a antropologia é capaz é a de livrar os índios da própria antropologia.

Seja como for, a questão é que os juízos etnocêntricos permanecem mais fortes junto à existência ou ao senso comum do cidadão ocidental do que qualquer um dos brilhantes desenvolvimentos nos escritos sistemáticos de Kant, Hegel ou outro grande mestre do pensamento.

Na verdade, não se trata apenas do senso comum, porque a própria instituição filosófica reivindica às vezes isenção ou mãos limpas no que diz respeito ao esmagamento político e econômico das históricas diferenças culturais, ou então aos etnocídios. É deste modo que um profissional do campo filosófico sente-se livre para "esquecer" a realidade discriminatória da Europa e sustentar, em termos puramente lógicos, que o problema ético não se coloca pela questão do "outro" (a diferença cultural), e sim do "mesmo", dada a "evidência" do ser-múltiplo no mundo.

---

13. Ibid., p. 75 e 76.

14. Cf. Emmanuel Carneiro Leão em conferência na ECO. UFRJ, 05/10/1996.

O que aqui está em jogo, na verdade, é a crise da forma tradicional da filosofia, que começa depois de Hegel. Ao quebrar o vínculo com o vivido, a filosofia perde as dimensões da totalidade e da experiência do real, permitindo o seu ultrapasse por novas condições sociais, pelo curso da história. Agudiza-se, assim, o problema da pura abstração do discurso filosófico, já denunciada por Marx e tematizada por Heidegger no tópico do "esquecimento". E abre-se a questão da responsabilidade ético-política da filosofia ou, pelo menos, de sua inserção no espaço da experiência concreta do homem.

O logicismo das "evidências" filosóficas termina passando hoje ao largo do recrudescimento da violência racial, do renascimento do extremismo xenófobo ou dos delírios de "purificação étnica" que se observam em todo o continente europeu desde a última década do século XX. A crise do Leste Europeu, após a derrocada do Império Soviético, é tão econômica quanto identitária, o que põe forçosamente sob o foco de qualquer pensamento que pretenda um diagnóstico do mundo concreto – seja ele filosófico, sociológico, antropológico, político-econômico ou qualquer outro adjetivo disciplinar reivindicável – o problema da cultura e da identidade.

Mas o problema identitário é, em última análise, também político-econômico, porque não se dissocia da adequação de todo sistema produtivo aos recursos humanos e materiais da região específica. A política de educação básica e de expansão da cultura depende intrinsecamente de uma autodeterminação identitária.

A questão da identidade

"Nossa identidade não é o que importa", sustenta o inglês Parfit[15]. No entanto, para o peruano Quijano, "a mais pungente questão que circula entre os intelectuais latino-americanos é a da identidade"[16].

Com efeito, desde que o cubano José Martí proclamou, no final do século XIX, a "nossa América mestiça", tornou-se temática recorrente junto às elites sul e centro-americanas a busca de uma essencialidade "americana", isto é, de um traço culturalmente diferencial para o homem da América tropical. O relato, feito por Gilberto Freyre, do episódio racista com Eduardo Prado e o presumido ressentimento do ensaísta são epifenômenos dessa angústia identitária.

Aventa-se a hipótese de uma identidade latino-americana confrontada a outros valores civilizatórios, inclusive os europeus. Mas já o ensaísta brasileiro Alberto Torres desconfiava da palavra "latino". E com razão, pois aí aparece uma questão de princípio: o adjetivo "latino-americano" remete para um derivado de uma matriz europeia-ocidental. Nestes termos, a própria busca é, no limite, busca de subalternidade cultural.

De qualquer modo, essa questão tem pertencido basicamente a círculos intelectuais restritos ou a eventuais interesses políticos. É assunto já antigo, não levantado pelos membros da "nova classe" social em ascensão nos centros metropolitanos do Ocidente, a que se deu o nome de "analistas simbólicos"[17].

---

15. PARFIT, D. *Reasons and Persons*. Oxford University Press, 1986, p. 245.

16. QUIJANO, A. "A América Latina sobreviverá?" In: *Carta 7* – Falas, reflexões, memórias, 1994, p. 99-110 [Informe de distribuição restrita do Senador Darcy Ribeiro].

17. Cf. REICH, R.B. *O trabalho das nações* – Preparando-nos para o capitalismo do século XXI. Educator, 1994, 317 p. A expressão "analista simbólico" é também adotada em LASCH, C. *The Revolt of the Elites and the Beatrayal of Democracy*. W.W. Norton & Company, 1995, p. 34-35.

Esta expressão designa os grupos tecnoburocráticos (corretores, banqueiros, engenheiros, consultores, jornalistas, artistas, professores universitários etc.) que compõem as novas elites profissionais e empresariais. Embora sem um perfil político comum, tais grupos partilham uma "cultura do discurso crítico" (o universo dos símbolos e conceitos abstratos) e constituem de fato um novo tipo de classe dirigente.

Por sua vez, os meios de comunicação de massa, com suas atuais "elites logotécnicas" (articulistas, editorialistas, cronistas, editores), verdadeiros "intelectuais coletivos" (no sentido gramsciano da expressão) dos blocos dirigentes, ignoram a questão identitária ou ainda são atravessados por uma espécie de velha consciência eurocêntrica. Esses intelectuais são naturalmente "orgânicos" por terem um perfil traçado pela tecnologia, que se esquece de sua feição ocidental-europeia. Não é incomum que muitos deles, nos países que compõem o chamado Cone Sul (Brasil, Argentina, Uruguai) abjurem publicamente de sua eventual condição "sul-americana", desejosos de pertencerem, branca e eurocentricamente, ao Anel Atlântico.

Vamos tomar como enunciados típicos dessa consciência elitista alguns trechos de um artigo jornalístico:

> Aos poucos, o Brasil se vai tornando mais uma grande república do Caribe; outro México, uma inchada e paciente Jamaica ou Guatemala de dimensões continentais. Vem do Norte uma crescente e irresistível onda que vai lambendo o país, tomando de assalto sua cultura, sua política [...] Estaria nascendo, enfim, um novo Brasil mais brasileiro, vale dizer, mais latrino-americano, cucaracho, caliente, orgulhosa e assumidamente negroide, cubano [...] A mineiridade, o humor quase britânico (civilizadíssimo) de

> Drummond e Machado já eram [...] Dois Brasil: um país, digamos Cone Sul, mais próximo do Chile, da Argentina ou do Uruguai, e outro caribenho, de cuja existência não nos dávamos claramente conta até ontem, mas que cresce como maré montante...[18]

Este discurso preconceituoso, eurotrópico, repete-se aqui e ali na grande imprensa, algumas vezes de maneira mais sutil, outras de modo ainda mais rebarbativo:

> Boa parte do nosso subdesenvolvimento se explica em termos culturais. Ao contrário dos anglo-saxões, que pregam a racionalidade e a competição, nossos componentes culturais são a cultura ibérica do privilégio, a cultura indígena da indolência e a cultura negra da magia...[19]

Tanto uma como outra citação contêm amostras significativas do discurso conservador e racista persistente na paisagem metropolitana nacional. A velha consciência elitista, até agora convicta de seu pertencimento europeu, descobre com horror e medo o que as massas já sabiam há muito tempo, embora só o enunciassem na prática das liturgias cosmológicas, mitos, cânticos, danças, festas, jogos de continuidade simbólica: o país não tem uma, duas, três ou quatro identidades (falsa a tese dos "dois Brasil"), mas uma dinâmica múltipla de identificações, evidenciadas pela forte heterogeneidade sociocultural da realidade sul-americana.

Há fortes resistências ao reconhecimento dessa dinâmica. Já no século XIX, Joaquim Nabuco, publicista do abolicionismo e uma das referências clássicas para a velha elite intelectual

---

18. PEDREIRA, F. *Jornal do Brasil*, 12/05/1993.

19. CAMPOS, R. *Folha de S. Paulo*, 25/08/1996, p. 1ss.

brasileira, deixava claro em obra autobiográfica que não podia conceber possibilidades de um alto desenvolvimento humanista da paisagem sul-americana. A paisagem humanista, para ele, a sua paisagem, estava no continente europeu: "O espírito humano, que é só um e terrivelmente centralista, está do outro lado do Atlântico"[20].

Nabuco pode ser considerado figura (na acepção hegeliana de estrutura intelectiva do real) ou protótipo exemplar das vicissitudes de construção da ideia de identidade brasileira, porque suscitou temáticas e atitudes mais tarde características das obras de explicação geral do Brasil. Filho do patriarcado rural, publicista da monarquia, ele era ao mesmo tempo cosmopolita e nostálgico da terra natal, afetivamente definida como lugar da sociabilidade "cordial".

A questão do negro, da abolição da escravatura, é essencial no pensamento de Nabuco como possibilidade de construção do "povo" – no sentido de uma comunidade de cidadãos – uma vez que Estado e nação já tinham sido criados pela monarquia. O francês Louis Couty fora o primeiro a assinalar que, para as elites, "o Brasil não tem povo"; o que seria complementado depois por Lima Barreto com ironia: "O Brasil não tem povo, tem público".

Só que Nabuco não divisava aqui nenhuma singularidade civilizatória, exceto uma afetividade infantilizada. Dizia: "A nossa imaginação não pode deixar de ser europeia, isto é, de ser humana; ela não para na primeira missa no Brasil, para continuar daí recompondo as tradições dos selvagens que guarneciam as nossas praias no momento da descoberta: segue pelas civilizações todas da humanidade, como a dos europeus, com quem temos o mesmo fundo comum de língua, religião, arte, direito e poesia,

---

20. NABUCO, J. *Minha formação*. José Olympio, 1957, p. 48.

os mesmos séculos de civilização acumulada e, portanto, desde que haja um raio de cultura, a mesma imaginação histórica"[21].

Não se pode deixar de ver nessa profissão de fé uma espécie de modelo identitário das elites nacionais que, no século seguinte, mesmo valorizando afetivamente a "cordialidade" brasileira, olhavam com um certo desgosto para o território sul-americano, já que "as paisagens todas do Novo Mundo, a floresta amazônica ou os pampas argentinos não valem para mim um trecho da Via Appia, uma volta da estrada de Salerno a Amalfi, um pedaço do cais do Sena à sombra do velho Louvre"[22]. A elite brasileira pensava em francês, donde o brasileiro não descendente de índio ou negro seria, "por inteligência e por espírito", "puro europeu transplantado" (Lobato) ou um "parisiense desterrado" (Nabuco).

Esse "paradigma francês" começa no século XIX e prolonga-se até o seguinte. Conta-se que, nas duas primeiras décadas do século XX, figuras da elite carioca podiam cumprimentar-se na rua com um "Viva a França" ao invés do prosaico "bom dia" – a isto, o nacionalista (embora fã ardoroso dos Estados Unidos) Monteiro Lobato contrapunha o brado de "Abaixo a França", mesmo que, ambiguamente, atravessado pela "emoção retrospectiva do europeu em mim contido". Ainda no final do milênio, o paradigma permanecia intacto, já no âmbito da mídia. Assim é que um apresentador de televisão, descrevendo a residência de um grande cirurgião plástico, comenta: "O gosto artístico que ele desenvolveu na Europa está representado nas

21. Ibid., p. 47.

22. Ibid.

paredes de sua sala de estar"[23]. O sentido do enunciado validava "gosto artístico" como necessariamente eurocêntrico.

Persiste ainda hoje a utopia civilizatória da Europa. Após cinco séculos de colonização da América, os europeus – diretamente ou por meio das elites nacionais mediadoras, atualmente secundadas pelas elites dos meios de comunicação – continuam reproduzindo o discurso de enaltecimento de seu valor universalista, como garantia da colonialidade do poder. Costuma-se esquecer o genocídio "fundador" de Pizarro e Cortez, mas igualmente o fato de que o desenvolvimento econômico, o progresso, a modernização tecnológica (cujos parâmetros de realização partem da civilização europeia) impõem-se a amplas parcelas populacionais com efeitos tão ou mais radicais do que os primeiros genocídios. Deixam, assim, de lado a questão "humana", sempre viva na temática da cidadania e da identidade americanas.

A expressão "questão humana" não se confina conceitualmente à esfera jurídico-política, mas atinge a consideração (ética) do fenômeno humano em si mesmo, isto é, aquilo que no homem ultrapassa a pura sobrevivência da espécie ou a simples perseveração no ser biológico. Tal questão suscita o exame da singularidade humana na América, que já aparecia como esvanecida aos olhos de Nabuco. E esse exame passa forçosamente pela questão da identidade, que visa a pensar o humano seja em termos filosóficos (lógicos, psicológicos) ou políticos.

Idem, ipse, alter

Como designar o conjunto organizado de condições que rege e classifica a ação do indivíduo ou mesmo de um grupo numa situação interativa, permitindo-lhe agir como ator social?

---

23. Cf. Canal Discovery (Net-TV), emissão de 26/03/1997.

O termo identidade tem sido usado como resposta ao longo dos tempos. A palavra vem de idem (versão latina do grego *tó autò*, "o mesmo"), que resulta no latim escolástico em *identitas*, isto é, a permanência do objeto, único e idêntico a si mesmo apesar das pressões de transformação interna e externa. Identidade – ou conformidade, por semelhança ou igualdade, entre coisas diversas – é, assim, o caráter do que se diz "um", embora seja "dois" ou "outro", por forma e efeito. Identificação designa modernamente o processo constitutivo, por introjeção, de uma identidade estruturada.

Dizer identidade humana é designar um complexo relacional que liga o sujeito a um quadro contínuo de referências, constituído pela interseção de sua história individual com a do grupo onde vive. Cada sujeito singular é parte de uma continuidade histórico-social, afetado pela integração num contexto global de carências (naturais, psicossociais) e de relações com outros indivíduos, vivos e mortos. A identidade de alguém, de um "si mesmo", é sempre dada pelo reconhecimento de um "outro", ou seja, a representação que o classifica socialmente.

Sobre a identidade pessoal, estrutura subjetiva que engendra a representação do eu, diz Tarde que "é a permanência da pessoa, é a personalidade encarada sob o ponto de vista de sua duração"[24]. Para ele, que localiza no indivíduo a causa de seus próprios atos, a identidade fundamenta-se na memória e no hábito. Graças ao "feixe de hábitos, preconceitos, talentos, conhecimentos consentâneos com o caráter lentamente variável", o sujeito teria o sentimento de sua identidade.

O que sempre se destaca, como se observa, é a forma autoavaliada de uma integração. Daí sustentar Parsons – cuja teoria

---

24. Cf. TARDE, G. *Les lois de l'imitation*. Slatkine, 1919. A propósito, cf. tb. *La philosophie pénale*.

da ação social acentua a grande importância dos mecanismos de identificação – que a identidade pode ser "entendida enquanto conceito sociológico"[25], no quadro da compreensão de "ideologia" como um sistema interpretativo cujos objetos, compartilhados por um grupo social, podem ser crenças, valores, padrões cognitivos e linguísticos etc.

Assim é que Jaspers aponta para "o que é digno de fé, aquilo que atrai a confiança; existe o caminho que nos conduz, pátria e paisagem, pais e ancestrais, irmãos, irmãs, amigos, existe a esposa. Existe o fundamento criado pela tradição ao longo da história: a língua materna, a fé, a obra dos pensadores, dos poetas e dos artistas"[26].

Jaspers realça, como se vê, a estabilidade do comportamento, da continuidade sócio-histórica, ou ainda da igualdade entre elementos – ou seja, descreve o sujeito clássico do Iluminismo. Faz o contrário de Tarde que, inscrevendo a noção de identidade na duração (dimensão finita do tempo) não a concebe como um cosmo fechado, mas como uma ordem plástica de regulação do sujeito – ou seja, abre caminho para o interacionismo simbólico na formulação identitária. Algo assim como o leito por onde corre um rio: aparentemente fixo e predeterminado, o leito transforma-se imperceptivelmente. A personalidade individual sofre mudanças (por efeito de um "diálogo" contínuo com a sociedade ou o mundo externo) ou, antes, variações sobre um fundo "mais ou menos idêntico": a identidade "atenuada".

Identidade é de fato algo implícito em qualquer representação que fazemos de nós mesmos. Na prática, é aquilo de que nos lembramos. A representação determina a definição que nos damos e o lugar que ocupamos dentro de um certo sistema de

---

25. PARSONS, T. "The Institutionalization of Ideology". *Social System*. Nova York: Free Press, p. 348.

26. JASPERS, K. *Introduction à la Philosophie*. Plon, 1953, p. 22.

relações. O idem latino faz referência à igualdade ou à estabilidade das representações, possibilitadas pela ordem simbólica e pela linguagem, mas também à unidade do sujeito consigo mesmo. A consciência, enquanto forma simbolicamente determinada, é lugar de identidade.

Na verdade, várias ideias estão agrupadas sob o termo "identidade", como bem observa Green[27]. Em primeiro lugar, a noção de permanência, de manutenção de constantes; em segundo, a delimitação que permite fazer distinções e circunscrever a unidade; finalmente, a ideia de uma relação de semelhança entre elementos, que permite o reconhecimento do mesmo. Ser, ser uno e reconhecer o uno são características solidárias, que definem os postulados da consciência filosófica.

De fato, desde a sua primeira formalização por Aristóteles ("A é A e não é não A") o princípio da identidade – esteio do pensamento representativo, que tenta modelar as relações entre os homens e entre estes e o mundo – apresenta-se como "unidade", isto é, a possibilidade de se falar repetidamente de uma coisa como sendo a mesma, garantida pela representação (lei, palavra). A *paideia*, cultura da ciência, técnica e espírito, desenvolvida pelo Ocidente, apoia-se no pressuposto da identidade/unidade das coisas e de que o conhecimento necessariamente racional do mundo dá-se por um sujeito distinto do objeto, feito um "outro", ou forma negativa intitulada "diferença". Por este motivo, vários foram os pensadores que proclamaram esse princípio como lei fundamental do espírito, "princípio dos princípios".

O caráter unitário da consciência – assegurado pela constância, pela redução do múltiplo ao um e pelo reconhecimento

---

27. Cf. GREEN, A. "Átomo de parentesco y relaciones edipicas". In: LÉVI-STRAUSS, C. (org.). *Seminario La identidad*. Petrel, 1981, p. 88.

do mesmo – foi precisamente o que o conceito freudiano de inconsciente veio abalar. O inconsciente surge como uma outra "cena", subversiva da concepção unitarista do eu, e, consequentemente, da própria ideia de indivíduo autonomamente regido por consciência e identidade.

Mas o que haveria, então, além do que se determina pela identidade? O indeterminado, decerto. Realmente, no nível da existência, nenhuma identidade esgota a dimensão do indeterminado, que se entende como o fluxo livre e aberto dos eventos no mundo. Por isso, a consciência oscila entre o fechamento e a abertura, o determinado e o indeterminado. Esta oscilação pode ser chamada de diferença que, assim como a identidade, encontra o seu lugar na consciência[28].

Diz Crespi: "A diferença é indicada pelo traço que separa e une na palavra *ex-istir*, o *ex* de abertura para o indeterminado e o *istir* ou o ser determinado da presença"[29]. Para ele, o que realmente se experimenta na consciência é a vivência da diferença, é o jogo de alternância das formas cheias (determinadas) e vazias (indeterminadas). Esta não é, todavia, uma posição muito tranquila, pois se a consciência é o lugar da construção da diferença, o modelo de origem (consciência, identidade) dá conta da alternância.

A identidade impõe-se tradicionalmente como algo que se predica (representacionalmente) a um sujeito, como uma propriedade ou um atributo do ser. Predica-se, por exemplo, que cada ente ou cada homem é uno consigo mesmo, cada um é ele próprio. Mas esta predicação, que até agora nos parece socio-

---

28. Cf. CRESPI, F. *Médiation symbolique et société*. Des Méridiens, 1983, p. 16.

29. CRESPI, F. *A estrutura da palavra é "ec-sistir"*. O encontro da gutural (k) com "s" gera a crase "ex" (= k+s), por isso, "ex-istir".

lógica e antropologicamente tão evidente, é problemática em termos filosóficos. Disto fala Heidegger, ao criticar o entendimento convencional do princípio de identidade[30].

Para começar é preciso estabelecer uma distinção entre os termos idem e *ipse*. Idem significa "o mesmo", mas enquanto noção relacional, isto é, de igualdade ou assemelhamento entre dois termos de comparação. *Ipse*, por outro lado, é "o mesmo", mas não relacionado a outro; não é "igual", mas "si mesmo". O *ipse* acolhe na igualdade todas as diferenças: não é um caminho pronto para se andar, mas o caminho que surge com e ao se andar.

Heidegger parte daí para dizer que a fórmula corrente do princípio de identidade (A = A) designa semelhança ou igualdade entre dois elementos de uma equação (um A assemelha-se ao outro); logo, tem a ver com o sentido de idem. No entanto, para ser o mesmo, basta ser "um" e não "dois" (ou seja, cada elemento é ele próprio), donde a unidade consigo mesmo – questão identitária, por excelência – está de fato representada na palavra ipse (A é A).

Ainda assim, reside em cada identidade (A é A) uma relação com (uma mediação, a linguagem) a unidade. Isto revela não ser a unidade uma "uniformidade sem viço", já que pressupõe a relação "do mesmo com ele mesmo"[31]. Tal mediação sintética, que forma um traço fundamental entre o ser (aqui concebido como estrutura originária) e o ente (o homem) seria, para o pensamento ocidental, a unidade própria da identidade.

---

30. HEIDEGGER, M. *Identidade e diferença* – O princípio de identidade e constituição onto-teo-lógica da metafísica. Abril, 1973, p. 377-400 [Col. Os Pensadores].

31. Este "mesmo" não tem um sentido só nos dois usos. A relação do mesmo com ele mesmo diz um desafio inesgotável de diferenciação: o segundo "mesmo" são os outros todos como a diferença da identidade do primeiro "mesmo".

A crítica heideggeriana incide sobre essa tradição do pensamento representativo que faz da identidade um atributo do ser. O filósofo manda escutar Parmênides que, desde antes da tradição clássica da filosofia, afirma que o ser e o pensar são atributos da identidade (e não o contrário, como sustenta o pensamento metafísico). Dependentes de uma unidade chamada "o mesmo", ser e pensar complementam-se, são copertencentes e criadores de um comum-pertencer, cujo acento forte é dado pelo "pertencer": embora complementares, ser e pensar mantêm as prerrogativas próprias.

Assim, em vez de pensar a identidade como propriedade do ser ou predicação do sujeito, Heidegger vai colocá-la num jogo de apropriação recíproca ou "transpropriação" entre o homem (possibilidade de pensar) e o ser. Ou seja, o homem recebe do ser a própria possibilidade de com ele identificar-se, que por sua vez só se revela ao homem por meio de uma interpelação (algo assim como um juiz, que só fala se solicitado). Neste movimento aparece a diferença entre o ser e o ente.

O homem solicita a fala ao ser na medida em que a este pertence. Mas não ocorre primeiro o ser e depois o pertencimento. Isto se esclarece, para Heidegger, por meio do próprio termo alemão para pertencimento (*Zugehoerigkeit*), que inclui o verbo "escutar" (*hoeren*). Todo pertencimento é, assim, uma recíproca escuta na diferença, e toda identificação se dá no comum-pertencer, com acento forte no ato de pertencer.

Deste modo, o ser deixa de ser um fundamento, uma *arkhé*, enquanto estrutura eternamente estável, para conceber-se como acontecimento (*Ereignis*), isto é, uma apropriação das propriedades. É só na e pela apropriação que surgem ou podem surgir propriedades. Não há uma relação de igualdade ou de pura uniformidade entre o ser e o homem, mas de diferença, movimentada historicamente pelo acontecimento.

Heidegger aponta a liberdade (o indeterminado) como algo mais originário do que a atração do espírito por estruturas eternas: a liberdade é o que faz acontecerem as estruturas, as identificações do homem se dão na escolha livre do comum-pertencer. Assim se ultrapassa o princípio que diz "A é A" e se proclama a liberdade como essência da verdade. Não há dialética do abstrato, pois dialética é criação de liberdade, espaço do acontecimento.

Esse questionamento do princípio de identidade é retomado, em outros termos, pela psicanálise contemporânea[32]. Redefinindo o sujeito como um efeito de linguagem, Lacan distingue-o do "indivíduo biológico" e do "ego" enquanto instância psíquica, para apresentá-lo como um traço diferencial entre as formas puras (os significantes), que se combinam na língua. O sujeito compõe-se por relações entre diferenças, marcas diversas advindas dos outros, com os quais se identifica progressivamente. A unidade (algo como a identidade), apesar da coesão, é sempre incompleta, donde a busca de outras marcas, num empenho pela totalização.

Em outras palavras, o sujeito não se apoia em nenhuma representação, nenhuma base ontológica, porque seria pura relação diferencial entre formas (aquilo que, no sistema linguístico, um significante representa para outro) e não algo em-si ou si-mesmo. Conceituando-se o sujeito como falta-de-ser fundamental, não há como ver qualquer realidade em sua identidade. "Realidade" significa aqui o peso e a gravidade do já dado, do já pronto e acabado.

---

32. Cf. LACAN, J. *1961*: Seminário do 6/12. [s.d.]. [inédito].

Inexistiria, portanto, a unidade estável. Nós acreditamos ser algo que realmente não somos, e o que somos provém de uma forma pura, uma marca diferencial, produzida por uma estrutura (a linguagem) que está além dos indivíduos.

Tomamos, assim, ciência do que há de problemático na simples afirmação de uma identidade qualquer. A questão aparece, em Heidegger, no bojo do empenho filosófico de revisão da metafísica, entendida como história do ser ocidental. Em Lacan, no interior do projeto de releitura da psicanálise, com o objetivo de expurgá-la da metafísica da subjetividade. Não há identidade, sustenta o psicanalista, mas identificações, compreendidas como ocupação de posições diferentes pelo sujeito segundo a dinâmica (inconsciente) das formas puras.

Não há, portanto, uma ordem estável e substancial de constituição do sujeito, uma espécie de atribuição colada a um destino metafísico, mas uma dinâmica de interiorização de comportamentos, atitudes e costumes a partir de padrões significativos no ambiente familiar e social. A identificação é fator dinâmico de integração do indivíduo no grupo e de mobilização de suas pulsões, afetos, escolhas. Implica, assim, tanto um ato social como privado, o que faz dela objeto teórico de psicólogos e psicanalistas (George Herbert Mead, Sigmund Freud, Jacques Lacan), sociólogos, antropólogos e filósofos (Talcott Parsons, Claude Lévi-Strauss, Jurgen Habermas). Em todos esses a identificação aparece como uma espécie de imperativo dinâmico da socialização, isto é, de permeação do ser singular pela cultura. Parsons, por exemplo, faz da identificação não uma simples base de formação de uma identidade individual, mas o ponto de partida de qualquer estrutura e ação sociais.

A troca da problemática da identidade pela identificação inscreve-se no pensamento social da contemporaneidade como mote para sublinhar-se "a saturação de uma identidade estável e garantida por si mesma"[33]. Para o analista das mutações culturais da contemporaneidade, a identidade pessoal, teologicamente definida por uma subjetividade homogênea e pela permanência individual, dá hoje lugar a identificações movediças (grupais, afetivas, mediáticas), suscetíveis de pôr em crise figuras das doutrinas identitárias tradicionais, como classe, função e gênero.

Tudo isto coincide com os impulsos no sentido de uma cultura transnacional por efeito da globalização financeira e comercial, que redistribui a capacidade de produção e substitui a concepção de "território nacional" pela de mercado. O pensamento da identidade sempre pressupôs uma estabilidade espacial: em várias línguas, o "eu sou" coincide com "eu estou" (inglês, alemão, francês e outras). A identidade reflete uma certa opacidade do sujeito ou uma expectativa de fechamento da subjetividade diante das mudanças, mas também diante do "outro" (seja dentro ou fora do grupo). Com a troca do enraizamento espacial pela aceleração temporal (transportes, telecomunicações), a estabilidade identitária perde força.

A realidade da ilusão

Esses questionamentos, que se apresentam ao campo de estudos do Ocidente como momentos novos e avançados da reflexão, são na verdade familiares à antiquíssima tradição do pensamento hindu, articulada em torno de grandes textos sagrados como os Vedas, os Upanishads, o Vedanta e de cultos como o tantrismo e o budismo. Não é estranha a essa linha de pensamento a proposição no sentido de que a identidade é

33. MAFFESOLI, M. *No fundo das aparências*. Petrópolis: Vozes, 1996, p. 302.

de fato uma construção intelectual, para assegurar permanência aí onde só há oscilações. Talvez seja isto mesmo a que remete a fala do Evangelho cristão: "As raposas têm sua toca, os pássaros seus ninhos, mas o Filho do Homem não tem onde repousar a cabeça" (Lc 9,58).

O pensamento percebe como identidade o que os sentidos apreendem como diferença – um dos problemas da consciência é justamente substituir a diferença dos sentidos pela identidade do pensamento, daí o entendimento nietzscheano de consciência como contínua "resistência" dos sentidos. Ou seja, o indeterminado é o que primeiro se oferece à percepção comum, mas a ordem social procura controlá-lo pelas determinações identitárias, com o objetivo de assegurar-se da homogeneidade dos seres e da previsibilidade das ações sociais.

Na realidade, cada ente é único, singular, incomparável, mas relacionável por semelhanças (traços físicos, linguísticos, simbólicos etc.). A identidade é, portanto, ilusória (ou imaginária) porque diz respeito apenas às representações e aos objetos sobre os quais se podem fazer projeções intelectuais.

Afirmar o caráter ilusório da identidade implica, nos termos da tradição de pensamento hindu, aceitar num primeiro momento a realidade da ilusão. A consciência é uma ilusão poderosa, são enormes os efeitos individuais e sociais – portanto, efeitos de poder – da ilusão. A identidade ajuda a politizar os conflitos, criando possibilidades de representação das subjetividades junto ao espaço regido pelo Estado.

Da identidade nacional, por exemplo, nasce o espírito cívico que, no passado, inspirou as grandes causas públicas e que, no Brasil dos séculos XVII e XVIII, redundou nos movimentos nativistas; século XIX, na Independência. Cabe às instituições (família, escola etc.) reproduzir e inculcar as significações que presidem à identidade legítima ou aos preceitos da ordem social.

No quadro do vigor continuado da ilusão identitária faz-se oportuna a posição hermenêutica de Ricoeur no que toca à identidade. Ele parte, como Heidegger, da distinção latina entre idem (o mesmo enquanto relacionado com outro) e *ipse* (o mesmo relacionado com a singularidade própria). Se dizemos "esse objeto é o mesmo que aquele outro", estaremos usando a palavra idem, pois se trata de uma identidade a partir de um outro. Mas se dizemos "esse é o objeto mesmo" ou "o próprio objeto", a palavra será *ipse*, uma vez que a singularidade afirmada não busca a comparação.

A singularidade não necessita de comparação, porque já provém da integração de todos os outros. Ela funda-se, com efeito, na distância entre os entes – entre mim e o outro, eu e mim mesmo, eu e o cosmo –, que constitui propriamente a alteridade radical ou o indeterminado, e não uma simples diferença lógica.

No âmbito dessa distinção, Ricoeur confronta os dois grandes usos da noção de identidade: "De um lado, a identidade como mesmidade (latim: *idem*; inglês: *sameness*; alemão: *Gleichheit*); do outro, a identidade como ipseidade (latim: *ipse*; inglês: *selfhood*; alemão: *Selbstheit*)"[34]. Esta diferença essencial, para Ricoeur, tem a ver com a questão da permanência no tempo, ligada exclusivamente à ideia de identidade-idem ou "mesmidade". Assim, se eu vejo uma caneta e logo depois outra, posso reconhecer a segunda como idêntica ou mesma que a primeira. A identidade é aí quantitativa: o mesmo objeto duas vezes. Será, no entanto, qualitativa se eu amplio a semelhança e digo que as duas canetas têm a mesma cor.

---

34. RICOEUR, P. *Soi-même comme un Autre*. Seuil, p. 140.

Fica evidente a dimensão temporal quando se leva em consideração que a reidentificação do mesmo é facilitada pela repetição (maior número) de ocorrências da coisa. Uma grande distância de tempo entre as ocorrências enfraquece este critério de semelhança, levando à busca de um outro (a terceira componente da noção de identidade), que é o da continuidade ininterrupta entre o primeiro e o último estádio de desenvolvimento do que consideramos a mesma coisa. Como o tempo é fator primordial para a identidade, torna-se preciso estabelecê-la na base de um princípio de permanência temporal, assegurado por um substrato, uma invariância relacional[35].

Com o conceito de ipseidade, Ricoeur procura pensar uma forma de permanência no tempo que não seja redutível à determinação de um substrato, uma forma que responda à questão "quem sou eu?" O caráter (marcas distintivas do indivíduo humano) e a palavra mantida surgem então como dois modelos de permanência da pessoa. São modelos polares: no caráter tendem a coincidir as problemáticas do idem e do *ipse*; no outro polo, o da manutenção da palavra dada, a fidelidade do indivíduo a si mesmo leva a um afastamento entre a permanência de si (*ipse*) e a do mesmo (*idem*).

---

35. A questão aqui é como entender o tempo, uma vez que, sendo o simbólico (o material identitário) medido pelo tempo na sucessão, trata de averiguar como a identidade sobrevive ao longo das fases sucessivas. Não se poderá, claro, reduzir o tempo à permanência do presente, o *nunc instans*, pois com isso a forma fluente desaparece na permanente, e eviternidade (de *aevum*, a duração dos espíritos puros, incapaz de coexistir com o tempo) torna-se sinônimo de eternidade (a duração infinita, indivisível e estável, mas coexistente com o tempo). A resposta para o problema da permanência da identidade na sucessão estaria no tempo do espírito, da oportunidade, ou seja, o *aevum*. Mas é preciso observar que há toda uma tradição de polêmicas em torno desse ponto. Numa discussão medieval sobre o eviterno como medida de duração, já Ockam rejeitava esta solução, dizendo que "*angeli mensurantur per tempus et non per aevum, quia aevum nihil est*".

No caráter, divisa-se o modo próprio de ser do indivíduo (*ipse*) dentro de um quadro de imutabilidade (*idem*), que é "a perspectiva finita, não escolhida, de nosso acesso aos valores e do uso de nossos poderes"[36]. Assim afirma-se a sua dimensão temporal, que faz dele "o conjunto das disposições duráveis com que se reconhece uma pessoa", ponto-limite onde *ipse* e *idem* se encontram.

A temporalização persiste na noção de "hábito", próxima da de "disposição durável". O hábito torna-se uma disposição durável, um traço de caráter, capaz de vincular-se às identificações adquiridas, que são a via de acesso do outro à composição do mesmo. Essas identificações com "valores, normas, ideais, modelos, heróis, nos quais a pessoa, a comunidade se reconhecem", constituem em parte a identidade de alguém.

São tais elementos do idem de alguém que, incorporados ao caráter, induzem-no à fidelidade, logo à manutenção de si mesmo – graças à consciência dos sentimentos de unicidade, continuidade e mesmidade – ou da autonomia para manter uma palavra dada. As avaliações éticas (no sentido aristotélico de *hexis*[37], enquanto hábito ou disposição durável) integram-se, assim, por internalização de valores e afetos (suscetíveis de uma tematização narrativa) ao caráter.

A identidade do mesmo (*idem*) junta-se à identidade do si (*ipse*), mas não apaga a distinção entre as duas noções, entre mesmidade e ipseidade. Na ipseidade, diferentemente da identidade dada pelo caráter, a permanência segue o modelo da fi-

---

36. RICOEUR, P. Op. cit., p. 144.

37. Em Aristóteles, *hexis* vem de uma quebra na identidade de dois verbos: *hexo* (ter, segurar, manter) e *einai* (ser, processar, mudar, transformar). Por isso, hábito (de *habere* = haver, ter) é a contínua e sempre renovada transformação de ter em ser.

delidade a um apalavramento, a uma promessa, que implica um desafio ao tempo e à dificuldade de inscrever o outro em si mesmo. Uma pessoa promete, por injunções de ordem ética, respeitar instituições fundamentais para a convivência com o outro, com o outro de si mesmo, que é também o outro dos outros. Por isso, fala Ricoeur de "si mesmo com um outro".

No espaço das injunções éticas, a narratividade contribui para a constituição do si mesmo, por dar margem a estratégias, no sentido de teoria dos jogos da matemática, entendida como as decisões que se tomam em função de hipóteses feitas sobre o comportamento dos parceiros no jogo. Isto implica interação, liberdade de ação ou ação deliberada dos atores sociais.

O fato é que a força da narratividade, das histórias exemplares na constituição do caráter, conduz à ética tanto em termos individuais quanto coletivos, ou seja, tanto no espaço de uma subjetividade quanto de uma comunidade histórica[38]. A expressão "identidade nacional" tem como referências subjacentes os traços distintivos estáveis ou permanentes pelos quais se reconhece a história de uma comunidade ou uma nação determinadas.

Seja pessoal ou nacional, a identidade afirma-se primeiro como um processo de diferenciação interna e externa, isto é, de identificação do que é igual e do que é diferente, e em seguida como um processo de integração ou organização das forças diferenciais, que distribui os diversos valores e privilegia um tipo de acento.

Na visão de Ricoeur, a identidade de si ou ipseidade constrói-se em relação com a alteridade, isto é, num "jogo" movi-

38. Na narrativa, fidelidade é mudança e transformação. Ser fiel à tradição não é preservá-la intacta numa pureza original, mas transformá-la numa fecundidade maternal. Toda narrativa é uma forma *fluens*.

mentado por aparências diversas, sem lugar para a certeza cartesiana quanto à estabilidade lógica do sujeito da consciência. Aí intervém a narratividade, seja do real-histórico, seja da própria ficção literária. Narrativas, práticas, discursos constituem o aspecto dinâmico que confronta as múltiplas identificações de um "mesmo" variável e multiforme com a alteridade[39].

A mesmidade caracteriológica, por outro lado, procede de modo inverso ao da ipseidade: recusa a interpretação histórica e a ficção, pretendendo-se "natural", crendo controlar todos os seus próprios fundamentos. Assim aparecem as representações racistas, estas que são formas interpretativas congelantes da diversidade humana, portanto da dinamicidade histórica do Outro.

Elementos originais

A ipseidade de um grupo humano ou de uma comunidade histórica tem sido buscada pelo pensamento nos elementos originais que permitem a construção de um perfil ético próprio, incomparável no limite. O céu (ideais, horizonte de ação), a terra (espaço, território) e o movimento (trabalho, dinâmica de ação e transformação) são tais elementos fundadores, investidos de modo diferente, segundo a particularidade dos modos como cada formação ética ou humana aborda a complexidade do real.

A cada um desses modos de abordagem ou de relacionamento com o real, caracterizados como um conjunto de mediações simbólicas (língua, leis, regras, mitos etc.) entre sujeito e mundo, chamamos de cultura. A esta cabe responder pela identidade, isto é, pelas articulações originais que fazem o *um* ser si

---

39. Sobre a força das narrativas populares na construção da ideia de identidade brasileira, vale a pena cf. PELOSO, S. *O canto e a memória*. Ática, 1996.

mesmo e não outro, tanto pela exclusão como pela inclusão dos outros todos em potencial e em virtual[40].

A ideia de cultura equivale à de uma "unidade de identificações", capaz de falar – por mitos, ideologias, obras de expressão – da igualdade de si mesma, mas sempre na corda bamba de um limite, que é a diferença. Nesta, começa o mistério de que vive toda e qualquer cultura – a alteridade, a estranheza, a "outridade" (expressão cunhada por Octavio Paz).

Mas dizer que cultura é "unidade" implica esclarecer que não se trata de uma unidade de representações (ou seja, um universo fechado de normas, costumes e valores) e sim de uma forma, um modo de abordagem do real, onde se entrecruzam discursos e repertórios (valores, significações, padrões de conduta etc.) portadores de representações de unidade, suportes de processos de estruturação. Em outras palavras, a cultura é um vazio positivo, uma ideia de unidade, mas ideia forte o bastante para levar à invenção tanto de representações de identidade quanto de alteridade. Na prática, o que experimentamos de uma cultura é a variedade de repertórios, onde se embatem simbolizações, hábitos e enunciados. Mas por meio dela as identidades podem ser reconhecidas.

A expressão "identidade cultural" evoca a ideia ou o sentimento de pertencer ao *Lebenswelt* ou "mundo vital", que rege o horizonte normativo de uma determinada cultura. Nos termos de Habermas, o mundo vital é constituído tanto pela racionalidade partilhada pelos indivíduos no interior de uma comunida-

40. Os medievais diziam que Deus é virtualmente terra, água, ar e fogo, por ser o criador de tudo. A ipseidade do homem, diz-nos Emmanuel Carneiro Leão, é o fogo de Prometeu: a virtualidade divina de ser todas as diferenças enquanto possibilidade de diferenciação. É o que também acha Santo Agostinho: "*Qui creavit me, dedit et mihi creare se*".

de quanto pela tradição ou transmissão, de uma geração a outra, de textos e narrativas pertinentes a questões historicamente levantadas pelo grupo. Este é o aspecto ipseísta da identidade cultural. Mas não implica afirmar uma correspondência biunívoca entre uma comunidade político-social e uma coerência cultural capaz de refletir-se numa identidade primordial.

O outro aspecto, do ponto de vista da identidade comparativa, é a tendência de um grupo a explicitar a sua particularidade, aquilo que o distingue de outras formações culturais[41]. Neste caso, identidade cultural diz respeito à totalidade dos campos identitários (psicológicos, lógicos, políticos) e à cultura como singularização do grupo, o que leva ao conceito de nação. A ideia alemã de *Kultur* (oposta a *Zivilisation*) é precisamente esta: não *Bildung* (saber instrucional das ciências, artes e letras), mas expressão de uma identidade própria, sem ser necessariamente garantida pelo Estado, já que *Kultur* pode implicar aspectos essenciais da realidade de um povo não englobados no conceito de Estado-nação. Normalmente, porém, identidade cultural e identidade nacional são noções próximas, senão equivalentes.

Ambos os aspectos da identidade cultural convergem para a possibilidade de expressão de uma "individualidade". Sabe-se que, em determinados contextos, individualidade e cultura podem definir-se como expressões recíprocas (o senso comum tem um saber automático, um "preconceito", do que seja um francês, um russo, mas também um gaúcho, um baiano etc.). Emerge aí uma individualidade padrão ou de síntese, ilustrativa

41. Tal "particularidade" é uma identidade já pronta, e não deve por isso ser confundida com singularidade. De fato, toda singularidade é incomparável *in fieri et in facto esse*, tanto no processo de constituição como no relacionamento de sua atividade *ad extra*. Esta é, aliás, como aponta Aristóteles, a razão da impossibilidade de uma ciência do singular.

do fato social total, em que o indivíduo se identifica e expressa um determinado grupo humano.

Ao falar disso, entretanto, o antropólogo Augé ressalva que "aprendemos paralelamente a duvidar das identidades absolutas, simples e substanciais, tanto no plano coletivo quanto no individual"[42]. De fato, só a partir de um certo ângulo, os indivíduos podem exprimir a sua totalidade social. "Nem a cultura localizada no tempo e no espaço, nem os indivíduos nos quais ela se encarna definem um nível de identificação básico aquém do qual nenhuma alteridade seria pensável"[43].

Isto quer dizer que a expressão da totalidade social por uma categoria denominada "identidade" é na verdade uma ficção ou uma ilusão que, a partir de um certo ângulo ou de um certo momento histórico, interpretamos como real e usamos em função de estratégias políticas ou simbólicas. Um claro exemplo é o caso de ex-escravos brasileiros que retornaram à África e constituíram em Lagos (Nigéria) uma comunidade com identidade (religião, costumes, festas) à brasileira – os *brésiliens*[44]. Esta identidade particular era fonte de *status* ou de poder nas relações sociais.

Às vezes, um idioma pode sustentar uma identidade, com finalidades eventualmente estratégicas. Um exemplo é Timor Leste, cuja luta contra a integração forçada à Indonésia tornou-se bastante conhecida nas últimas décadas do século XX. O português, língua do antigo colonizador, tornou-se símbolo

---

42. AUGÉ, M. *Não lugares* – Introdução a uma antropologia da supermodernidade. Papirus, 1994, p. 25.

43. Ibid, p. 26.

44. Cf. CUNHA, M.C. *Negros, estrangeiros* – Os escravos libertos e sua volta à África. Brasiliense, 1985. Cf. tb. o romance de Antonio Olinto: *A casa da água*. Bloch, 1967.

de identidade nacional e instrumento de resistência, ajudado por identificações comunitárias com os valores da literatura portuguesa local.

Outro exemplo de trabalho do artifício identitário é ainda o dos *harkis* argelinos que acreditam no "caráter" ou na identidade francesa da Argélia. Consta que esse grupo é, na verdade, invenção de um antropólogo francês interessado em estimular rivalidades entre berberes, para favorecer o domínio colonial. *Harki* significa "companhia", na acepção militar do termo. Criou-se uma companhia de dissidentes nativos para servir ao Exército colonial francês e, a partir da designação *harki*, engendrou-se uma identidade, mais tarde rejeitada tanto por nacionalistas argelinos quanto por franceses. O resultado é que, em função de suas posições identitárias, os *harkis* tiveram de deixar a Argélia e não foram bem-aceitos na França, onde cerca de duas centenas de milhares deles vivem hoje em condições marginais[45].

Acreditar na realidade dessa identidade nacionalmente indesejada é um fato emocional e político de grandes consequências para esse grupo socialmente desarraigado. Vive-se, assim, um puro jogo de ficções tomadas como realidades essenciais. E a ambiguidade é tanto maior quando se leva em conta que a própria Argélia não existia como país antes da ocupação pela Turquia e pela França. O território fazia parte do Império Otomano, e seus habitantes referiam-se a si próprios como "muçulmanos".

Idênticas ficcionalizações com efeitos de realidade aplicam-se à racialização ou à etnicização das populações. O Japão, por exemplo, jamais mediu esforços para considerar-se, em sua modernidade, uma nação "monoétnica". Ou seja, sempre evitou

---

45. Vale registrar que os *harkis* eram vítimas preferenciais nos massacres realizados pelos terroristas islâmicos na Argélia em 1997 e 1998.

reconhecer povos indígenas autóctones, como os ainos (habitantes de diferentes ilhas do arquipélago) ou minorias como os burakumin (japoneses descendentes de antigas castas rebaixadas na escala social).

Outro caso é a Bósnia, onde se travou no final do século XX uma das mais atrozes guerras europeias. Comenta Malcolm que "a história racial é a maldição dos Bálcãs", explicando que "a única coisa sensata que se pode dizer sobre a identidade étnica dos bósnios é a seguinte: eles eram eslavos que viviam na Bósnia"[46]. No entanto, isto não explica grande coisa, porque não se sabe ao certo o que seja um "eslavo" nem como se pode dividir essa "etnia" em subgrupos étnicos.

Esses jogos ficcionais não são outra coisa do que a própria consciência da identidade, portanto não apenas uma "maldição dos Bálcãs", mas de toda cultura ocidental. O que se tem como certo é que todo Estado-nação procura instituir uma "comunidade nacional" na base de uma etnicidade fictícia – o que não se entende como uma ilusão qualquer, mas como a montagem pela ilusão de um efeito institucional com sentido histórico e político preciso. A partir de critérios linguísticos, históricos e biológicos, o Estado nacional "etniciza" a população, essencializando as suas representações psicossociais por meio de ideologias nacionalistas ou mitos de identidade baseados em cultura, origem e projeto coletivo presumidamente comuns.

O investimento da consciência do sujeito por uma identidade étnica pode ser tão grande que certas formas de incerteza em relação a tal identidade geram violência social. Esta, pelo menos, é a visão do indiano Appaduray, para quem rótulos ("sikhs",

46. MALCOLM, N. *Bosnia*: a Short History. New York University Press, 1995.

"curdos" e "muçulmanos") aparentemente "iguais a antigos nomes e termos étnicos, são frequentemente alterações de nomes e termos que existem para servir substancialmente a novas molduras de identidade, direitos e soberania espacial"[47]. Quando essas classificações étnicas são perturbadas pela dinâmica transnacional ou pelas transformações políticas modernas, a incerteza identitária resolve-se em formas violentas de "certeza".

Às vezes, mesmo como etnias aparentemente iguais, a falta de mitos identitários comuns acarreta problemas psicossociais. Foi o que se verificou após a devolução pela Inglaterra do próspero território de Hong-Kong à China. Os habitantes do território, especialmente as novas gerações, passaram a manifestar dificuldades de aceitação dos ícones nacionais (hino, bandeira etc.), portanto dificuldades de autorreconhecimento a partir da cidadania chinesa. Isto suscitou comentários e análises por parte da imprensa no sentido de que a transição foi mais fácil do ponto de vista político do que do identitário.

Diante do processo identificatório, toda cultura reafirma-se como a "unidade das identificações" que busca resolver a diversidade das partes num cosmo ou num todo capaz de regular sem excessos a inserção dos indivíduos na comunidade. Há, assim, algo de simultaneamente estético e político na noção de cultura. "Estético", no sentido desenvolvido por Kant em *Crítica do juízo*, ao explicar que a percepção da regularidade de um objeto consiste na apreensão de sua unidade, concentradora da multiplicidade de seus elementos. A cultura assemelha-se a essa percepção de "regularidade" de um objeto (o homem enquanto produtor de sentido) que, ao mesmo tempo, torna possível tal objeto.

---

47. APPADURAY, A. *Violência como epistemologia na era da globalização*. Rio de Janeiro: Unesco/Universidade Cândido Mendes, 04-06/11/1996, p. 2/3 [Paper apresentado na Conferência Internacional Representação e Complexidade].

"Político", porque a identidade obtida pela cultura permite a idealização das relações sociais que instituem a cidadania. É o Estado que geralmente a garante como ficção étnica e única, desenhada contra o pano de fundo da cultura universalista europeia, que classifica a diversidade humana por categorias étnicas unas, únicas e diferentes ("etnicismos"). As características linguísticas, somáticas e psicológicas constituem os operadores públicos dessa ficção.

A partir deles, construiu-se no século XIX europeu a ideia de identidade nacional, ou seja, uma ficção descritiva da situação em que pessoas em massa "fizeram a mesma identificação com símbolos nacionais – internalizaram os símbolos da nação – de modo a poder agir como um grupo psicológico"[48]. Bloom chama de "dinâmica de identidade nacional"[49] ao potencial de ação identificatória num grupo determinado.

É precisamente essa dinâmica que passou a ocorrer na Europa a partir do século XVIII, verificável nos escritos de pensadores como Fichte ou Herder, que advogavam a existência de uma ipseidade nacional, marcada por uma unidade de identificações específica (*Kultur*). Para Herder, um teólogo, cada povo teria o seu *Volksgeist*, que se traduz como espírito ou caráter nacional. E Fichte, filósofo, apostava fortemente na nobreza do *Volksgeis*t alemão, apoiando-se, portanto, no operador psicocultural da noção de identidade. Cada um dos operadores pode jogar de modo predominante segundo a situação histórica. Assim é que, no final do século XX, em Timor Leste, na Ásia, o uso da língua portuguesa vale para os timorenses como ato de resistência ao

---

48. BLOOM, W. *Personal Identity, National Identity and Internacional Relations*. Cambridge University Press, 1995, p. 52.

49. Ibid., p. 53.

projeto de unificação cultura e política levado a cabo pelo Estado indonésio.

Fica evidente que a identidade se presta a "jogos" (modelos criativos de mundo próprio) no mesmo sentido que atribui Wittgenstein aos "jogos de linguagem"[50], isto é, falar uma linguagem como parte de uma atividade ou uma forma de vida. Os *harkis* jogam existencialmente com a identidade franco-argelina, assim como os negros norte-americanos podem jogar politicamente com a "identidade" muçulmana ou os europeus jogaram no passado com suas identidades nacionais.

Às vezes, essas identificações são capazes de exceder, em sua realização, os modelos originais. Durante o domínio colonial da Inglaterra, indianos conhecidos como cipaios eram mais anglófilos (por exagero dos ritos e das aparências) que os próprios súditos britânicos. O excesso torna ainda mais clara a natureza ilusória da identidade: esta é algo que se constrói, inventa-se, e sua vivência é alimentada pelos jogos existenciais e narrativos de uma comunidade, transmissíveis pelos usos capazes de configurar uma ética.

A ideia europeia de identidade, por exemplo, construiu-se na Modernidade em torno de um "céu" regido pela força da crença monoteísta; de uma "terra" concebida como espaço planetário de conquistas; de um "movimento" orientado para a transformação incessante do trabalho, para a universalidade da ação produtiva[51]. Estes elementos assinalaram a diferença entre Europa, África e Oriente.

---

50. Na expressão "jogos de linguagem", o genitivo é ao mesmo tempo objetivo e subjetivo, embora sujeito e objeto separados constituam o primeiro jogo da linguagem na Idade Moderna.

51. Esta é a estrutura onto-teo-lógica (real – Deus – racionalidade) da metafísica. Dizem os lógicos que Deus existe porque a matemática é racional: "*Cum Deus calculat, fit mundus*" (Leibniz).

Mas o traço, a marca, de uma identidade qualificada como "moderna" é verdadeiramente a consciência universalista com que os europeus medem pela primeira vez a Terra. À visão de um espaço não global, alheio à medição científica, opõe-se, a partir da época dos descobrimentos, um conceito de ordenamento espacial comum, capaz de dar conta – graças aos refinamentos técnicos do espírito geométrico – do planeta inteiro. A dimensão planetária impõe-se como única e universal.

A moderna cultura ocidental – em outras palavras, o triunfo da humanidade absoluta – dá-se a partir de um ordenamento espacial centrado na Europa. Desta maneira, o "ser humano universal", criado a partir de uma concepção cultural que refletia as realidades do universo burguês europeu, gerava necessariamente um "inumano universal", a outra face da moeda, capaz de abrigar todos os qualificativos referentes a um "não homem": bárbaros, negros, selvagens.

Considerar as diferenças (os índios, p. ex.) como seres "fora da humanidade", "proscritos pela própria natureza", era inclusive uma atitude perfeitamente coerente num humanista como Francis Bacon. A vitória do humanismo e do conceito de cultura a partir do século XVIII agudiza as posições discriminatórias (e escravagistas), fundadas numa concepção espacial destinada a reprimir todas as manifestações ditas "primitivas"[52].

Tudo isso servia como lastro simbólico para as concepções do *Jus Gentium* que definiam Europa e África, por exemplo, como espaços de natureza diferente, isto é, desiguais em seu *status* jurídico internacional. A Europa, ciosa das pretensões ou da vocação de seu sistema econômico-liberal, arrogava-se o direito de ocupar

---

52. É o que nunca se deve esquecer: fundado na ordem do capital, todo humanismo é escravagista do homem – tanto do senhor como do escravo. Por isso, todo "tráfico" é humanista. É a justificativa de todos os mercadores de escravos.

os espaços que aparecem como "livres" na época dos descobrimentos – Austrália, África e as américas ou Novo Mundo.

Do século XVI até o XIX, o descobrimento e a ocupação foram títulos jurídicos suficientes para a tomada das terras "livres". Por isso, constituíram-se entre as potências europeias "linhas de amizade", que delimitavam as áreas de ocupação e conquista. A linha que estabelecia os limites entre Europa e Novo Mundo relativizava igualmente os princípios humanistas. A frase "não existe pecado debaixo do Equador" é sintoma de uma escandalosa relatividade da noção de justiça, criticada por Pascal na sentença: "Um meridiano decide sobre a verdade".

É patente a exacerbação da vontade de poder na construção do que se poderia chamar de "identidade europeia". Indagando-se sobre o ser da Europa (sua identidade continental), Sloterdijk observa que ela não dispõe "nem de uma substancial base étnica, nem de sólidas fronteiras de leste e sudeste, nem uma clara identidade religiosa. Mas tem uma "forma" típica e um motivo dramático próprio, que se realiza na maior parte de sua história em cenas evidentes"[53].

Tal forma, concebida à maneira de um drama teatral e que responderia pela "função quintessencial da construção da Europa, consiste, para Sloterdijk, na transmissão do império. Ou seja, a Europa buscaria sempre, na medida do possível, "reclamar, reencenar e transformar o Império Romano, que existiu antes dela"[54].

Deste modo, seria o continente uma espécie de teatro para as metamorfoses do império, materializado no cristianismo como o poder de tudo crer; na técnica como o poder de tudo

---

53. SLOTERDIJK, P. *Falls Europa Erwacht*. Suhrkamp, 1994, p. 33.

54. Ibid., p. 34.

fazer; na ciência como o poder de tudo conhecer e na filosofia como o poder de tudo saber. O *Imperium* seria, assim, a ideia principal da fantasia política da Europa, seu paradigma imperdível, a princípio concebido como máquina de guerra da Igreja e depois, já na Modernidade, como império colonial com a Igreja a seu serviço.

Sloterdijk não é o único a enunciar esta tese, hoje encontrável em ensaístas de linhagens teóricas diversas, como os franceses Rémi Brague, Jean-Christophe Rufin, os norte-americanos Robert Cox e James Petras ou o italiano Antonio Negri, para quem o império é a nova forma do Estado correspondente à mundialização capitalista da produção e da circulação de mercadorias. Bobbio, aliás, assinala que "o grande Estado territorial moderno nasce, cresce e se consolida como Estado monárquico; é o *regnum* contraposto não à *res publica*, mas à *civitas*"[55].

Na realidade, o surgimento da consciência nacional, nos séculos XVIII e XIX, coincide com o fortalecimento de uma consciência imperial: alguns poucos estados nacionais afirmam-se como impérios que controlam, militar, política ou economicamente, muitos estados nacionais desdobrados dos territórios imperiais. Os grandes pensadores iniciais do Estado (Bodin, Hobbes, Vico, Kant, Montesquieu, Hegel) veem na monarquia, e não na república, a forma principal de governo na Modernidade.

Europeu seria, assim, todo aquele "implicado na transmissão do império", o que valeria em especial para "alemães, austríacos, espanhóis, ingleses e franceses, e em muitos aspectos também para italianos e russos", na opinião de Sloterdijk. Este esquece os portugueses, que no entanto já quiseram dominar o

---

55. BOBBIO, N. *Estado, governo e sociedade*. Paz e Terra, p. 107.

mundo. É o que, aliás, ressoa no poeta maior da moderna língua portuguesa: "[...] Vibra, grita aquele hausto fundo / Com que impeliste, como um remo, / Em El-Rei D. João Segundo / O Império Extremo [...]"[56]. De qualquer forma, essa *translatio imperii* seria a "célula ideomotriz ou mítico-motriz de todos os processos culturais, políticos e psicossociais dos quais resultou a europeização da Europa.

Ou seja, a Europa adquire identidade com a *translatio* da sede imperial do Oriente para o Ocidente. O princípio do império pode ser descrito pela expressão *eadem sed aliter* ("as mesmas coisas, mas de outra maneira") que, desde os romanos, resume a identidade como um processo de integração do diverso num espaço concebido como um sistema de referências universal e abstrato. O Sacro Império Romano afirma-se como mito constitutivo da Europa: o período do seu processo de transmissão iria dos papas e bispos dos séculos VI e VII até os acordos que, no final do século XX, visaram a transformar a Europa Ocidental num império mínimo do livre-consumo e da circulação irrestrita.

A inclusão dos Estados Unidos na categoria de "variante da civilização ocidental" (Huntington) parece reforçar-se quando se leva em conta a presença do mito imperial europeu no desenvolvimento da nação norte-americana. Em fins do século XIX, o Presidente Theodore Roosevelt associava o que se poderia chamar de "teologia da expansão" a uma estratégia planetária, afirmando que a "a americanização do mundo é o nosso destino".

Esse discurso, ao mesmo tempo imperial e messiânico, foi herdado da Europa com a mediação da palavra sativa dos *foun-*

---

56. PESSOA, F. "Quinto Império". *Obra poética*. Vol. Único. Nova Aguilar, 1986, p. 31-34. Adiante, Pessoa diz dos seus compatriotas: "Soldados não, mas sacerdotes / Do Quinto Império..."

ding fathers (intelectuais como Jefferson, John Adams e outros) da pátria norte-americana. Já no século XVIII, ideólogos da nação norte-americana, como John Adams, falavam do deslocamento da sede do império para a América, anunciada como lugar de salvaguarda da fé. Nesse tipo de argumentação, a hegemonia europeia seria coisa do passado. A América era, ao mesmo tempo, um novo Canaã, a nova Jerusalém, o país do Éden, onde reinavam Deus e a Natureza.

Por tal motivo, pode o mexicano Octavio Paz definir a América como o lugar da utopia europeia realizada. Além do reino da Natureza, deveriam cumprir-se aí em toda a plenitude as palavras de ordem do Império Europeu: legisferar, evangelizar, emancipar, esclarecer e regenerar. Isto é o que ratificou no século XX ficção popularesca de escritores de inspiração colonialista (Edgar Wallace, Rudyard Kipling, Edgar Rice Burroughs, Karl May etc.) e o cinema hollywoodiano.

A definição original de utopia referia-se às américas como um todo. Mas os clichês soviéticos da Guerra Fria sobre o "imperialismo norte-americano" apresentavam, por vias perversas, uma nominação adequada para o discurso da hegemonia euro-americana, embora obviamente esquecessem suas próprias aspirações imperiais.

Na passagem do século XX para o XXI, com a globalização dos mecanismos de produção e de circulação de riquezas, a forma império (uma ordem centralizada e praticamente unipolar, e com poderes soberanos) parece reinvestir a hierarquia estatal. Negri fala dessa forma como um novo paradigma de soberania, em escala mundial, mas com uma lógica expressa tanto no direito internacional quanto no direito do mercado e das empresas capitalistas, onde desempenham papéis estratégicos a informação e a linguagem. Ele salienta: "A tendência atual ao império não representaria uma novidade, mas, por assim dizer, um aperfeiçoamento do imperialismo"[57].

O "aperfeiçoamento" consiste, na verdade, em substituir a construção da hegemonia (que ainda depende de um reconhecimento de legitimidade por parte dos dependentes) pela forma imperial. Esta última é, assim, outro nome para a internacionalização do mercado, orientada pela globalização do capital financeiro.

A transmissão da forma

Retomando-se a designação de "forma" feita por Sloterdijk, surge o problema teórico de saber-se o que é exatamente isso e como uma forma determinada (universalista, imperial) pode permanecer idêntica a si mesma na mutação histórica.

Desde Aristóteles e sua *Metafísica*, sabemos que forma (*eidos*, *morfé*) é a natureza íntima das coisas, aquilo que lhe constitui a essência. O que faz do homem, por exemplo, um ser racional é a sua forma ou essência, denominada "alma". A definição de algo é uma referência à sua forma, entendida como princípio essencial.

Forma é de fato a "substância primeira". Assim, ao caracterizar a substância como (1) o que não é inerente ao outro e não se predica do outro; (2) o que pode subsistir por si ou separadamente do resto; (3) o que é um "algo de determinado"; (4) o que tem uma unidade intrínseca; (5) o que é ato ou está em ato, Aristóteles deixa claro que a substância por excelência (i. é, não do ponto de vista empírico, mas metafísico) é o *eidos*, forma, causa e fundamento do ser.

A ideia de uma "forma imperial europeia" poderia levar a pensar num fundamento, ao modo sugerido por Aristóte-

---

57. NEGRI, A. *Folha de S. Paulo* – Caderno Mais, 20/10/1996.

les. No entanto, o pensamento social contemporâneo (Georg Simmel, Max Weber, Georg Lukács, Walter Benjamin, Siegfried Kracauer e sociólogos mais recentes) passa ao largo da hipótese de um essencialismo metafísico – embora ao preço do obscurecimento da noção. Isto, a tal ponto que Wolfgang Koeppen apela: "Não me perguntem o que é a 'forma'. É como se vocês perguntassem à centopeia como faz para andar com tantos membros"[58].

Ledrut, sociólogo, tenta dar conta dessa dificuldade, ao mesmo tempo em que acentua a relação estreita da categoria da forma com o fenômeno, enquanto objeto de toda disciplina científica: "Há forma de todo fenômeno, logo de toda realidade – social, no caso – na medida em que ela aparece e constitui um verdadeiro objeto de experiência. Esse fenômeno é mais 'parecer' do que aparência e nenhum ser ou essência esconde-se 'atrás' dele ou 'abaixo' segundo as expressões de Hegel. O objeto da experiência não é outra coisa senão a realidade enquanto se manifesta"[59].

A explicação de Ledrut não evita toda uma longa polêmica na academia sociológica em torno das concepções simmelianas de "forma". Mas a questão é abordada de modo sintético por Wittgenstein em duas proposições do *Tractatus*: (a) "A forma é a possibilidade da estrutura" e (b) "A forma da representação pictorial é a possibilidade de as coisas se relacionarem entre si, como os elementos de uma imagem"[60].

---

58. Cf. MAFFESOLI, M. *La connaissance ordinaire*. Méridiens, 1985, p. 97.

59. LEDRUT, R. *La forme et le sens dans la société*. Méridiens, 1984, p. 33.

60. WITTGENSTEIN, L. *Tractatus logico-philosophicus*. Props. 2.033 e 2.151. Lisboa: Fundação Calouste Gulbenkian, 1987.

Forma é aqui o poder lógico de uma metáfora sintética, que possibilita todas as demais metáforas, sejam semânticas, sejam sintáticas. Wittgenstein introduz a ideia de uma representação unificadora da diversidade cognitiva, uma espécie de unidade imanente a elementos múltiplos que, no caso da forma social, tem como matéria uma "multiplicidade de elementos, de aspectos, de determinações, que não são em si mesmas necessariamente sociais e só aparecem como componentes em função da forma apreendida"[61].

Ao contrário de estrutura, que é feita de relações internas, forma é uma exterioridade relacionada com aspectos internos e comporta a coexistência dos múltiplos em que implica a existência vivida. Nela, o individual e o coletivo reúnem-se de modo indissociável, assim como dá-se a passagem do mundo do singular ao do universal. A forma supera a oposição entre exterior e interior, individual e coletivo, singular e universal, manifestando-se como uma unidade ancorada no espaço e no tempo, como uma determinada maneira de existir. Existência e realidade social revelam-se em conjunto num estilo de vida, numa "atmosfera", suscetíveis de apreensão sensível.

Podemos resumir a noção de forma com o enunciado de que é uma representação simbólica concretizada em instituições sociais (donde se deduz seu interesse para uma sociologia compreensiva da vida cotidiana). Mas vale registrar a observação de Ledrut no sentido de que a importância da noção deve-se em grande parte à ênfase posta sobre "a relação de interioridade do um e do múltiplo, a nova maneira como ela permite aprender a relação com as "infraestruturas" ou com o "substrato", segundo a linguagem que se adote"[62].

61. LEDRUT, R. Op. cit., p. 40.

62. LEDRUT, R. Op. cit., p. 42.

A ideia de um substrato emerge quando se tenta responder à questão de como pode uma forma sociocultural atravessar a mutação histórica. Aqui e ali, fala-se de substrato psicológico, substrato literário etc. É uma noção que já teve maior curso no debate científico sobre as causas das transformações linguísticas: se um povo abandona, por um motivo qualquer, sua língua original em favor de outra, pode acontecer que conserve hábitos do idioma excluído (pronúncia de certos sons, peculiaridades sintáticas etc.). Fala-se, por exemplo, do substrato celta no idioma francês.

É possível pensar num "substrato cultural", tal como o concebido pelos linguistas norte-americanos da primeira metade do século XX, a exemplo de Benjamin Lee Whorf (discípulo de Edward Sapir), que formulava a hipótese de um substrato intemporal para explicar a permanência de relações entre pensamento e língua. A concepção provinha realmente de Sapir, para quem existiria, por trás do sistema objetivo dos sons da língua, um sistema "interno" ou "ideal" mais limitado, porém foneticamente analisável[63].

Embora inacessível à consciência imediata do falante, esse sistema poderia ser demonstrado como um princípio real, responsável pela permanência de um padrão – capaz de abranger as relações de comunicação e a função de elementos fonéticos – mesmo depois da transformação histórica dos conteúdos fonéticos originais. O substrato é, aí, essa potência intemporal de ser.

Se na linguística o caráter metafísico desse substrato já suscita um problema epistemológico, maior ainda é a dificuldade quando se tenta pensar na permanência de uma forma social. Eugênio D'Ors admite a hipótese de uma unidade através do

63. Este é, aliás, o princípio da gramática gerativo-transformacional de Noam Chomsky, por sua vez ancorado na doutrina platônica.

tempo, a que dá o nome de constante. Diz: "Essas 'constantes' entram na vida universal da humanidade e em sua pluralidade multiforme, instaurando uma invariabilidade relativa e uma estabilidade aí onde todo o resto é mudança, contingência, fluidez. A trama complexa da história dá espaço à presença dessas 'constantes' – presença manifesta e dominante às vezes; outras, secundária e escondida"[64].

Para D'Ors, uma ideia como a de "sistema imperial" ocupa, em certas épocas, o primeiro plano. Uma ideia recalcada ou oculta pela história poderia subitamente voltar à cena, não por ciclos recorrentes ou por um eterno retorno das coisas, mas por "fatores recessivos" que se apresentam como um conceito de "tipo", de "espécie", invariável e latente entre as gerações. A constância desses elementos limitaria a contingência dos acontecimentos na história humana.

Para melhor designar essas constantes, D'Ors toma de empréstimo aos neoplatônicos da Escola de Alexandria o termo grego *éon*, que pensa o permanente em termos de história, ou seja, faz a eternidade "conhecer vicissitudes"[65]. Afirmavam os cristãos alexandrinos que Cristo era um *éon*, ou seja, "sendo realmente Deus, o Cristo participa da eternidade, que é o atributo de Deus; mas sem contradizer essa eternidade, que é a sua, ele se inscreveu na vida terrestre, viveu no tempo, tem uma história, uma biografia consignada nos evangelhos"[66].

Em outras palavras, o *éon* responderia pela representação de constantes (categorias históricas, estéticas, ideias-acontecimen-

---

64. D'ORS, E. *Du baroque*. Gallimard, 1935, p. 69.

65. Deste *éon* Heráclito já tinha dito ser uma criança que brinca com o jogo de pedras: um império infantil.

66. D'ORS, E. Op. cit., p. 74.

tos, figuras) que somem e reaparecem ao longo dos séculos, como uma espécie de canal permanente de formas entre a origem e o presente, relativizando o peso da sucessão cronológica. O império, as raças, o "eterno feminino", a feudalidade seriam exemplos de *éons*.

Tanto esta noção como a de forma social são tributárias da dialética hegeliana do real, na medida em que preconizam uma unidade capaz de superar dualidades do tipo essência/aparência, ideia absoluta/fenômeno, racional/real etc. Mas o *éon* é especialmente hegeliano (a despeito da antecedência neoplatônica, alexandrina) pela outorga de um privilégio à intemporalidade – assim como o saber absoluto hegeliano (ou seja, a concepção de uma identidade originária entre ser e pensar), mesmo aparecendo na história, afirma-se como *logos* intemporal.

Também preocupado com a persistência da forma, Simmel concebe uma "forma imediata", em que a vida ou a intensificação da vida na consciência guarda o seu próprio passado. Diz: "Esse passado continua a viver na consciência segundo o seu conteúdo original e não só como a causa mecânica de modificações posteriores, assim como a vida engloba também o seu futuro, de uma maneira que não tem analogia com o mundo inanimado. Em cada instante da existência de um organismo capaz de crescer e de se reproduzir, a forma posterior acha-se prefigurada"[67].

Por mais que variem os modos de abordagem, resta um evidente hegelianismo no empenho de se assinalar uma "quintessência histórica", uma essência na dinâmica da mutação cronológica. Não se faz apelo, como em Hegel ou em Marx, à elaboração dialética da história, mas busca-se apreender uma unidade capaz de superar as dicotomias simplificadoras, como infraestrutura e

---

67. SIMMEL, G. *La tragédie de la culture et autres essais*. Rivages, 1988, p. 178.

superestrutura. Tanto nos sociólogos "formistas" como em Hegel, essa unidade – entre as formas econômicas, políticas, jurídicas, religiosas, artísticas, filosóficas – é suscetível de ser apreendida como um clima, uma atmosfera particular ou um *ethos*.

O que o jovem Hegel chamava de "espírito" era uma totalidade sistemática que, ao lado do *logos* e da natureza, envolveria todos os fenômenos sociais de uma determinada época, guardando a coerência do todo social. Seja espírito, para Hegel; modo de produção e de troca de bens materiais, segundo Marx; forma social, para os "formistas" – quaisquer que sejam os diferentes modos operativos de abordagem, desponta a ideia de uma coesão que impregna a consciência social dominante e recalca (numa dimensão que bem se pode chamar de "inconsciente") modos de organização simbólica não dominantes.

A essa linha de pensamento não é estranha a ideia de uma filogênese lógico-histórica com base no materialismo dialética, como a postulada por Goux. Ou seja, uma lógica dialética das formações socioculturais em sua sucessão temporal irredutível ao papel de reflexo ou de sua função na realidade social. Diz ele: "Essa lógica é tornada particularmente manifesta pela coerência do processo filogenético. É que ele se enraíza, por meio do processo de socialização antagônica dos sujeitos humanos vivos, no desenvolvimento da matéria organizada, que ele prolonga e continua por vias específicas"[68].

Segundo essa linha de argumentação, uma estrutura social assenta-se em pressupostos genéticos, que podem estar abolidos ou ultrapassados. O que se possa chamar de "inconsciente" seria precisamente um efeito da estrutura presente, com pressupostos abolidos, não dominantes – algo assim como uma ati-

---

68. GOUX, J.J. *Économie et Symbolique*. Seuil, 1973, p. 45.

tude imperial no âmbito de uma forma republicana dominante ou então um comportamento privado, de aparência monástica, numa formal social não regida pela religião. Tais pressupostos seriam compreendidos como formas que, simbolicamente, organizam a consciência dos sujeitos.

Nestes termos, uma forma poderia não estar socialmente explicitada, mas continuar ativa na sucessão temporal, no modo de um inconsciente – não "coletivo" à maneira de Jung (que sustenta a ideia gnóstica de um inconsciente coletivo como forma cheia de arquétipos universais e transtemporais), mas lógico-histórico. A persistência ou o reaparecimento de uma determinada forma não dominante, a exemplo do império, se explicaria pelo trabalho desse "inconsciente lógico-histórico" nas descontinuidades do processo filogenético e que diria respeito tanto a formas passadas quanto a futuras ("inconsciente elevado"), possíveis dentro da trama lógica da história.

Não é difícil perceber que esse "inconsciente" imaginado por Goux segue o perfil da consciência. Uma das características da consciência é atribuir a si um controle sobre toda a envergadura da conscientização. Tomar consciência é dominar. Por isso é que os pressupostos abolidos podem ser não dominantes, e o inconsciente se reduz a restos de consciência. Como "pressupostos genéticos" podem ser "abolidos" ou "ultrapassados"? E como o abolido e ultrapassado pode ser suporte de assentamento de uma estrutura social? Um "inconsciente" lógico-histórico não pode ser mais do que um construto da consciência absoluta que se ignora como tal.

Como se vê, esta perspectiva ajusta-se acriticamente ao pensamento metafísico. A pretensão de descrever estruturas universalmente objetivas leva à desconsideração de outras possibilidades interpretativas para o destino histórico de formações sociais ou simbólicas não necessariamente compatíveis com o desenvolvimento das formas de troca ("formas simbólicas", na terminologia de Goux) próprias ao modelo societário europeu. Ou seja, a diversidade normativa e axiológica do mundo é esmagada pela redução interpretativa de um modelo coincidente com o modo europeu de constituição do Estado-nação moderno e com o controle da ordem social pelas relações de troca da classe burguesa.

É que toda "estrutura universalmente objetiva" está a serviço de forças estruturantes supervenientes à estruturação. Esta superveniência é imperativa e impositiva ao mesmo tempo: na medida em que impõe um modelo, universaliza-o num imperativo ideal: o valor ético.

Além disso, prevalece numa posição dessas uma noção de continuidade dominada por um historicismo que – graças ao recurso teórico de uma estrutura igualizadora da experiência vivida tanto no passado como nas projeções de futuro – reduz o vir-a-ser histórico à ideia do existente, do que sempre esteve aí[69].

Evidentemente, para haver história é preciso que se suponha alguma coisa de permanente nas mudanças epocais. Numa concepção historicista como a que descrevemos acima ou particularmente no pensamento hegeliano, o permanente é entendido como um princípio a *priori*, um *telos*, realizado pela diversidade temporal, o que resulta num algo sempre igual.

Heidegger, falando de poesia, afirma que os poetas "dizem sempre o mesmo (*das Selbe*), isso, no entanto, não significa que dizem sempre coisas iguais (*das Gleiche*)"[70]. Mas é em Identi-

69. A redução é sempre unidimensionalizante, já que se trata da generalização de uma parte. É uma parcialidade que se totalizou por exclusão de toda diferença. Impõe-se, então, o horizontal.

70. HEIDEGGER, M. *Sobre o humanismo*. Tempo Brasileiro, 1967, p. 98.

dade e Diferença que ele nos permite pensar melhor a distinção entre o Mesmo e o Igual. Comenta Vattimo: "Só em relação a esta noção de Mesmo se pode falar, para Heidegger, de uma história que não é nem a história das coisas (obras, existências individuais, formas, com a sua concatenação na alternância do nascer e do morrer), nem evolução para um *telos*, nem um puro regresso do igual, mas história de mensagens, em que a resposta jamais esgota o apelo, pelo menos porque, de qualquer modo, dele depende"[71].

Observa Vattimo que nem Heidegger nem seus epígonos esclareceram bem todos os aspectos dessa visão (hermenêutica) em que a história é concebida como transmissão (*Ueberlieferung*) de mensagens. E sugere: "Contudo, pode-se dizer que, na história como transmissão de mensagens, o Mesmo é o não pensado que em cada anúncio se torna presente como reserva, como resíduo de transcendência que o anúncio conserva em relação a toda resposta. É com este não dito, não pensado, que o diálogo com o passado se relaciona, porque, enquanto não pensado, jamais é passado, mas sempre futuro"[72].

Em outras palavras, a história é uma espécie de diálogo entre gerações, em que cada palavra numa mensagem implica uma resposta a um apelo já feito. O permanente (o Mesmo) é aquilo que, em cada anúncio de uma mensagem, não se explicita, não é pensado, mas silenciado. Esta reserva cria o "resíduo de transcendência", ou seja, uma margem de possibilidades de linguagem, que aponta para o futuro, porque dá espaço criativo à resposta.

---

71. VATTIMO, G. *As aventuras da diferença*. Ed. 70, 1988, p. 170.

72. Ibid., p. 171.

E a resposta é sempre uma transformação da pergunta, para ser histórica. O que transforma é o não respondido, e não o respondido. A ancestralidade da história é uma dinâmica, isto é, uma força propulsora, de fidelidade pela mudança, em que se recolhe todo o movimento da identidade. Pode-se, assim, afirmar que toda revolução é ancestral. Sem ancestralidade não há nem se dá história.

Ancestralidade – entendida como vigência de um princípio fundador na sucessão das fases históricas, isto que pensadores árabes designam como "autenticidade e contemporaneidade" – pode ser conceito mais adequado que o de tradição. De fato, o que a tradição dá e transmite é a "traição" da igualdade das repetições. Só conteúdos, formas, dados, resultados e *know-how* é que se podem repetir e, pela e na repetição, acionar os poderes de diferenciação da ancestralidade. Esta, para instaurar história, instiga os poderes do "não" das diferenças no "sim" da compulsão de repetir.

Dissertando sobre o fluxo do tempo, Elias oferece uma perspectiva sociológica próxima a essa concepção. Ele emprega a expressão "*continuum* de transformação" para mostrar que, em muitos processos de mudança, a unidade do processo está na continuidade com que uma transformação surge de outra: "Tomemos por exemplo uma certa sociedade, digamos os Países Baixos, nos séculos XV e XX. O que os une nestas duas fases não é um núcleo essencial imutável, mas a continuidade das transformações através das quais a sociedade do século XX brota da do século XV, continuidade que se vê reforçada pelo fato de ser recordada"[73]. Ou seja, a identidade não é nada substancial, mas uma continuidade lembrada – por mensagens, apelos, respostas – e reinterpretada.

Nestes termos, algo como o *éon* ou o retorno de uma forma preeminente do passado explica-se pela resposta de uma época a um "apelo" ou a uma "provocação", que permanece latente desde tempos passados, mantido pelo fio condutor da temporalidade de um *ethos* e materializado em enunciados reinterpretáveis no interior de práticas político-sociais. A forma chamada "império" não permanece enquanto pura identidade primordial, mas como um *continuum* suscitado e reelaborado pelas práticas do colonialismo ou do imperialismo europeu.

Nesse fio, concebe-se filosoficamente a ideia de um Igual (*das Gleiche*) ao lado Mesmo (*das Selbe*). Ou seja, a ideia de uma concatenação de coisas e eventos no sentido da manutenção de uma ordem que pretende ser sempre igual a si mesma. Trata-se da "tradição", entendida não como reinterpretação de mensagens ancestrais, mas como transmissão conservadora de formas de uma geração para outra. O "tradicionalismo" é justamente um modo exacerbado dessa comunicação intertemporal, não dialógica, de formas fechadas a qualquer resposta ou reelaboração epocal.

As marcas da comunicação intertemporal podem ser encontradas em leis, costumes, hábitos, lendas, mitos, mas também em documentos que, aparentemente esquecidos pelas instituições vigentes, permanecem como fontes atuais para o esclarecimento quanto à persistência de formas suscetíveis de funcionar como matrizes para as operações de identificação sociais. Mas é preciso ter sempre em mente que, mais do que marcas de conservação, as leis e os costumes são também convites de violação e traição que a tradição lega e instiga.

Na verdade, tradição e modernidade enquanto abstrações racionais, conceitos gerais e universalmente aplicáveis, são invenções do Ocidente. Existe, certo, a realidade do movimento histórico acionado pelo Renascimento e pela Reforma, operador da homogeneização espacial do mundo, que rompeu com o passado em favor do futuro, negando os "pais" fundadores e construindo uma civilização progressivamente parricida e deicida. Só que a palavra "modernidade", designativa de um conceito universal, foi inventada mesmo por um poeta (Baudelaire, em 1863).

Mas essa sociedade autojustificada, inquieta com as indeterminações do futuro, passa também a sonhar com as origens, fabricando utopias, que traduzem um desejo de autenticidade ou de resolução das tensões entre a degeneração do presente e a saudade de uma suposta pureza originária. A tradição conservadora é, em consequência, fruto do sonho culturalista dos modernos – um artefato reinterpretativo. Tem sido utilizado pelo Ocidente para trabalhar tanto fantasmas próprios como alheios: os colonizadores europeus têm sido grandes fabricantes de "tradições étnicas" nos países do chamado Terceiro Mundo, com vistas a uma melhor administração de contradições e conflitos. No ato de reelaboração da temporalidade alheia, redefinem-se valores e hábitos em função de parâmetros eticopolíticos compatíveis com a ideologia da colonização, ou seja, com um Igual administrável pela lógica do Ocidente.

2

O patrimônio como virtude

Documento dos mais preciosos para a compreensão da forma assumida pelo poder no Brasil, tanto no plano da organização estatal quanto no das relações sociais, é o *Livro da virtuosa benfeitoria*[1], escrito na primeira metade do século XV pelo infante D. Pedro (1392-1449) que, depois tornado Regente, encorajou os descobrimentos no litoral oeste africano e no Oceano Atlântico.

Como se sabe, as nações latino-americanas – dentre as quais avulta o Brasil com seu gigantismo territorial e altas perspectivas em termos de exploração de recursos naturais – resultaram de um "descobrimento", mas também da escandalosa isenção de pecado abaixo da linha do Equador. Ideologicamente, eram produtos da Contrarreforma, que promoveu o transplante do aparelho de Estado ibérico para o Novo Mundo.

No *Livro*, D. Pedro propugna um tipo de sociedade em que "benfeitorias" (doações, benefícios, favores) do príncipe são trocadas por lealdade e submissão permanentes por parte dos súditos. Propõe igualmente a associação do ato de conquista das terras "livres" à exploração agrícola e comercial.

---

1. Cf. "Livro da virtuosa benfeitoria". In: *Obras dos príncipes de Avis*. Porto: Lello & Irmão, p. 530-763. O trabalho está redigido em forma de tratado, composto de seis livros.

A despeito de seus claros fins políticos, o tratado apresenta-se como obra filosófica, cuja argumentação louva-se tanto em Aristóteles como em Santo Agostinho e Santo Tomás de Aquino. Mais precisamente, trata-se de uma reflexão ética (a ética antiga é sabidamente uma ética das virtudes, mais do que de deveres) sobre o governo dos homens por um príncipe.

Logo no começo, afirma o infante que Deus "ligou espiritualmente a nobreza dos príncipes e a obediência daqueles que os hão de servir com doce e forçosa cadeia de benfeitorias, para a qual os senhores dão e outorgam gratas e graciosas mercês". Tal cadeia é descrita como uma "prisão virtuosa", necessária ao "governo geral do mundo".

O príncipe, o governante, é apresentado como aquele a quem naturalmente devem pertencer as riquezas: "A arte do canto mais deve ser ensinada a quem tem boa voz e afinação, e é poderosa para bem usar da música, assim como os príncipes são possuidores das riquezas temporais, de que a muitos podem fazer bem e mercês".

Faz-se, assim, a justificação ética tanto do açambarcamento de riquezas pela nobreza quanto de sua distribuição, por favorecimento, a outros parceiros sociopolíticos. A benfeitoria implica uma verdadeira doutrina do favor. O príncipe é mais naturalmente dotado para tal doutrina do que os outros homens, "os quais, ainda que a saibam e queiram pô-la em obra, por constrangimento de míngua, cessam de fazer o que desejam". Ao governante, portanto, cabe fazer do favor, da mercê, um "projeto honroso".

Não falta o apelo à legitimação cristã: "O nosso Senhor Jesus Cristo chamou os príncipes em seu Evangelho, segundo diz São Lucas no capítulo 12, *de benefeci*, que quer dizer fazedores de bem". A virtuosa benfeitoria, para o infante, acompanha a tradição da *moralis beneficientia*, a que na Antiguidade os filósofos chamaram simplesmente de "benefícios". Representa "todo bem que é feito por alguém em boa ordem" e comporta três significados: (1) terras e heranças; (2) dinheiros e riquezas; (3) virtudes morais.

O notável em todo esse texto é que, graças a ele, pode-se tomar contato com uma fonte ideológica do Estado patrimonialista português nascente que coloca, sem rodeios e com tintas filosóficas, no centro da argumentação, a categoria do favor privilegiado, persistente até hoje como forma social na vida brasileira.

Mas o infante D. Pedro distingue a benfeitoria da pirataria ou da corrupção pura e simples. Suas reflexões pretendem acolher a ordem simbólica, quando entendida como reversibilidade ou obrigação de dar e receber. Assim, insiste em que "não se pode dar benefício a si mesmo". Ou seja, "não é dar nem receber mudar a coisa da mão esquerda para a direita. As palavras doar e ser obrigado a dar não podem ser verdadeiras senão entre dois". A virtude excelsa do governante está na repartição dos bens.

É visível o esforço para demonstrar que somos todos obrigados a prestar benefícios aos nossos superiores. Em primeiro lugar, na escala dos benefícios, estão os príncipes, que "têm governo natural da terra". Depois, os "nossos iguais" em terceiro lugar, os de "menos condição". Quem resiste ao príncipe, "faz resistência à ordem de Deus". Todo bem que se faz ao senhor (o pagamento do tributo, p. ex.) é uma "piedosa reverência".

Sustentando que as benfeitorias devem circular na "comunidade dos iguais", chefiada por príncipes e senhores, o infante reforça a posição de poder da nobreza, mas estimula a ajuda aos estudiosos e letrados, para melhorar os benefícios do governante. Por cooptação, outros podem passar a integrar tal comunidade ou estamento unido em torno do interesse empresarial de um governante.

É essa sociedade empresarial, administrada por um príncipe com a ajuda de um estamento constituído por soldados, burgueses e letrados, que conflui para o Estado patrimonialista. A categoria weberiana de estamento deve ser aqui entendida como uma camada social ciente e ciosa de seu poder sobre o resto da sociedade. Uma vez conseguido o apoio do povo, os privilégios – na forma de benefícios e prestígio – revertem para o estamento.

O livro ensaia uma ética que possa consolidar ideologicamente esse estado de coisas. Mas outros textos podem também ser tomados como sintomáticos. Por exemplo, a "Lei Mental", baixada por D. Duarte em 1434 (*Ordenações manuelinas*, livro II, título 35) regulava os privilégios do príncipe, estipulando a concessão de benefícios de acordo com seus interesses. Ética, leis e religião convergiam para uma forma social de natureza patrimonialista, isto é, uma "maneira" político-social em que a circulação de riquezas obedece a critérios familiares, clânicos ou grupais.

A posse do poder

A tese do transplante para o Brasil dessa ordem social patrimonialista, característica da Dinastia de Aviz, é muito bem exposta por Faoro[2]. Fica evidente que as conquistas são a possibilidade de o monarca oferecer riqueza e poder ao estamento dirigente e, à nação, uma imagem desse desfrute. Já na carta de Pero Vaz de Caminha aparece uma marca cultural do favor patrimonialista: ao mesmo tempo em que comunica ao rei de

2. FAORO, R. *Os donos do poder* – A formação do patronato político brasileiro. Globo/USP, 1973.

Portugal a descoberta, pede emprego para um parente. Toma lá dá cá, eis a regra do jogo.

Faoro vem mostrar como uma estrutura político-social – gerada pelo capital mercantil, do qual se projeta uma forma de poder institucionalizada no patrimonialismo – constituiu-se em Portugal, atravessou o oceano e perpetuou-se no Brasil, superando todas as transformações fundamentais ao longo de seis séculos.

A monarquia lusa havia-se consolidado por meio de uma revolução contra o setor da nobreza que pretendia a unificação do reino com Castela. Ao cabo de uma guerra interna e externa, de dois anos, elevou-se ao poder D. João I, fundador da Casa de Aviz, iniciadora da segunda dinastia. O Estado torna-se a partir daí um agente econômico extremamente ativo, voltado para a navegação e o tráfico, amparado em uma organização político-administrativa estamental que apressou a separação entre a *res publica* e o príncipe.

A burguesia, que fora um dos principais sustentáculos da revolução, torna-se em breve mera servidora da monarquia. O estamento dirigente alimenta-se da classe comercial, embora a despreze e avilte. Os funcionários (em geral, aqueles mesmos "letrados" para quem o *Livro da virtuosa benfeitoria* recomendava estímulos) apropriam-se dos cargos da antiga nobreza, adotando sua ética e estilo de vida. Burgueses, judeus, mercadores, comerciantes constituem o círculo interno do poder.

É essa a forma de poder – em que funcionários e bacharéis usam as leis e a burocracia como instrumentos de opressão das classes subalternas e como biombo para o "mais-gozar" do grupo dirigente – que se transplanta para o Brasil: "A reprodução do poder, o refazimento na colônia das estruturas de poder que existiam em Portugal tem como vínculo essa gente sem muito dinheiro, mas com alvarás no bolso, sesmarias na terra e nomes que assustam e forçam o respeito lá na corte e cá na colônia"[3].

A colonização obedeceu desde cedo à lógica de um capitalismo politicamente orientado para fundar na América do Sul um prolongamento do Estado português. Figuras importantes do estamento dirigente se transferem para o Brasil, que é de fato um "negócio do rei", integrado na estrutura patrimonial e financiado por banqueiros e grandes comerciantes europeus, especialmente genoveses e marranos. Acena-se para os despossuídos com a possibilidade de uma boa vida no Novo Mundo, onde participariam do grupo dirigente. Aos escravos, cada vez mais insuficientes em número, caberia trabalhar para atender às exigências fiscais da coroa.

O espírito de centralidade patrimonialista, que a princípio só se fazia sentir no litoral, expande-se para os sertões com a abertura das minas. Nobres da terra (senhores rurais), cristãos-novos, mascates e administradores compõem a oligarquia dirigente. Os funcionários valem-se dos seus cargos como se fossem títulos, de maneira privatista, arbitrária e ineficiente, razão pela qual o Estado burocrático-patrimonialista, autônomo frente à sociedade, é percebido como algo à parte, um "monstro sem alma", "titular da violência".

Chega o Brasil ao século XIX com um Estado de formato despótico e obscurantista entregue ao domínio do militar reinol, enquanto o senhor rural se encontra isolado, confinado às localidades. Mas o desembarque da corte portuguesa no Rio de Janeiro, em fuga diante das tropas napoleônicas, cria uma nova situação. Os portos brasileiros são abertos às nações amigas, o comércio e a indústria são incrementados. Rui o pacto colonial, o país submete-se economicamente à Inglaterra.

---

3. DÓRIA, F.A. *Os herdeiros do poder*. Revan, 1994, p. 44.

O que permanece inalterado é o eixo da política: o reino deveria servir ao desfrute e gozo do estamento dominante. Com a revolução de caráter liberal e recolonizador que explode no Porto em 1820, a dualidade de centros de poder (Lisboa e Rio de Janeiro) torna insustentável a situação. Esta se resolverá com a tomada do poder por D. Pedro I, aliado aos senhores rurais e ao comércio estrangeiro.

O império instituiria, assim, no Brasil, Estado e nação próprios. Mas o país não teve de se levantar, enquanto território inteiro, contra Portugal. A independência manteve a burocracia da Corte de D. João VI e, apesar das mudanças (o eclipse de Lisboa como referência política) o Estado burocrático-patrimonialista continuou, como no período colonial, intermediário de todas as atividades econômicas, orientando em favor de seus clientes e patrocinadores, o "negócio" da nação.

Quem são esses? Em primeiro lugar, Inglaterra; depois, no plano interno, a elite ou patriciado brasileiro, descendente dos primeiros capitães-donatários das terras, governadores gerais e altos funcionários do governo colonial. Trata-se em geral de famílias originariamente vinculadas à classe dominante portuguesa – seja a antiga nobreza do tempo da Dinastia de Borgonha, seja a burguesa alçada à nobreza nos tempos de Aviz.

O poder oligárquico do senhor rural, por sua vez, assumia a forma da família extensa, cujos contornos aparecem mais claramente no nordeste (séculos XVIII e XIX), quando se pensa no modelo clássico da família do proprietário da *plantation*, o senhor de engenho de açúcar típico. Este é o chefe de uma família que inclui filhos e netos, irmãos sem posses, sobrinhos, parentes afastados e bastardos. Na senzala, à sombra da casa-grande, vive o escravo, escala mais baixa da pirâmide social.

Nacionais de curta e longa datas

O isolamento do senhor rural frente ao aparelho de Estado não impede as afinidades entre a dominância patrimonialista do poder e a predominância, no modelo familiar da casa-grande, de elementos essenciais da forma social (oligárquica) ibérica, a exemplo da cooptação integral de estranhos suscetíveis de prestar benefícios ao chefe. Várias podem ser as razões para a antiguidade e a profundidade da mestiçagem brasileira (é fato histórico a escassez de mulheres portuguesas desde o início da colonização), mas impõe-se sem dúvida a flexibilidade patrimonialista da forma social ibérica, que permitia a consolidação do poder por casamento com gente de extração social diversificada e também por compadrios, favores – "virtuosas benfeitorias", enfim.

Todo patrimonialismo implica um complexo de relações mantido por família, clã ou grupo afim, que visa à preservação do conjunto pela distribuição interna de bens. O fator econômico é importante, mas a essência da razão patrimonialista é cultural: a manutenção daquele grupo específico, sua intrínseca familiaridade.

O próprio do patrimonialismo luso, aquilo que pode ser apontado como sua singularidade, está na oportuna abertura do estamento dominante para a parceria tanto político-econômica como religiosa. A primeira diz respeito ao estabelecimento de alianças de parentesco e de economia com o burguês, o letrado, o funcionário; a segunda, ao aspecto do sincretismo religioso (catolicismo e judaísmo).

Pode-se aventar a hipótese de que essa especial flexibilidade com foros patrimonialistas na Península Ibérica tenha a ver com a maleabilidade religiosa do islamismo de El-Andalus ou Espanha muçulmana nos séculos VIII, IX e X, principalmente quando o Estado ainda não se havia investido de sua clássica intolerância para com as diferenças etnoculturais. A coexistência cultural nos períodos de paz entre muçulmanos, cristãos e judeus foi um fato histórico, já caracterizado como "simbiose às vezes cordial".

A reinterpretação dessa forma social ibérica nos usos e costumes brasileiros – apoiada por uma cultura política voltada para a prevenção de conflitos graças a estratégias de conciliação interclassista – responde pela flexibilização de interditos, pela mestiçagem – ainda que em proporções variáveis segundo a diferença das regiões – entre os brasileiros de "longa data" (índios, africanos e portugueses) e os imigrantes europeus mais recentes.

É uma forma que atende convenientemente aos discursos e às narrativas de invenção da identidade nacional. Por um lado, promove a continuidade da tradição da letra e da oralidade dos relatos mítico-utópicos que aqui localizavam o Paraíso ou a Terra da Promissão, esta que, desde a carta de Pero Vaz de Caminha, era apontada como aquela "em que se plantando, tudo dá". Por outro lado, a forma serve aos discursos políticos que buscavam uma justificação autóctone para a sociedade nacional.

Sabe-se que as sociedades com um passado colonial, como as americanas, tiveram de buscar novas justificativas para a sua existência histórica, ou seja, tiveram de reinventar a sua identidade no momento em que romperam com a colonização europeia. Mas agiram exatamente como os europeus haviam procedido na formação de seus estados nacionais, associando nação, cultura e unidade. Despojadas de um mito étnico comum, voltaram-se para recursos autóctones, como as tradições ameríndias ou as soluções mestiças.

Em alguns casos buscou-se um substrato psicocultural de caráter supostamente trans-histórico. Quando o México, por exemplo, tornou-se independente em 1810, um grupo determinado propôs que se fundasse constitucionalmente a nova nação no "substrato asteca", contido em antigos mitos cosmogônicos. A proposta foi rechaçada tanto por liberais quanto por conservadores. Ainda assim, mais tarde, a sociedade mexicana deixou de pensar-se como hispânica, esforçando-se para inventar uma forma social indígena reinterpretada pela língua e pela religião europeias.

Entende-se deste modo por que a questão identitária tem sido tão importante para a intelectualidade latino-americana desde o fato da independência. A excessiva preocupação ou a reivindicação de uma identidade é o sintoma mesmo de sua ausência ou, pelo menos, de sua formulação problemática por parte de um estrato oligárquico-patrimonialista dominante, sempre desejoso de manter uma unidade territorial caracterizada por relações de servidão entre o Estado (o senhor) e a nação (as massas real e tendencialmente excluídas).

Existia, certo, a exigência histórica, para as novas elites nacionais, de justificar a sua "autoctonia", a diferença para com a civilização europeia. Mas existia igualmente uma ambiguidade por parte dos estamentos dirigentes, que os levava a sobrevalorizar como "superior" a civilização do colonizador europeu, ao mesmo tempo em que tentavam incorporar elementos valorizáveis do território nacional.

A ambiguidade traduzia também a diferença entre situações de classe. No período colonial, a dicotomia racial branco-europeu/negro-africano caucionava a ordem escravagista. Já no Segundo Império, conforme Viotti da Costa, "o preconceito racial servia para manter e legitimar a distância entre o mundo dos privilégios e direitos e o mundo de privações e deveres"[4]. É

---

4. DA COSTA, E.V. *The Brazilian Empire*: myths and histories. Belmont: Wadsworth, 1989, p. 137.

ao mesmo tempo cândida e obscena a conhecida frase de um senador e ministro do império, o Marquês de Maricá: "Veja como a sociedade é bela. Fez os homens de pele branca para repousar à sombra e os de pele negra para labutar ao sol".

O liberalismo que levou segmentos da elite monarquista a reivindicar a abolição da escravatura não estava comprometido com a realidade social e humana da maioria populacional, que era constituída pelos africanos e seus descendentes, e sim com a adequação das ideias nacionais ao ideário culto da Europa. O abolicionismo da elite branca fazia o trânsito histórico do racismo de dominação para o de exclusão: o homem concreto, o povo, seria socialmente discriminado, excluído, mas formalmente realocado num padrão culto de inspiração europeia.

Daí se depreende a funcionalidade política do racismo, decorrente do nexo histórico entre Estado nacional e raça. Inicialmente, a ideia de nação confundia-se com a de uma comunidade baseada em laços de sangue ou de território. Mais tarde, no século XIX, a comunidade "sanguínea" tornou-se comunidade de "raça", isto é, uma unidade política garantida tanto pelo ordenamento estatal quanto pela ideia de uma diferença biológica em nível humano. A manipulação de diferenças servia a propósitos coloniais: manter o outro, o colonizado, em posições subalternas. Por isso é que a exasperação do racismo no Ocidente coincide, a partir do século XVIII, com o fortalecimento dos impérios coloniais.

No Brasil, a partir da Independência (1822), passou-se a se manifestar sistematicamente as representações racistas, enquanto sistema de pensamento institucional. Já por volta de 1820, José Bonifácio de Andrada, cognominado "Patriarca da Independência", pregava a formação de um país "homogêneo e puro", isto é, com identidade branca. Temia-se o negro, suspeitava-se o tempo todo de suas intenções. E era a primeira vez em que o estamento dirigente levantava a questão nacional: os negros foram deixados de fora do pacto social (entre monarquia, senhores rurais e comércio exterior), e os índios apenas simbolicamente incluídos (a homenagem ao caboclo na data da independência da Bahia é um dos traços significativos dessa inclusão).

Na verdade, a imagem do indígena sempre trafegou com mais facilidade que a do negro nas narrativas ou mitos fundacionais da nação brasileira. Pode-se considerar como razões prováveis a pele mais clara do silvícola, o longo capítulo da miscigenação entre tupis e portugueses, mas principalmente a romantização do índio pelos europeus. Assim é que na campanha de mobilização popular para a Guerra do Paraguai (1864/1870) – da qual não participaram silvícolas, e sim negros em grande número –, o Brasil era frequentemente simbolizado nas litografias por um índio, que unia as províncias acima do Estado e das instituições civis.

Durante todo um século a partir da Independência, o estabelecimento da identidade nacional, a definição de brasilidade, apesar do discurso culturalista, tinha de fato grande importância política para uma classe dirigente destinada a perpetuar a nação como "negócio", não mais do rei de Portugal, mas certamente das oligarquias rurais em coalizão com os burocratas que administravam o Estado agroexportador. Era preciso ter um perfil identitário com alguma valorização frente à Europa e, ao mesmo tempo, manter nos lugares dominados os negros e os índios, esses que efetivamente constituíam as possibilidades concretas de povo.

Geralmente, ao falar-se de racismo, está-se fazendo referência à segregação dos indivíduos por raça (racismo de dominação) ou então ao racialismo (pressuposto da existência de raças, com diferentes aptidões sociais), que redunda no racismo de exclusão[5]. Este último é sempre vantajoso para as elites dirigentes e suas afinidades de classe, porque elementos etnoculturais como cor da pele, parentesco e educação formal alimentam a hierarquização social garantida pela desigualdade econômica. De fato, a relação social racista impôs-se com mais força à consciência pequeno-burguesa no Brasil depois da Abolição da Escravatura, exatamente no instante em que as antigas hierarquizações sociais sentiram-se mais ameaçadas[6].

Quanto mais rico o indivíduo ou o grupo, maior lhe parece o espaço simbólico, ou seja, seu raio de alcance em matéria de absorção de signos e fantasias. À medida que se expande esse espaço, diz Samuels, o sujeito parece eliminar o espaço do outro para a simbolização e, portanto, "pode eliminar o outro ou parece fazer isso. A desigualdade econômica abole as ansiedades de alteridade ou de ter que se relacionar com pessoas que sejam psicologicamente outras, encoraja fantasias de separação e isolamento"[7].

Um indivíduo, uma instituição ou um grupo de elite é aquele que, em diferentes domínios sociais, controla as vias de acesso a recursos de poder como renda, *status*, educação, emprego e força. As elites brasileiras sempre fantasiaram em torno da Europa como espaço simbólico superior e adequado, tentando reprimir a divisão do "corpo" nacional próprio ou mesmo a simbolização

---

5. A exclusão da diferença como constitutiva da própria identidade é o pressuposto de todo racismo, do mais grosseiro até ao mais sutil, que advoga a exclusão da diferença como respeito da singularidade. Assim, só o racismo é capaz de combater o racismo...

6. A abolição não foi um feito do poder negro, mas uma afirmação e uma defesa – *Behauptung* – de um racismo muito mais sutil, que é a tentativa de excluir a diferença do ordenamento social da identidade.

7. SAMUELS, A. *A psique política*. Imago, 1995, p. 116.

do "outro" nacional, que advém do radical pluralismo etnocultural, característico, aliás, de todos os países americanos.

A pluralidade, enquanto o imprevisível humano, é a marca da autoctonia sul-americana e, consequentemente, fonte de temores para grupos estamentários no poder que, ameaçados pela ambiguidade identitária, tendem a elaborar discursos de síntese monoculturalista para a sua legitimação histórica. Tais discursos empenham-se na elaboração de uma imagem de unidade conciliatória e não conflitiva (fortemente criticada, aliás, pelo peruano José Carlos Mariátegui), ao passo que a realidade sócio-histórica é feita de contradições e diversidade.

Daí a importância da ideologia da miscibilidade ou da mestiçagem (e não simplesmente da miscigenação biológica) enquanto processo simbólico no contexto da discussão sobre o nacional. *Nuestra América mestiza!* – a proclamação de José Martí em 1893 deve ser entendida à luz da busca oitocentista de uma essência americana, a "americanidade", frente ao modelo civilizatório europeu. A mestiçagem promove uma conciliação ideológica entre diferenças étnicas, éticas e culturais, apontando para as singularidades.

Um momento especial dessa ideologia é a eleição do barroco como resolução estético-vitalista das tensões e contrastes por que se exprimia a pluralidade das tradições nas américas. Ao racionalismo humanista do Renascimento que aprisionava o homem na Terra, a Contrarreforma católica tinha oposto, por intermédio dos jesuítas, a ideologia do barroco, que religava o homem a Deus, conciliando escolástica e misticismo. A plasticidade barroca adequou-se às ambiguidades identitárias da mestiçagem americana, donde a tendência entre os intelectuais – sob os olhares complacentes das velhas oligarquias – de "essencializar" essa forma estética no processo de desvelamento do ser americano.

Sem dúvida, o barroco – aqui tipificado pelo jogo do claro/escuro, pelo simulacro e pela ênfase "maneirista" das imagens – marcou formas de vida no Brasil setecentista, em especial nas cidades de Minas Gerais. Se isto assinala um momento identitário controlado pela Coroa Portuguesa em parceria com irmandades religiosas locais (um barroco sem a mediação jesuítica), não chega, entretanto, a constituir nenhum "destino" espiritual do ser brasileiro, nenhuma suposta identidade primordial.

O "barroquismo" é tão só uma ideologia interpretativa da realidade colonial. E assim, barrocamente, o *criollo*, mestiço ou mulato foi interpretado como um verdadeiro paradigma cultural para o entendimento do processo civilizatório nas américas, especialmente no Brasil e em Cuba. Embora só depois da segunda metade do século XX esse paradigma tenha sido reivindicado por ensaístas e literatos, as resultantes mestiças despontavam desde o século XIX como soluções de compromisso diante da imprevisível pluralidade humana nos países que se determinavam como "latino-americanos", para fugir à indeterminação ainda maior da expressão "sul-americanos".

O fato é que nenhuma dessas soluções de síntese por transculturação evitava o racismo. Por trás delas achava-se a convicção generalizada das elites na superioridade não apenas da "raça" branca, mas também da civilização europeia. O mestiço ou o mulato seria aqui o menor dos males devido à sua proximidade fenotípica e simbólica com o paradigma branco imposto como universal.

A ipseidade brasileira

Numa sociedade sem projeto de igualdade democrática, voltada para a produção de elites muito poderosas e de "diferentes" muito inferiorizados, é fácil de se entender o empenho pequeno-burguês em manter-se o mais distante possível da identificação africana. A flexibilidade herdada da forma social ibérica dava margem ao apagamento conveniente de origens escravas. Os estudos genealógicos brasileiros são pródigos em exemplos de famílias em que um filho de negro aparece identificado no registro de nascimento como branco.

O olhar estrangeiro (que opera classificações raciais por origem e não por cor da pele) costuma recusar a legitimidade desses estratagemas. Em seu *Questions de l'esclavage au Brésil* (1869), o Conde de Gobineau era taxativo: "Quem diz brasileiro, com poucas exceções, diz homem de cor". Para ele, "a maior parte do que se chama de brasileiros compõe-se de mestiços, mulatos, quarteirões, mestiços caboclos de graus diferentes. Podem ser encontrados em todas as situações sociais. O Barão de Cotegipe, atual ministro do Exterior, é um mulato".

No sarcasmo de Gobineau ("a maior parte do que se chama de brasileiros...") entrevê-se um desdouro histórico quanto à designação da identidade nacional. Impõe-se há séculos uma qualificação profissional (o sufixo eiro designa em português o agente de um ofício) e não um patronímico. Mencionando como alternativas não desprimorosas "brasiliense" ou "brasilês", Bezerra de Menezes é categórico: "Em bom português, ser brasileiro é como ser pedreiro, porteiro, sapateiro, bodegueiro: um meio de vida"[8]. Brasileiro era o português que vivia da exploração do Brasil.

Contra o *ethos* depreciativo, levantou-se a intelectualidade do império, buscando traços de ipseidade, elaborando discursos de autodefinição nacional. Perseguia-se o que Machado de

8. BEZERRA DE MENEZES, E.D. "Que país é este? – Uma pergunta à cata de resposta". *Revista USP*, n. 12, 1991/1992, p. 80.

Assis chamou, em 1873, de "instinto de nacionalidade". Intervinham elementos do real-histórico analisado por pensadores como Silvio Romero, Joaquim Norberto, Tobias Barreto, Araripe Júnior e elementos ficcionais criados por escritores como José de Alencar, Machado de Assis, Raul Pompeia. O chamado "nacionalismo literário" coroava um processo de evolução de discursos de defesa do território local, que se originara em Gregório de Matos, Padre Antonio Vieira e outros, mas que ganhou vigor após a Independência.

Em toda essa narratividade, nas descrições e prescrições de uma ação histórico-nacional, ensaia-se uma ética suscetível de reinterpretar o significado de "brasileiro" e apagar as origens espúrias da brasilidade. Sem a garantia de um substrato aceitável, sem "mesmidade" – para voltar à terminologia hermenêutica –, inventam-se discursos de ipseidade.

Não há narrativa eticamente neutra, como bem frisa Ricoeur: "A literatura é um vasto laboratório onde se ensaiam estimativas, avaliações, julgamentos de aprovação e de condenação, pelo que a narratividade serve de propedêutica à ética"[9]. No Brasil, a nacionalização literária fazia-se também por uma ética da mestiçagem: a diferenciação frente a Portugal consistia em incorporar peculiaridades territoriais sem abrir mão da assimilação de traços estrangeiros, europeus.

A campanha nacional de recrutamento para a Guerra do Paraguai (1864-1870) e depois a República (1889) vêm consolidar esse impulso de redescoberta do Brasil, de afirmação de sua ipseidade, dentro do quadro ideológico da mestiçagem que, embora nem sempre explicitada ou às vezes em choque com o rechaço racista da miscigenação, podia ser compreendida como herança

---

9. RICOEUR, P. Op. cit., p. 139.

da "maneira" social de Aviz, busca de síntese da realidade pluralista, para escapar aos riscos da indeterminação identitária.

O que os intelectuais "identificadores" hauriam da diversidade humana do país eram apenas "ícones" capazes de traduzir em termos cultos e abstratos a realidade social. Era então enorme a influência de Le Bon, que não vislumbrava esperanças para a América Latina, devido à miscigenação e à variedade das raças tidas como inferiores[10].

Na verdade, triunfava aqui a ideologia europeia do progresso infinito com base na civilização industrial. Passava-se a explicar o mundo físico e humano por leis matemáticas e mecânicas, os conceitos darwinianos e spencerianos de evolução estabeleciam padrões de pensamento em níveis diversos. O cientificismo (determinismo e evolucionismo) trazido pela doutrina positivista de Augusto Comte contagiava intelectual e emocionalmente toda uma geração de pensadores e escritores, cada vez mais preocupada com problemas de hereditariedade e melhoria de padrões genéticos.

Nesse ambiente de importação de ideias, as teorias raciais transformavam-se em ferramentas para a invenção de uma identidade nacional. A tradicional visão edênica sobre o território brasileiro (corroborada pelo Mito do Paraíso Terrestre), alimentada desde os primeiros cronistas estrangeiros, dava lugar a uma oblíqua doutrina do pessimismo nacional, já que as "raças não brancas" seriam "cientificamente" inferiores. Era época em que um ministro da Fazenda, como Joaquim Murtinho – saneador

---

10. Este Gustave Le Bon – que Freud tanto valoriza na *Massenpsychologie* – era de fato um vulgarizador psicoantropológico (em livros como *Les lois psychologiques de l'évolution des peuples* e *Psychologie des foules*) da questão de Hegel sobre as relações entre Estado e história. Darwin, Gobineau, Spencer e Le Bon são destacadas fontes conceituais de todo o racismo do século XX.

das finanças nacionais depois da crise no início da República –, podia lamentar-se nos seguintes termos: "Não podemos, como muitos aspiram, tomar os Estados Unidos como tipo para nosso desenvolvimento industrial, porque não temos as aptidões superiores da sua raça".

Já desde o Segundo Reinado, transparecia no discurso oficial sobre a imigração estrangeira a ideia do homem brasileiro como raça "decadente" ou "inferior". No Parlamento, o Visconde de Taunay depositava todas as esperanças de redenção antropológica da pátria no imigrante europeu e com tal apuro racial que só povos da Europa do Norte (alemães, escandinavos) deveriam ser aqui admitidos. Logo no início do século XX, Monteiro Lobato depunha: "Só a imigração e a consequente fusão de sangue superior trará uma aptidão congênita para o progresso"[11] – o seu personagem Jeca Tatu, doente, refratário à higiene e à educação, seria uma metáfora para o Brasil, figurado como corpo e alma atacados por doenças físicas e morais. E ainda pouco mais de meio século depois, versos deslumbrados do poeta Cassiano Ricardo sobre o "louro imigrante" seriam gravados em placa no Monumento Nacional do Imigrante (1953).

Esta ideologia adequa-se bem à passagem do racismo de dominação para o de exclusão: o negro e o mestiço brasileiros despontam como problemas de ciência (Nina Rodrigues, médico, fundador da antropologia afro-brasileira, considera-os temas de patologia médica), senão como reverso negativo de toda positivação educacional. Quanto ao silvícola, entendia-se (Nina Rodrigues) que, mesmo catequizado, não poderia ser considerado sujeito de civilização e sim uma degeneração do ser humano.

---

11. LOBATO, M. "Carta a Tito Lívio Brasil" (1905). *Cartas escolhidas*. Brasiliense, p. 76.

Expande-se, assim, a ideologia do embranquecimento, uma espécie de pacto simbólico, pelo qual se recalcavam as origens miscigenadas da população, penalizando-se a visibilidade de traços físicos pouco europeus, ou seja, pouco brancos. Um bom exemplo é dado por Lima Barreto no episódio em que um personagem explicava por que seu pai fora rejeitado por um parente, doutorado na Bélgica: "Meu pai ainda tinha em muita evidência traços da raça negra. Meu primo, o doutor belga, como todos os antropólogos nacionais, põe os defeitos e as qualidades da raça nos traços e sinais que ficam à vista de todos"[12].

A aspiração ao embranquecimento, materializada em discursos doutrinários que perpassavam a medicina, a antropologia, a educação, era no fundo uma tentativa de preservar-se a discriminação contra eventuais efeitos colaterais da Abolição da Escravatura. Como ideologia, alimentou os dogmas da superioridade racial, do determinismo climático, da geopolítica e da filosofia eugenista, que redundaram em instituições como a Liga de Higiene Mental ou em pensamentos como os de Sílvio Romero, Euclides da Cunha e Oliveira Viana. Do célebre evolucionista inglês Henry Buckle (introdutor do cientificismo nos estudos de História), principalmente, provinham as lições sobre a importância do clima e do solo para o progresso civilizatório.

O engenheiro e jornalista Euclides da Cunha, epígono confesso de Nina Rodrigues, assim como leitor atento dos evolucionistas Spencer e Gumplowicz, surpreendeu as elites com a revelação da presença real de um povo brasileiro alheio ao li-

12. BARRETO, L. *O cemitério dos vivos*. Prefeitura Municipal do Rio de Janeiro, 1993, p. 98 [Col. Biblioteca Carioca].

toral[13], o povo sertanejo. Sua importância intelectual, além do interesse especificamente literário de sua obra, reside no fato de que ele fazia confluir para *Os sertões* (1902) toda uma tradição ética de valorização da ipseidade nacional, ao mesmo tempo em que espelhava, a partir de Nina Rodrigues, o preconceito contra o elemento negro. O mesmo pode-se afirmar de Oliveira Viana com sua pesquisa sobre a terra e a gente nacionais (*Populações meridionais do Brasil*, 1910), obra pioneira dos estudos sociais no Brasil.

Embora ambíguos em algumas partes de suas obras, tanto Euclides como Oliveira viam no negro ou na miscigenação fatores de instabilidade social e de enfraquecimento intelectual frente a Portugal ou a nações brancas. Neles, o discurso identitário assumia plenamente a generalização cientificista que caracterizaria o racismo de exclusão: raça e meio ambiente eram as categorias gnoseológicas básicas para a interpretação da realidade brasileira.

Esse discurso diferia das hesitações de décadas anteriores, como a de Sílvio Romero, autor de uma famosa *História da literatura brasileira* (1888) – na realidade, uma obra de reflexão sobre o Brasil – onde desenvolve a tese do branqueamento da "raça brasileira" pela seleção natural[14]. Embora esperançoso quanto ao branqueamento e convicto da "morbidez" e do "desequilíbrio" do homem nacional, Romero localizava a identidade étnica do brasileiro na mestiçagem, física ou psicológica,

13. Já Frei Vicente do Salvador, o cronista dos franciscanos da Bahia na Colônia, fala de "homens-caranguejo" que querem fundar uma nação agarrando-se aos buracos do litoral. Euclides da Cunha, por sua vez, considera que o vigor do mestiço interiorano está justamente na distância do sertão. Este o protegeria das más influências portuguesas.

14. Cf. ROMERO, S. *História da literatura brasileira*. José Olympio, 1943.

reconhecendo que a influência africana era maior do que a europeia ou a indígena, o que constituiria traço distintivo entre o elemento nacional-brasileiro e o das outras nações hispano-americanas. Aqui todos seriam mestiços "senão no sangue, ao menos na alma". Apesar disso, o discurso de Romero diferia igualmente dos juízos de valorização da mestiçagem elaborados por Afonso Arinos em *A unidade da pátria* (1901), onde não predominava o tom pessimista.

Mas discordância clara e lúcida de posições semelhantes às sustentadas por autores como Romero encontra-se na obra singular do sergipano Manuel Bonfim que, desde *América Latina: males de origem* (1905), realizou uma crítica veemente ao pensamento racista das elites, sempre no quadro de um nacionalismo apaixonado. Ao invés da invocação de um trauma originário devido à má-formação racial do povo, Bonfim verberava contra os males da colonização, contra o "parasitismo colonial".

Pensamento identitário

Quando se avalia a força intelectual dessa verdadeira "aristocracia do espírito" – representada por publicistas como Luís Gama, José do Patrocínio, Joaquim Nabuco; historiadores como Francisco Varnhagen e Capistrano de Abreu; sociólogos como Oliveira Viana; filósofos como R. Farias Brito; escritores como Machado de Assis, Euclides da Cunha e Lima Barreto – empenhada em pensar o ser nacional, torna-se cabível a indagação sobre a filosofia: Por que não se instaurou um campo filosófico original no Brasil?

Na resposta, impõe-se sem dúvida a consideração de que a filosofia, tal como hoje a entendemos – tarefa de pensar racional e especulativamente, a natureza e o mundo, buscando princípios e causas primeiras, elaborando conceitos universais – é um projeto europeu. Desde os pensadores jônios (que começaram a zelar por um *logos* intemporal) até os modernos, a filosofia implica questões e respostas produzidas no interior de um campo demarcado pelo helenismo. Filosofar, em sentido estrito, significa atender a questões levantadas pela própria tradição filosófica e com os "jogos de linguagem" adequados.

Há uma afinidade "orgânica" entre o campo estrito da filosofia e o destino universalista, planetário, que se atribui à civilização europeia, marcada pelo sonho de império. Mas apesar dos êxitos da tecnociência (realização moderna da metafísica clássica), o século XX evidencia a crise do *logos* ocidental, enquanto presumida forma única e excelsa de pensamento. Estão aí, para demonstrá-la, os aportes antropológicos sobre as culturas tradicionais do Oriente e da África.

A possibilidade de uma filosofia americana já foi examinada por vários pensadores[15], fazendo-se sempre o balanço das opiniões de inautenticidade da especulação filosófica na América Latina, apesar do empenho de intelectuais relevantes como Leopoldo Zea, Arturo Roig e outros. Assim é que, a partir dos anos de 1970, a "filosofia da libertação" torna-se uma espécie de rótulo para um diversificado conjunto de posições, mas com duas frentes bastante nítidas: o historicismo, que privilegia o acontecimento e a alteridade do ente, em oposição ao formalismo e ao ontologismo; o eticismo, que faz da ética um discurso mediador, com vistas à libertação e à transformação sociais[16].

---

15. Cf. BONDY, S.A. *Existe una filosofia de nuestra América?* Siglo Veinteuno, 1988.

16. A ilusão dessa filosofia é que basta introduzir normas éticas da ideologia ocidental da lógica para promover a libertação. É a mesma armadilha da "teologia da libertação".

No entanto, o que desde o século XIX se vem chamando de filosofia no Brasil (p. ex., o ecletismo culturalista de Tobias Barreto ou as sistematizações metafísicas de Farias Brito) jamais passou da condição de reflexos de discussões europeias, em geral ecos das doutrinas neokantianas, quando não de posições progressistas do pensamento católico[17].

Mas a filosofia, no interior do próprio campo tradicional, sempre se mostrou elástica e esquiva às tentativas de se apreendê-la por padrões definitivos. Sempre deixou entrever, pelo caráter interminável de toda questão metafísica ou ontológica, que o compromisso vocacional da livre atividade filosófica faz-se com o pensamento capaz de descer até as raízes do vivido, ao se abordar um problema real e pertinente para a comunidade dos pensadores.

Nesse sentido, o campo do pensamento identitário no Brasil – este que, a partir da Independência, tem buscado não uma mera "explicação geral" do país, como se costuma dizer, mas uma reflexão "amigável" (*filos*) ou afetiva sobre as raízes da experiência humana no território nacional – aproxima-se bem mais da filosofia em sentido amplo do que as repetições acadêmicas de textos estrangeiros. É certo que, como a filosofia, essa reflexão tem sido privativa da classe no poder ou pelo menos com este comprometida. Mas também, a exemplo da filosofia, preocupa-se em demonstrar como se realiza o ser – só que, aqui, nacional[18].

---

17. Trata-se, na verdade, de filosofia europeia no Brasil. Filosofia "brasileira" é, no dizer do Prof. Emmanuel Carneiro Leão, um "ferro de madeira". O desafio e aguilhão da filosofia é ser e não ser filosofia, razão pela qual dela fica excluído qualquer qualificativo.

18. De fato, a filosofia vive e se alimenta da não filosofia. Por isso, Aristóteles diz que "o filósofo é amigo dos mitos", querendo fazer pensar a presença da não filosofia (o mito, o rito etc.) na vitalidade do pensamento. Toda filosofia é sempre também um universal genérico e não um universal transcendente.

Isso não implica a existência de um metadiscurso sistemático e explicativo do ser brasileiro, mas implica afirmar que os textos sobre a "brasilidade" – alguns deles à beira do delírio epistemológico – configuram uma espécie de conjuntura teórica ou um "plano" onde se desenvolve uma atitude protofilosófica, como se a especulação sistemática ainda devesse ser instaurada, talvez sob a forma de uma filosofia regional da história, uma "historiosofia", para se usar uma expressão de Étienne Balibar, ou, mais especificamente, uma "etnosofia".

Cabe evocar a ideia deleuziana de "plano de imanência", que "constitui o solo absoluto da filosofia, sua terra ou sua desterritorialização, sua fundação, sobre os quais ela cria seus conceitos"[19]. Esse plano não opera com conceitos estritamente filosóficos, mas com recursos capazes de abrigar o sonho ou o mito.

Em outras palavras, o vigor do pensamento especulativo no Brasil, seu "lugar de espanto", tem girado em torno de questões identitárias, em graus diferentes de maturidade, tanto sob a forma de ensaios (historiográficos, sociológicos, antropológicos) quanto de obras literárias. Estas têm força incomparável na incorporação do espírito "historiosófico". Vale lembrar o romance *Canaã* (1901), de Graça Aranha, que encena um diálogo entre Nietzsche e Gobineau (por meio dos personagens Lenz e Milkau) sobre a dinâmica civilizatória das raças. Por outro lado, um texto como *Os sertões*, de Euclides da Cunha, permanece até hoje inclassificável: suas definições quanto ao gênero variam de romance a ensaio crítico-histórico.

Certo, nenhum desses trabalhos produziu algo que se possa chamar, dentro do cânone pensante europeu, de obra filosófi-

---

19. DELEUZE, G. & GUATTARI, F. *Qu'est-ce-que la Philosophie?* De Minuit, 1991, p. 44.

ca. Mas a filosofia insinuava-se como uma atitude especulativa voltada para a vida social. Traduzindo isto para os termos do neopragmatismo filosófico contemporâneo, pode-se dizer que o pensamento identitário ofereceu uma redescrição e uma reconceitualização para diversos problemas trazidos pela heterogeneidade "étnica" do país, no empenho elitista de figuração de um povo nacional. Um dos seus principais efeitos políticos é a fixação de condições para a representação da cidadania.

Apesar do racionalismo especulativo, que lhe outorga traços no mínimo "historiosóficos", esse pensamento assume por vezes foros de mitologia, destinada a criar uma ilusão de mesmidade, de algo eternamente idêntico a si mesmo. O efeito social de uma mitologia dessas é esvaziar a realidade histórica e contraditória do cidadão concreto, reaplicando-o no plano das ideias, do discurso.

No percurso desse pensamento – "Brasiliana", "estudos brasileiros" são designações ainda correntes –, aparece a questão do caráter, enquanto forma de disposições duráveis ou de permanência no tempo de traços idênticos. Este conceito aplicado à nação é uma velha ideia alemã, de inspiração romântica (J.G. Herder, p. ex.). No Brasil, muito antes da Independência, circulou a expressão "alma brasileira" com o sentido de caráter, de configuração de atitudes. Mas quando a noção reaparece, a partir da Nova República (1930), nas obras de uma nova geração de pensadores identitários (Gilberto Freyre, Dante Moreira Leite, Sérgio Buarque de Holanda), suas referências teóricas são antropólogos como Cora Du Bois, Ralph Linton, Abram Kardiner e outros.

O desenho de um "caráter nacional" vai-se fazendo aos poucos, desde o século XIX, nas obras de ficcionistas e pensadores, sempre na direção indicada pelo paradigma da mestiçagem, que perseguia uma identidade assimiladora das contribuições estrangeiras, afirmativa das virtudes próprias e crítica das fraquezas ou defeitos.

Neste movimento sucedem-se os diagnósticos quanto ao ser brasileiro. Por exemplo, o de Alberto Torres (mestre intelectual de Oliveira Viana, dividia com Euclides da Cunha o monopólio das interpretações do Brasil nas primeiras décadas do século XX e foi uma das importantes consciências nacionalistas da época): "O espírito brasileiro é ainda romântico e contemplativo, ingênuo e simples [...] não possuímos nem economia nem opinião, nem consciência de nossos interesses práticos nem juízo próprio sobre as coisas mais simples da vida social"[20].

Ou então o de Paulo Prado: "Sem outro ideal, nem religioso nem estético, sem nenhuma preocupação política, intelectual ou artística – criava-se pelo decurso dos séculos uma raça triste. A melancolia dos abusos venéreos e a melancolia dos que vivem na ideia fixa do enriquecimento – no absoluto sem finalidade dessas paixões insaciáveis – são vincos fundos na nossa psique racial, paixões que não conhecem exceções no limitado viver instintivo do homem, mas aqui se desenvolveram de uma origem patogênica provocada sem dúvida pela ausência de sentimentos afetivos de ordem superior"[21].

Prado, a quem Mário de Andrade dedica *Macunaíma*, era membro da "aristocracia" paulista, caudatário do pensamento racista e pessimista quanto à nação brasileira. Apesar de reconhecer a terra como "radiosa", chegava ao diagnóstico de "tristeza" por causa da "luxúria", que levaria à mestiçagem. Dele

---

20. TORRES, A. *O problema nacional brasileiro* (1914). 4. ed. Ed. Universal de Brasília, 1982, p. 14-15 [Col. Temas Brasileiros].

21. PRADO, P. *Retrato do Brasil* – Ensaio sobre a tristeza brasileira (1928). 5. ed. Brasiliense, 1994, p. 106-107.

também não estava distante Fernando Azevedo quando, quase duas décadas depois, ainda definia psicologicamente o povo brasileiro por traços de afetividade, misticismo, irracionalidade, inteligência superficial etc.[22]

Seja triste, romântico, alegre, cordial, pacífico, forte – os traços de caráter do brasileiro variam ao sabor das disposições subjetivas ou mesmo das posições de classe dos autores, sem maiores ônus de prova empírica. Tenta-se assim inventar uma essência nacional, caracterizada por um substrato gerador de conciliação das contradições de classe social e de transigência nas relações raciais, mesmo quando conotada como perniciosa ou depravada. Tal essência seria o "igual" (*das Gleiche*) na transtemporalidade nacional.

Apresentadas como argumentos de autoridade, as descrições devem ser tomadas como momentos míticos de um discurso histórico que ensaiava uma resposta à questão oitocentista do que significava ser brasileiro. Os acadêmicos "brasílicos", os escritores românticos e realistas, os jornalistas, os oradores, os pensadores sociais, todos, desde o fim da segunda metade do século XIX, pareciam ter algo a dizer sobre o caráter nacional. E as conclusões convergiam em geral para um diagnóstico depreciativo do "homem brasileiro", graças a uma constante de pensamento subjacente, a que Moreira Leite chamaria depois de "ideologia do pessimismo"[23].

O caipira (do qual foi paradigma o personagem lobatiano do Jeca Tatu) era a imagem popular do ser nacional decaído, impermeável ao progresso. Pelo diagnóstico de um Monteiro Lobato, éramos um país com "mentalidade colonial", para o qual

---

22. Cf. AZEVEDO, F. *A cultura brasileira*. Rio de Janeiro: IBGE, 1943.

23. LEITE, D.M. *O caráter nacional brasileiro*. Pioneira, 1968, p. 192.

não haveria "jeito nem conserto" e, na essência caracteriológica, um fundo de "cafajestismo e sem-vergonhice".

Nada disso passava pela prova da realidade histórica. O povo real, as contradições sociais, ficavam de fora das projeções identitárias das elites que, no entanto, teriam peso hegemônico no imaginário social. Quase tudo que se dizia sobre o caráter brasileiro pertencia à dimensão do imaginário social e frequentemente entrava em choque flagrante com o real-histórico. Assim, a imagem desfavorecida dos povos sul-americanos ou dos caipiras foi desmistificada por Manoel Bonfim, ao mostrar que ela resultava de construções discursivas de estrangeiros, ignorantes das condições reais da vida do povo. Por outro lado, o discurso reiterado sobre o pacifismo contrasta com a crônica as violentas insurreições ao longo dos tempos no território nacional e com a violenta ação do Estado. Ou, então, o discurso da democracia racial entra em contradição com as práticas discriminatórias disseminadas na consciência e no quotidiano do sujeito nacional.

Fica evidente que os pensadores identitários representaram um povo virtual (ilusório, sem realidade histórica) e um território desejável (imaginário e pleno de riquezas inesgotáveis), logo, sublimaram o Brasil. A sublimação, que em psicanálise é o desvio de alvo pela pulsão, implica onipotência, uma vez que pretende criar a "bondade" do objeto, substituindo o real pelo imaginário com função simbólica.

A solidez territorial, a concretude pluralista do povo eram, assim, intelectualmente dissociadas da realidade, sublimadas pelo desejo de um caráter coletivo "barroco". Não se identifica o sentido total desta expressão com o estilo artístico europeu, bem-administrado pelos jesuítas e trazido para a América Latina pelos colonizadores ibéricos. "Barroco" deve ser entendido, por analogia, como traço de exuberância, vitalidade e mistura de contrários.

Um caso exemplar de crítica dessa mitificação elitista aparece no "contramito" estabelecido por Mário de Andrade em *Macunaíma* (1928), primeiro livro, segundo ele, "escrito em brasileiro". Em meio ao movimento de segunda redescoberta do território nacional e de tentativa de atenuação do sentimento de inferioridade diante da Europa, a narrativa épica de Mário de Andrade mostrava-se corrosiva das idealizações caracteriológicas.

Descrito por traços somáticos reputados como marcas de inferioridade racial pela ideologia eugenista (os mesmos traços que menos de quinze anos antes haviam contribuído para popularizar o personagem Jeca Tatu, de Monteiro Lobato), Macunaíma é apresentado como um herói sem nenhum caráter. Trata-se de uma figura atravessada por uma espécie de pulsão de morte institucional: nele, nada é regular, convencional, progressista; tudo é preguiça, improvisação, anarquia. Falta-lhe a dimensão da permanência, imprescindível à definição de caráter, necessária a uma recuperação pela educação e saúde, tal como se dá com o Jeca Tatu, numa segunda fase de desenvolvimento do personagem.

Apesar de assimilador de diferenças ("antropofágico", na terminologia dos modernistas) em seu percurso, Macunaíma não se adequa ao paradigma da mestiçagem com que acena a maioria das obras identitárias. Não é possível também classificá-lo como personagem barroco. Sua dissimetria radical e desconcertante frente a padrões socialmente desejáveis, sua inclinação para as partes baixas – para a terra em vez do céu – levam-no para a categoria do grotesco. Na verdade, o próprio de Macunaíma é não ter identidade viável, seja indígena, negra, branca ou mestiça. É um personagem singular, logo inassimilável pelos padrões identitários oficiais, embora interpretável como figura que nacionaliza a invenção.

À luz dessa nacionalização é que adquire sentido político a "antropofagia" dos modernistas. De fato, em termos estritamente simbólicos, a antropofagia pura e simples não diz nada de original sobre o Brasil, porque em toda dinâmica cultural (ou seja, toda produção simbólica que ressoa politicamente num espaço social) registram-se operações de tradução ou passagem, que podem ser classificadas como "táticas ou estratégias de extroversão, práticas de transferência, procedimentos de autentificação, processos de formação das identidades primordiais"[24]. A extroversão, diz Bayart, "consiste em esposar elementos culturais estrangeiros, submetendo-os a objetivos autóctones"[25].

Tais táticas são favorecidas pela situação de dominação colonial, onde os sincretismos – a transferência de sentido das práticas ou das representações – convivem com a fabricação de "autenticidades" culturais ou de identidades essenciais, gerando efeitos (políticos) nacionalistas. Original na antropofagia dos modernistas era basicamente o tratamento literário dado ao fenômeno da extroversão brasileira no momento de reestruturação do Estado, com vistas à legitimação de uma nova hegemonia política que acenava com a incorporação do povo nacional. Ou seja, não há nenhuma identidade primordial "macunaímica" no Brasil, tão só a interpretação simbólica, num dado momento, das operações de empréstimo de sentido num contexto de exacerbação heterocultural ou de mestiçagem.

Por conseguinte, o Modernismo define-se como um movimento de reelaboração artística (artes plásticas, literatura e música) da questão nacional, embora no quadro de uma reformulação do poder político central, correspondente ao transe históri-

---

24. BAYART, J.-F. *L'illusion identitaire*. Fayard, 1996, p. 80.

25. Ibid.

co da substituição do modelo econômico agroexportador pelo da industrialização. A mesma reelaboração seria continuada no início dos anos de 1960 pelo Cinema Novo (são paradigmáticos filmes como *Deus e o diabo na terra do sol*, *Vidas secas*, *Os fuzis*) e, no final da década, pelo tropicalismo. Este movimento nucleava-se na música popular, mas irradiava-se às artes plásticas, ao teatro e até ao cinema (*Macunaíma*, *O bandido da luz vermelha* etc.). Em toda essa movimentação, orquestravam-se "resoluções" estéticas do problema identitário, resolvia-se imaginariamente o dilema de ser ou não ser brasileiro.

Nessa trajetória do pensamento da identidade nacional, jamais deixou de estar presente a ideia da mestiçagem. Depois de 1930 – quando a Nova República, afim à valorização do território anunciada pelo Modernismo, tenta determinar a imagem concreta de um povo nacional, para acrescentá-lo à nação e ao estado elaborados pelo império –, o elemento mestiço ganha cores decididamente positivas. Por isto, é seminal a obra de Gilberto Freyre, em especial *Casa grande & senzala* (1933).

Ao lado de Freyre, reformulando as linhas interpretativas anteriores com novos argumentos das ciências humanas e sociais, situam-se Caio Prado Júnior (*Evolução política do Brasil*, 1933) e Sérgio Buarque de Holanda (*Raízes do Brasil*, 1936). Caio Prado incorpora o materialismo histórico à explicação do país, aplicando o conceito de classe social e valorizando movimentos sociais como a Balaiada, a Praieira, a Cabanada. Sérgio Buarque, por sua vez, lançando mão da história, sociologia, antropologia e psicologia, realiza uma descrição impressionista do que considerava ser o caráter brasileiro, ao mesmo tempo em que critica o autoritarismo dominante.

Nessa mesma época, florescem as escolas nacionalistas de música erudita, de que são expressões compositores e maestros como Villa-Lobos, Francisco Mignone, Camargo Guarnieri e Guerra Peixe. Punham-se elas a contrapé da matriz europeia, que no passado inspirara (embora com temática brasileira) Carlos Gomes, compositor do império.

Todas essas obras, literariamente acompanhadas pelos romances de Jorge Amado, exerceram notável influência no pensamento social brasileiro, já sob a égide de uma categoria denominada "cultura brasileira", na realidade uma espécie de monopólio oficial das ideias sobre a brasilidade, que se desenvolveu na atmosfera nacionalista da Nova República. A análise detalhada das obras em torno dessa entidade identitária foi empreendida por Guilherme Mota[26], dando destaque ao trabalho de Freyre, para quem a cultura brasileira era uma província da cultura luso-tropical, trazida pelos primeiros donos do poder.

O luso-tropicalismo

Cultura e caráter são categorias da maior importância no pensamento de Freyre. Na trilha antropológica de Franz Boas (portanto, com inflexão evolucionista e leniente para com a mestiçagem), ele maneja o conceito de cultura como uma interpretação dos fatos da sociedade brasileira do ponto de vista do passado nacional e dos antecedentes de raça. A noção de caráter acrescenta ao socioantropologismo presente no objeto "cultura" uma dimensão psicológica e funcional, mas para Freyre não se trata de mera representação (ou seja, um *constructum* ideológico) e sim de uma realidade substancial, palpável.

Acolhendo positivamente a mestiçagem, Freyre rejeita a teoria da degeneração, que vinha tentando impor-se desde o final do século XIX por meio de discursos eugenistas ou de um

---

26. MOTA, C.G. *Ideologia da cultura brasileira*. Ática, 1985.

racismo presumidamente científico. Em *Casa grande & senzala*, ele sustenta a tese de que a matriz básica da formação social brasileira é única por apoiar-se num tipo particular de miscigenação (afro-negros, afro-islâmicos e depois branco-negros), realizada na ordem agrário-patriarcal. No prefácio da primeira edição desse livro, Freyre afirma que a história social da casa-grande equivale à história inteira de todo o Brasil, uma vez que teria sido ali "onde melhor se exprimiu o caráter brasileiro"[27].

Para Mota, entretanto, que sabe ser Freyre descendente dessas famílias senhoriais do Nordeste, ocorre "uma oscilação entre a saga da oligarquia e o desnudamento da vida interna do estamento ao qual pertence: o resultado global, considerada a história das relações de dominação, reponta na valorização de um tipo de relacionamento racial que dê abertura para a mestiçagem. Nesse ponto residiria o pretenso modernismo da obra freyreana"[28]. Apesar disso, a virtude dessa posição analítica estaria no rompimento com a guetização étnica (a separação radical das raças) e, consequentemente, no fortalecimento da ideologia da "demanda racial", aproximativa das diferenças.

Outros analistas destacam o fato de que o processo interétnico valorizado por Freyre não aponta para nenhuma igualitarismo entre negros e brancos – pelo contrário, os brancos tornam-se ainda mais superiores, graças ao contato com negros e índios. É a visão, por exemplo, do "brasilianista" Skidmore, para quem a análise freyreana reforçava o ideal de embranquecimento ao mostrar que a elite branca tinha obtido "traços culturais valiosos" de seu contato com africanos e índios[29].

---

27. FREYRE, G. *Casa grande & senzala*. 2 vols. Livraria José Olympio, 1946.

28. MOTA, C.G. Op. cit., p. 55.

29. Cf. SKIDMORE, T. *Black into White*: Race and Nationality in Brazilian Thought. Oxford University Press, 1974, p. 192.

Gilberto Freyre teve a chance de rebater publicamente a opinião de Skidmore, tachando-o ademais de "sociólogo medíocre". E o fato é que, para muitos *scholars* brasileiros, a obra de Freyre tem valor epistemológico. Segundo Roberto DaMatta, Freyre tem uma visão da sociologia mais "dramática" do que empírica ou utilitarista, carnavalizando assim a ciência social. Seria, ao invés de uma "*demarche* corretiva e normativa", uma análise sedutora.

Há, sem dúvida, um traço de modernidade epistemológica na obra de Freyre, que se poderia chamar de "sociologia do cotidiano" ou da vida privada. Destaca-se aí a importância do "saber dizer", "saber fazer", "saber viver", em suma, de um senso comum operativo, o que faz lembrar a afirmação de T.S. Kuhn de que "a sociologia tem mais a ver com o senso comum do que com a geometria". Freyre debruça-se sobretudo sobre a *Erlebnis* (vivência) e a *Einfuehlung* (empatia) coletivas – que os alemães apreendiam como algo reservado ao domínio individual –, desnudando aspectos insuspeitados da microfísica cotidiana das relações de poder.

Freyre, sabe-se, não se pretendia cientista: era um misto de sociólogo, antropólogo, ficcionista, ou seja, um intelectual com os instrumentos teóricos adequados à construção de um padrão identitário. Consta que, em particular, definia-se melhor como antropólogo, entendendo a sociologia, dentro de uma certa tradição acadêmica norte-americana, como uma região da antropologia. Grande parte das críticas que lhe dirigem os cientistas sociais visa essa sua indefinição disciplinar, a sua "quase ciência", no dizer de Carlos Guilherme Mota.

Algumas das críticas acertam ao sublinharem que "ficam eliminadas, em seu discurso, as contradições reais do processo histórico-social, as classes e os estamentos em seus dinamismos específicos e seus conflitos e desajustamentos no sistema social global"[30]. Ou então, ao denunciarem que Freyre tenta criar "uma visão incruenta da história do Brasil açucareiro", quando se sabe com certeza historiográfica da violência escravocrata[31].

Mas essas críticas não conseguem obliterar, em geral, um certo prussianismo acadêmico, empenhado em confrontar a "cientificidade" das análises feitas por cientistas sociais paulistas com o "regionalismo ideológico" dos autores nordestinos ou cariocas. Esta é uma atitude persistente em setores da *intelligentsia* paulistana que, ancorados numa posição mais "civilizatória" (econômico-política, societária, tecnológica, mundialista) do que "cultural" (articulada com a heterogeneidade humana do território nacional), terminam aspirando a uma espécie de mandarinato da "verdadeira" interpretação brasileira. Um exemplo: "Caio Prado Jr. trazia para a linha de frente dos acontecimentos, em interpretação globalizadora da história do Brasil, as classes sociais (e não o vago fator "massa"), introduzindo uma categoria analítica mais apropriada à organização das informações que a "colagem" técnica e relativizadora de Freyre"[32].

Na verdade, tanto Caio Prado Jr. como Gilberto Freyre, talvez por incorrerem no preconceito muito frequente de se confundir operariado histórico com operariado industrial, convergem para um mesmo desconhecimento: a posição civilizatória, não necessariamente sincrética ou enfraquecida, que os africanos e seus descendentes sustentaram na história do Brasil.

---

30. MOTA, C.G. Op. cit., p. 67.

31. Mas a propósito deste tópico, depõe o Prof. Emmanuel Carneiro Leão: "Certa vez Freyre me disse que nunca pretendeu negar nem desconhecer tanto as contradições como a violência. O que sempre defendeu é que a história se faz também com a derrota e o sofrimento dos indivíduos. O que ele pretende é que a luta de classes e a violência são como as enfermidades do organismo, cuja superação a sobrevivência exige e impõe. Quer descrever os caminhos desta superação".

32. MOTA, C.G. Op. cit., p. 68.

Prado Jr., em sua análise da formação econômica nacional, assume a hipótese da incapacidade dos negros como força de trabalho modernizante, com o argumento de um despreparo básico, por terem supostamente provindo de regiões "atrasadas" da África. Desconhece a diferenciação cultural da diáspora negra, assim como o fato de alguns dos grupos escravizados provirem de complexos urbanos com práticas técnicas (metalurgia, tecelagem, marcenaria, comércio etc.) bastante adequadas aos padrões da época. Além disso, desconhece a tradição artística (música, escultura, pintura) de negros e seus descendentes desde a colônia até o fim do império.

Freyre, por sua vez, deixa de lado tanto os movimentos armados por parte de segmentos da população escrava – dos persistentes quilombos rurais à renitente resistência urbana – como a natureza afirmativa e, em larga medida autônoma, das estratégias sociabilizantes dos grupos negros. Costumes, festas, culinária, instituições litúrgicas não se reduzem a meros insumos de mestiçagem, ou seja, não se resolvem na definição de elementos suscetíveis de dissolução no caldeamento de um padrão identitário único sob a tutelagem familiar da casa-grande.

Diante da brutalidade da ordem escravocrata e do sofrimento daqueles que pagaram com a própria pele o ônus da acumulação primitiva do capital no Brasil, os negros contornaram qualquer *ethos* de vitimização com estratégias e simbolizações guiadas por lógica própria, comprometida com a sobrevivência e a expansão do grupo dito "afro-brasileiro".

Formas de compromisso

Não há dúvida de que as elites estamentais empenharam-se sempre (mas particularmente a partir da terceira década do século XX, quando o Estado, por motivos de construção de hegemonia, toma parte ativa no encaminhamento da questão identitária) na elaboração de formas particulares de compromisso com os aspectos humanos da diversidade territorial. A questão maior era a condição existencial do escravo e seus descendentes, por sua excessiva proximidade (ao contrário dos silvícolas) com os indivíduos de cor clara ou os aspirantes ao "embranquecimento".

Para explicar essas formas, é tendência entre analistas nacionais e estrangeiros (Skidmore, DaMatta e outros) recorrer a argumentos que enfatizam as estratégias de manutenção sub-reptícia do poder[33]. Esta linha argumentativa pode variar os seus modos de enunciação, mas converge para uma posição – como a explicitada por Skidmore – que, embora reconhecendo a ausência de uma clara fronteira racial, sustenta que a hierarquização na sociedade brasileira fez-se com base na "superioridade" branca e não na "supremacia".

Diferentemente do segregacionismo norte-americano, que é uma forma primitiva de racismo (o chamado "sistema Jim Crow", reforçado pela discriminação doutrinária), a sociedade brasileira jamais conseguiu impor uma endogamia racial, fato comprovado pela realidade da miscigenação. Embora o acesso às posições de poder tenha-se tornado inviável para negros, firmou-se progressivamente a negociação com mulatos, porque a segregação pura e simples, baseada na supremacia branca, não tinha (apesar do racismo "científico" do final do século XIX) nenhuma justificativa ética nem legitimidade social.

O compromisso racial seria, assim, a racionalização, por parte das camadas dirigentes, de uma realidade miscigenada. Mesmo parecendo acreditar na superioridade branca, as elites

33. Um exercício de poder se insere em qualquer ordenamento e organização social, sempre hierarquizado. Daí, a definição real de democracia como o reconhecimento do direito ao poder das minorias no governo da maioria.

nacionais elaboraram um discurso de transigência, o da mestiçagem biológica e cultual, que gerou simultaneamente as ideologias do embranquecimento e da democracia racial.

Em outras palavras, a cor não tinha importância crucial na sociedade brasileira, porque a diferença racial deveria ser progressivamente extinta, na medida da modernização e do progresso. Era esta a aspiração dos movimentos higienistas e eugenistas nas primeiras décadas do século XX. É conhecida a estimativa feita pelo antropólogo João Batista de Lacerda numa conferência em Londres (1911) no sentido de que o embranquecimento do Brasil levaria ainda um século.

Entende-se desta maneira por que a questão racial no Brasil era discutida mais na base de opiniões e juízos de valor (portanto, com proposições mais éticas, menos factuais) do que de dados demográficos ou político-econômicos. As omissões do quesito "raça" nos recenseamentos; as denegações reiteradas por parte de intelectuais, imprensa e senso comum quanto à existência de uma questão racial; as afirmações de uma cordialidade excepcional entre brancos e negros etc., tudo isso concorria para reforçar o desejo elitário de amorenamento da população e ocultar a diferença racial como variável significativa no posicionamento social.

A partir dessa atmosfera psicoafetiva de miscibilidade, conciliação e transigência, alimentada pelo trabalho intelectual e pelo senso comum, construiu-se aos poucos a imagem caracterial do ser brasileiro como um povo racialmente democrático, visceralmente pacífico e alegre (embora Paulo Prado tenha insistido na tristeza, numa espécie de variante do Jeca Tatu, de Lobato), que tende a resolver suas dificuldades pela esperteza ou "jeitinho". O estereótipo do malandro, basicamente carioca, resume bem as características de esperteza, malícia e pouca disposição em comprometer-se com o mundo do trabalho.

Evidentemente, a obra de Gilberto Freyre atrai os que não duvidam da democracia racial nem de sua cordialidade idiossincrática. Não são, assim, destituídas de fundamento muitas das críticas que lhe são dirigidas por cientistas sociais, cientes de que sua obra é um manancial de fórmulas conciliatórias e de que a síntese cultural operada pela mestiçagem não conseguiu erradicar o racismo da sociedade nacional. Conciliação e síntese são caminhos da discriminação que não se assumem como estereótipos de dominação.

A procedência das críticas não significa, por outro lado, que as explicações ditas "científicas" (porque baseadas em argumentos econômicos ou de classe social) deem conta do problema das relações raciais no Brasil. O real-histórico costuma ser irônico com as pretensões acadêmicas de esgotamento do objeto social pelas estatísticas ou por outros procedimentos formalizantes e frequentemente dá razão à suspeita de que os sociólogos – talvez por acreditarem demais na substância do "social", que na verdade é apenas uma categoria histórica – sabem muito pouco do "vivido" das sociedades[34].

A mestiçagem como paradigma cultural não é, porém, fenômeno exclusivamente brasileiro. O sentido da proclamação de José Martí (*Nuestra América mestiza!*) tem ocupado há quase dois séculos o centro das preocupações latino-americanas com a identidade nacional, questão essencial à constituição do Estado-nação moderno. Especialmente a partir da década de 20 do século XX, a ideia da mestiçagem aparecia no horizonte da modernização e homogeneização do Estado nacional como um recurso ideológico para a neutralização da força fragmentadora

---

34. Vale lembrar o sociólogo Fernando Henrique Cardoso que, uma vez chegado à presidência da República brasileira (1994), logo aconselhou seus leitores a esquecerem tudo que ele escreveu.

do pluralismo etnocultural e reforçamento da unidade orgânica do Estado.

Nesse panorama, obras como a do mexicano Vasconcelos[35] e do cubano Ortiz[36] exercem junto aos hispano-americanos influências comparáveis à de Freyre no Brasil. Assim como este último via no mestiço ou moreno brasileiro uma espécie de "raça terceira", Vasconcelos – apesar de sua mentalidade colonialista, defensora da conquista espanhola e cheia de juízos depreciativos para com astecas e incas, aos quais tratava de "erva daninha da alma" – produzia noções do tipo "homem ideal" e "raça cósmica", que corresponderiam a uma formação miscigenada e mais democrática do povo nacional. Ortiz, por sua vez, com o conceito de transculturação, uma troca igualitária de influências, ratificava o espírito de compromisso das sociedades *criollas* ou mestiças da América Latina.

O empenho das elites latino-americanas no sentido de modernizar o Estado-nação contava com recursos mais culturais do que propriamente civilizatórios. De fato, as exigências de modernização e progresso são originariamente fenômenos de "civilização", entendida como um impulso mais abstrato e generalista no sentido de um padrão de realizações técnicas e científicas, movidas pela acumulação do capital. A cultura, por sua vez, é afim aos valores idiossincráticos do território, às regras do lugar onde se habita (cultura e ética são conceitos muito próximos). Os pensadores identitários frequentemente interpretaram a história em termos de civilização oposta à "barbárie", isto é, oposta a particularidades da natureza ou localismos culturais.

---

35. VASCONCELOS, J. *The Cosmic Race* [La raza cósmica]. Pace Publications, 1979 [Ed. de Didien].

36. ORTIZ, F. *On The Social Phenomenon of Transculturation and its Importance in Cuba*. Nova York: A.A. Knopf, 1947.

O fato é que, distantes das conquistas tecnocientíficas e dos níveis de acumulação capitalista da civilização europeia, cabiam prevalentemente aos latino-americanos recursos culturais para fomentar a dinâmica civilizatória de modernização do Estado nacional. Num país de tantas riquezas naturais, de dimensões continentais e voltado para a agroexportação como o Brasil, por exemplo, seria mais do que evidente que a aglutinação nacional se fizesse pela "naturalidade" do território (língua, solo, localismos) em vez de padrões universais ou abstratos de civilização. O livro do Conde Afonso Celso (*Porque me ufano do meu país*, 1900), gerador de uma espécie de narcisismo nacional, é uma ratificação ideológica dessa realidade.

O povo, não a ideia de povo, é o único poder concreto da criação cultural na língua, no solo, no território dos lugares concretos da cultura. O resto são abstrações poderosas, isto é, abstrações do poder. O poder só é poderoso para a civilização, na cultura pode revelar-se impotente. Mas na história brasileira a incorporação da ideia de povo às de Estado e nação emergia como uma exigência político-cultural do que pretendia ser um novo patamar civilizatório, o da passagem da economia agroexportadora à da industrialização. O Estado Novo getulista chegou a criar um "Dia da Raça". E deu-se a fermentação semiótica de obras como as de Gilberto Freyre e tantos outros ensaístas, romancistas, poetas e jornalistas que criaram um campo de pensamento identitário, voltado para a consolidação do Estado-nação.

Não se tratava apenas de uma atividade escrita: na vida social, sempre mantido o princípio da "superioridade clara" no que dizia respeito a condições privilegiadas de renda e existência, membros das elites e das classes subalternas promoviam encontros e trocas, num constante "toma lá dá cá". O Rio de Janeiro, capital da república até 1960, sempre foi uma espécie de laboratório social dessas "transculturações".

Uma lógica patrimonial

Para melhor compreensão disso tudo, tem faltado à análise da problemática identitária brasileira e hispano-americana (com honrosa exceção da obra de Faoro no plano do poder político) a perspectiva da lógica patrimonial. Barel emprega esta expressão em confronto com lógica capitalista, advertindo se tratar de categorias abstratas "que não pretendem necessariamente descrever estratégias concretas de indivíduos ou grupos sociais, e sim a ambivalência de algumas dessas estratégias, ambivalência que reflete o trabalho das duas lógicas, cada uma limitando a outra, e sem que nenhuma possa expulsar completamente a outra"[37].

Na visão do sociólogo francês, a gestão de um patrimônio difere da de um capital, porque não põe em primeiro plano o crescimento ou a acumulação, mas a transmissão. Explica: "O que o patrimônio regula, para além da economia, é todo um mundo onde se encontram misturados a família, a política, o consenso e o conflito social, a 'natureza' como a cultura"[38].

De fato, dizer "patrimônio" é fazer referência literal à transmissão de bens de família por herança e referência figurada àquilo que se considera como um bem próprio. A família é o sujeito econômico do patrimônio, porque é o pertencimento a ela (e não a quaisquer outras regras, por mais racionais que sejam) que organiza a transmissão dos bens[39]. O conceito de patrimônio deixa evidente não ser o econômico que, infraes-

---

37. BAREL, Y. *La société du vide*. Seuil, 1984, p. 115.

38. Ibid., p. 117.

39. O entendimento mais corriqueiro de patrimônio confina esta categoria ao exclusivo domínio da economia. Ou então, de modo ainda mais enganador, pode considerá-la um arcaísmo, sob o argumento de que, na contemporaneidade feminista, o "matrimônio" relativizaria o poder patrimonial. Na realidade, o poder dito feminino pode também realizar-se como um desdobramento da forma patrimonialista.

truturalmente, garante o sujeito, e sim que este último sustenta o econômico por meio da relação patrimonial. O patrimônio configura propriamente uma forma social e, para nós, constitui importante categoria de análise cultural.

Na lógica patrimonial, fatos culturais (éticos, psicológicos, territoriais) dominam os econômicos. Em vez dos critérios universais presentes na razão econômica, o patrimônio privilegia a relação específica entre os bens e um grupo humano determinado. Uma fazenda é transmitida por herança não porque o herdeiro seja mais competente do ponto de vista administrativo-econômico, e sim porque é filho do proprietário. O que importa à lógica patrimonial é a lei do grupo organizador da transmissão, uma vez que o grupo e sua continuidade constituem a finalidade de todo patrimônio.

Por isso, quando se amplia a noção de sujeito patrimonial a partir da família, o grupo pode ser instituído como linhagem ou qualquer outra figuração que ele próprio decida. No grupo patrimonial mesclam-se elementos reais e fictícios, estes últimos inventados segundo a lógica das conveniências. Simbolizações, mitologias, racionalizações genealógicas concorrem para o imaginário coletivo do grupo patrimonial.

Os estamentos dirigentes das nações latino-americanas constituíram sempre grupos patrimoniais, com vistas à transmissão do poder e das riquezas nacionais, em continuidade com a forte tradição patrimonialista da Península Ibérica. A instabilidade dos regimes políticos na América Latina – acompanhada por fenômenos de irracionalismo administrativo, absurda desigualdade de rendas, corrupção generalizada – está muito provavelmente relacionada a formas intensas de patrimonialismo na esfera pública.

Aí se impõe o relacionamento pessoal como um valor coletivo, o que dá margem a intermediações negociadas em bases familiares e a favores[40]. O predomínio de relações clientelistas no Estado nacional deve-se mais à natureza patrimonialista do poder do que à dominação de uma classe específica (p. ex., a dos donos das terras) presumidamente interessada em legitimar, por meio de concessões corporativistas ou populistas, a sua autoridade.

A política nacional pautada pela troca de favores entre o Estado e as oligarquias regionais deu também margem ao conhecido fenômeno do "coronelismo" (expressão advinda da política patrimonialista dos coronéis da Guarda Nacional, criada pelo Regente Feijó em 1831), analisado por Nunes Leal, um autor já clássico do pensamento identitário[41]. Demonstra ele que, para controlar a vontade política desde suas bases municipais, numa época em que mais de dois terços da população pertenciam ao campo, o governo federal fez do "coronel" o seu representante no interior, estimulando a negociação patrimonial (na prática, a troca de proveitos) entre o poder público e os agentes do privado.

Na realidade, patrimonialismo é fenômeno muito amplo, persistente sob formas renovadas no próprio coração do ca-

---

40. Isto é característico das relações políticas no império, em especial no Segundo Império, mas persiste até hoje. Um pequeno episódio protagonizado pelo Embaixador Ítalo Zappa – que trabalhava, no final dos anos de 1960, na chefia de gabinete do então ministro das Relações Exteriores, Magalhães Pinto – fornece uma imagem correta do fenômeno: "No primeiro despacho, Zappa levou ao ministro a documentação de transferência de um diplomata da Secretaria de Estado do Itamaraty para a embaixada do Brasil na França. – Esse funcionário vai para Paris, é?! – perguntou Magalhães Pinto. – Sim. Está tudo certo. É só o senhor assinar – respondeu Zappa. – Para Paris?! – questionou de novo o ministro. – É. Está tudo certo, ministro – repetiu Zappa. Após segundos de silêncio, o político mineiro decidiu: – Não assino, não, Zappa! Peça para alguém me pedir para eu assinar isso" (cf. "Contraponto". *Folha de S. Paulo*, 09/11/1997).

41. Cf. LEAL, V.N. *Coronelismo, enxada e voto*. Nova Fronteira, 1997.

pitalismo mundial. Acontece apenas que, na América Latina, em graus e modos diferentes segundo a singularidade histórico-social de cada sociedade nacional, a lógica patrimonial assume maior valor explicativo. No Brasil, o formato do Estado foi profundamente marcado pela superposição de instituições da democracia representativa clássica a formas patrimoniais, baseadas no poder senhorial sobre as terras e em mecanismos de dependência pessoal antitéticos às verdadeiras práticas liberais e democráticas.

Na formulação da hipótese de um patrimonialismo nacional, é preciso destacar algumas das características de sua lógica: (1) territorialidade – o fenômeno patrimonial funda um território próprio, distinguindo o seu grupo humano do restante do corpo social; (2) temporalidade – buscando eternizar-se, o grupo cria uma dimensão temporal particular, que gera mitos tanto de futuro como de passado. Mortos, vivos e não nascidos integram esta dimensão; (3) investimento libidinal ou afetivo-sexual – os investimentos afetivos ou libidinais sobre o patrimônio assemelham-se àqueles que se fazem, consciente ou inconscientemente, sobre a família.

Examinando à luz dessa lógica tudo o que foi dito sobre o pensamento identitário no Brasil, veremos que ela acompanhou sempre o movimento de patrimonialização do Estado e das riquezas nacionais, pautando-se pelos critérios seguintes:

1) Territorialidade – O poder transmite-se por estratégias de casamento, compadrio, adoção ou cooptação de novos indivíduos na base da seleção por laços familiares e cor. A pele clara é uma vantagem patrimonial, manejada como se fosse um título social (foram e são frequentes as anedotas em que um médico ou um advogado negro do interior, no instante de ob-

ter a sua carteira de identidade, é registrado como "moreno" ou mesmo "branco").

A ideologia da mestiçagem não implica aceitação irrestrita do mulato. Este, embora não tão rejeitado quanto o negro, é desvalorizado. Vale notar que, em *Porque me ufano do meu país*, o Conde Afonso Celso não inclui o mulato entre os mestiços valorizáveis. O acolhimento da miscigenação na virada do século era a consequência lógica de um compromisso com as especificidades do território, para não deixar morrer o grupo patrimonial originário, aquele diretamente herdeiro do estamento português.

2) Temporalidade – Nas elaborações intelectuais sobre a identidade, cria-se um *ethos* intemporal, em que o passado se apresenta investido de uma essência mestiça, incruenta, tolerante, e o futuro como um desdobramento necessário dessa forma. Os estudos genealógicos funcionam como formas simbólicas que ajudam a construir uma imagem de continuidade racial.

3) Investimento libidinal – Esta expressão, que pode ser considerada excessivamente psicanalítica, é substituível pelo termo heideggeriano cuidado (*Sorge*), entendido como atenção ética para com o outro. Trata-se não apenas do destaque dado aos elementos afetivos, mas também da própria atitude emocional dos autores desde o fim do século XIX para com os aspectos territoriais. Revelava-se nos textos literários ou ensaísticos a presença de "investimentos libidinais" ou de forte "empatia" (termo usado por Freyre).

Ser brasileiro era antes de tudo pertencer ao território pátrio – requisito diferente do norte-americano, por exemplo, para quem a identidade nacional não se dava por pertencimento ao território, mas por adoção de valores civilizatórios novos (democracia, liberalismo etc.), advindos de uma tradição utópica iniciada pelos puritanos. O intelectual brasileiro, com poucas exceções (os epígonos da teoria da degeneração), exaltava o valor da paisagem, os encantos dos trópicos em oposição à "frieza" europeia.

São frequentes os relatos em que intelectuais comovem-se até às lágrimas com manifestações da cultura popular. E mesmo em autores manifestamente racistas são também recorrentes as ressalvas afetivas ou a condescendência para com negros, em geral assimilados à paisagem – Lobato, por exemplo: "O nosso livro de contos terá paisagem, árvores, céu, passarinhos, negros..."[42]

É verdade que a atitude de defesa da territorialidade ou da paisagem pode ser também encontrada junto a norte-americanos (nos estados sulistas, em especial), mas de outra maneira[43]. Um bom exemplo é o de Thomas Jefferson, terceiro presidente dos Estados Unidos que, em fins do século XVIII, exalta a natureza e o homem americanos em suas Notas sobre o Estado de Virgínia. É também fato hoje público que Jefferson teve filho com uma escrava.

De um modo geral, porém, o imaginário da natureza nos Estados Unidos gira em torno de um "espaço aberto" – a *wilderness*, o oeste, a "fronteira" – natural e selvagem (logo, oposto à civilização), capaz de servir como mote ideológico tanto para o processo expansivo da conquista territorial quanto para o acolhimento das aspirações de individualismo, liberdade e democracia. Na ideologia da fronteira – esta que alimentou no século XX o ciclo cinematográfico do "faroeste", verdadeiro mito

42. LOBATO, M. *A barca de Gleyre*. Nacional, 1944, p. 158.

43. Vale salientar que a paisagem já chegou a marcar, para a Europa, a diferença norte-americana. A revelação, em 1850, das sequoias gigantescas da Califórnia, mais velhas do que Cristo, fornecia um contraponto às catedrais europeias.

de origem em elaboração –, a natureza é o que propicia o desenvolvimento de princípios fundadores da nação norte-americana. Estes, embora definidos como "civilizatórios", carregam a marca local de um certo primitivismo ou rusticismo empreendedor, em oposição aos refinamentos e sutilezas da Europa.

Esse apego ao "espaço aberto" ou ao rusticismo não equivale à concepção da natureza como um bem patrimonial de família, e sim à abertura de caminhos para a afirmação do individualismo. Está presente nos modos de vida, na literatura, no cinema, na arquitetura e nos mitos, levando ainda hoje o cidadão americano a ter como valor profundo o interior, o campo, a fronteira, embora revestido de certas matizes civilizatórias europeias. Por tudo isso, o *ethos* do pioneirismo colonizador integra a identidade norte-americana e a distingue da europeia.

Mas é preciso considerar que a colonização interna dos norte-americanos – consentânea à mesma lógica de expansão territorial ou anexação de espaços por conquista militar – fazia-se pela força do mito do Império Europeu (e não em nome do patrimônio de elites estamentárias, como foi o caso no Brasil) transposto para a América. A terra, a natureza eram conquistadas para melhor realização dos valores de livre-comércio e das liberdades civis.

Por esta linha reflexiva – que escapa ao pensamento social exclusivamente orientado por gráficos, tabelas e estatísticas – entende-se melhor uma análise como a empreendida por Gilberto Freyre. Para este, tratou-se sempre de uma especulação ético-narrativa sobre a realidade interna de uma forma social, ou seja, a concretização em termos societários de uma "maneira" existencial ou uma "forma de vida" que a lógica patrimonial do poder assumiu em regiões estratégicas do espaço nacional – a territorialidade e a patrimonialidade nordestinas são muito diferentes das sulistas e do centro-leste.

Definir a nação pela ótica da tutelagem familiar implica enxergá-la com as lentes fornecidas pelo patrimonialismo. Por este modo de olhar, é possível entender um certo tipo de comportamento do indivíduo brasileiro que se torna excessivamente visível pelo outro, o estrangeiro. Um exemplo é o fato de que, em determinado momento dos anos de 1990, a imprensa noticiou que a empresa norte-americana Disneyworld® decidira treinar guias "especificamente para tentar fazer com que os brasileiros sejam mais respeitosos em relação aos interesses dos demais durante suas visitas ao parque de diversões".

A propósito disto, um observador estrangeiro pôde escrever: "No Brasil, a liberdade não tem parâmetros bem-definidos, porque as consequências também são vagas. Isso se explica pelo jeito brasileiro de dirigir carro, estacionar em filas triplas diante dos colégios, boates e restaurantes badalados, desrespeitar todas as outras filas, fazer barulho em casa, incomodar os vizinhos e usar as calçadas como depósitos de carros, lixo e cocô de cachorro"[44].

O que aí está em questão é um tipo de individualismo (sobre o qual tem-se debruçado a socioantropologia brasileira desde Sérgio Buarque de Holanda até a Roberto DaMatta) que confunde, numa atmosfera de afetividade e confraternização compulsivas, a esfera pública com a privada, o Estado com o negócio de família – atitude típica da forma social patrimonialista. O risco é a generalização da análise, uma vez que seu alcance explicativo fica mais nítido apenas em frações de classe média particularmente identificadas com o *ethos* patrimonialista – afe-

44. KEPP, M. [correspondente no Brasil do jornal inglês *The Observer*). *Folha de S. Paulo* – Caderno Mais, 05/01/1997, p. 3.

rição de vantagens exclusivas, antagonismo à lei, impunidade, vácuo moral – dos poderosos.

Embora o modelo da casa-grande desenvolvido por Freyre seja mais consistente no Nordeste brasileiro, onde vigorou o sistema do engenho de açúcar, a relação patrimonial com o Estado e com o resto do corpo social exerceu-se e tem-se exercido nos principais polos urbanos do espaço nacional, uma vez que o próprio Estado sempre teve também uma estrutura patrimonialista (ibérica). Isto se evidencia na grande autonomia da organização política e burocrática do Estado diante da sociedade, na "familiarização" ou internalização (dentro dos limites estamentários) da luta pelo poder, na prevenção conciliatória dos conflitos, na inércia da estrutura política frente às desigualdades sociais.

As atitudes e comportamentos ditos "transculturais", especialmente no Rio de Janeiro a partir da década de 1920, são idiossincrasias territoriais da lógica patrimonial. Quando a nacionalidade é fantasmaticamente concebida como um bem patrimonial em sentido figurado, isto é, como algo próprio de um estamento ou de uma classe social, produzem-se investimentos libidinais ou empáticos sobre os elementos constitutivos da ideia de nação, a saber, povo e território. Por isto, a consciência racista da elite tem sido capaz de abrigar uma certa afetividade para com o negro.

E daí resulta o dito toma lá dá cá entre elites e classes economicamente subalternas, que inexistiu nas nações hispano-americanas, onde o mestiçamento biocultural (com exceção de Cuba) não teve a mesma amplitude do Brasil. Resultam também as mitificações quanto a uma suposta harmonia pluralista de classes e "raças".

Nada disso produziu junto às classes dirigentes uma cultura própria, singular: os ideais civilizatórios (padrões de desenvolvimento material) dos estamento dominantes sempre foram basicamente europeus. Em consequência, a mediação simbólica (educação, letras, artes, costumes herdados) institucionalmente legitimada era importada como uma forma postiça ou uma aparência. Daí o sentimento de inautenticidade, a fascinação colonizada pelo ser outro (europeu, ocidental), apontados por críticos em várias épocas, a exemplo de Lima Barreto, Oswald de Andrade, Mário de Andrade, Roberto Schwarz (com a noção de "ideias-fora-do-lugar") e outros. O sujeito nacional-brasileiro das classes dirigentes e médias não é exatamente um "ocidental", mas deseja e luta ardorosamente por essa condição.

Há, apesar de tudo, singularidades na forma social brasileira. Não há dúvida de que as estratégias de hierarquização social constituem dados reais, levantados por uma análise social guiada por um espírito quantitativista ou funcional. Não bastam, porém, para explicar a idiossincrasia das relações entre elites e povo num país como o Brasil, porque falta ao modelo explicativo a dimensão da lógica patrimonial aplicada à forma social. Não à toa, Freyre sempre insistiu na importância da "herança" cultural ibérica.

3

O retorno da forma

Para compreender-se o mecanismo de transmissão entre as gerações da forma patrimonial ibérica, é oportuno invocar Ricoeur, quando problematiza o conceito de "realidade" aplicado pelos historiógrafos ao passado histórico. Sustenta ele que tal "realidade" é de fato invenção de um terceiro tempo (além do cósmico e do vivido), o tempo histórico[1].

Trata-se de uma "refiguração", ou seja, uma redescrição do tempo, possibilitada por instrumentos conceituais que funcionam como conectores entre o tempo vivido e o cósmico: o tempo do calendário, a noção de sucessão das gerações e os traços e documentos.

Narrar, contar, para Ricoeur, é afim àquilo que Wittgenstein chamou um tanto enigmaticamente de "forma de vida"[2] e que pode ser compreendido como a historicidade própria do homem. A "maneira", a que temos nos referido, é outro modo de designar a forma de vida, ou seja, por meio dela o ser é exatamente aquilo que se manifesta historicamente, sem qualquer pressuposto de uma essência.

Considerada do ponto de vista da inserção dos indivíduos num agrupamento societário, essa forma de vida ou manei-

---

1. Cf. RICOEUR, P. *Temps et récit* – III: Le temps raconté. Seuil, 1985.

2. WITTGENSTEIN, L. *Investigações filosóficas*. Fundação Calouste Gulbenkian, 1987, p. 334.

ra cabe na ideia sociológica de forma social. Esta, como bem desenvolve Ledrut, não é nem uma essência em si, nem uma substância, nem mero efeito de uma invenção, mas "realidades mediadoras que têm a ver tanto conosco quanto com o que não é nós. Elas exprimem uma relação e desempenham ainda nesta perspectiva o papel mediador que lhes foi reconhecido. Não têm apenas um estatuto intermediário entre o concreto e o abstrato, o sensível e o inteligível, o individual e o universal, são também intermediários entre os dois polos da relação existencial"[3].

O conceito de forma social é operativo para o que vimos descrevendo, porque pressupõe tanto "forma de vida" como "maneira" enquanto figurações da lógica da existência. Ela deixa transparecer uma modalidade individual e coletiva da existência humana, sem separar radicalmente a ação da representação ou da consciência. Pela forma social, reconhecemos a objetividade da vida em sociedade – esta, cuja verdade a sociologia positivista pretende restituir por meio de estatísticas e tabelas – sem desconsiderar o vivido (subjetivo) dos indivíduos.

Por meio do relato, seja reflexivo-ensaístico ou propriamente literário, a forma social é recebida e transmitida entre as gerações, de tal modo que a sua interpretação epocal pode constituir-se em processo de criação de realidade social. Daí o entendimento da narrativa (que garante a memória coletiva) como forma de vida, isto é, como manifestação de uma historicidade particular.

A narrativa histórica, literária, mítica e, às vezes, uma língua comum integram a forma social constitutiva de uma identidade coletiva. No caso, já mencionado, de Timor Leste e sua resistência à Indonésia, o apelo à língua portuguesa como símbolo

3. LEDRUT, R. Op. cit., p. 178.

identitário apoiava-se em narrativas orais (mítico-comunitárias) e literárias (romancistas, poetas, cronistas). Tudo isto conflui para uma historicidade conveniente.

A noção de historicidade, referida a monumentos e documentos, equivale para Ricoeur à de temporalidade: "A fonte de autoridade do documento enquanto instrumento desta memória (a memória coletiva) é a significância reconhecida ao traço. Só se pode dizer que os arquivos são instituídos e os documentos recolhidos e conservados a partir do pressuposto segundo o qual o passado deixou um traço, constituído graças a monumentos e documentos como testemunha do passado"[4].

O traço aparece, nesse viés, como "signo presente de um passado ausente", isto é, como um registro com estatuto ontológico dúplice, porque referido a tempos heterogêneos. Num primeiro nível, o traço é algo físico que vem do passado, a exemplo do *Livro da virtuosa benfeitoria*, do infante D. Pedro. Num segundo, a existência desse "algo" depende do reconhecimento de alguém, a exemplo de um estamento no poder ou um grupo intelectual que afirme a sua continuidade histórica.

Traço significa a presença da ancestralidade e a ausência do presente na contínua passagem do passado para o futuro. Não é um conceito historiográfico, mas fenomenológico, no sentido de que suspende, por meio do tempo passado, a referência presente, abrindo espaço para uma outra, criadora de um signo da mudança, objeto do tempo histórico. O traço é, assim, um conector histórico, uma espécie de fio intergeracional que preserva os valores éticos de um passado pronto a ser narrado.

Dentro da dimensão temporal integrante da lógica patrimonial, o passado emerge da presença dos mortos, dos ances-

---

4. RICOEUR, P. Op. cit., p. 175.

trais no interior do grupo patrimonial cuja memória interpela o presente para uma resposta histórica. No que diz respeito à identidade brasileira, tal resposta encontra-se nos relatos ou nas obras que, reflexiva, literária ou mesmo politicamente (no trato dos assuntos de Estado) geram símbolos ou formas simbólicas preservadores de uma forma simbólica e constitutivos de um tipo específico de consciência coletiva.

O patriciado brasileiro vem contando desde os tempos coloniais uma história sobre o país cuja continuidade é estabelecida por traços de uma mesma forma social. Numa temporalidade eternizada (típica da lógica patrimonial), reinterpretam-se determinados traços (documentos, textos, ideias, atitudes) como uma ligação ética entre passado e presente.

A variedade dos relatos norteia-se para a interpretação dessa história impulsionada pela consciência de uma historicidade particular em que a solução de compromisso, a transigência, constituem um polo de cristalização da identidade nacional. Pela via dessa identificação narrativa obtém-se um retorno do Igual: os sujeitos do poder presente reencontram-se com os do passado histórico, legitimando-se.

Mas a consciência dessa historicidade não é puramente intelectual: a ela subjazem afetos, pulsões, influências religiosas, às vezes insuspeitas, por se tratar de traços não ditos ou mesmo não pensados, enfim de uma certa transcendência em relação ao que socialmente se transmite e se recebe. Esta reserva de transcendência impede de conceber exclusivamente a ancestralidade histórica como um puro Igual (*das Gleiche*) e nos apresenta o que Heidegger chama de o Mesmo (*das Selbe*), ou seja, algo que permanece na história, mas como um não dito, como lugar de diversidade e de abertura para as reinterpretações.

O fato corânico

Há assim não ditos na transmissão histórica da forma patrimonial ibérica subjacente a textos como o *Livro da virtuosa benfeitoria* ou a relatos sobre o nomadismo religioso na dinâmica social dos portugueses. Um desses não ditos é a força do pensamento corânico na exegese sufi (o *tassauuf*, cujo grande porta-voz místico na Idade Média foi Ibn al-Arabi) para a criação de atitudes transigentes diante da alteridade, inclusive de crenças[5].

Um texto anterior de mais de um século[6] ao do infante D. Pedro comprova essa transigência por meio da encenação de um diálogo entre um cristão, um judeu, um muçulmano e um "gentio" (estrangeiro, pagão). Acabrunhado por sua ignorância das coisas divinas, o gentio é instruído pelos três sábios, representantes das três formas do monoteísmo mediterrâneo.

A finalidade do *Libre del Gentil*, segundo Abdelwahab, é de início testemunhar a possibilidade de bom entendimento entre sujeitos de crenças antagônicas, cujas diferenças podiam muitas vezes exprimir-se pela força das armas. Lullo, um autor cristão de Majorca, formado dentro da cultura árabe, deixa transparecer em seu texto um clima de cortesia e respeito para com o diferente, embora tente converter o judeu e o muçulmano ao cristianismo[7].

---

5. É verdade que Gilberto Freyre enfatiza, em várias partes de sua obra, a importância do Islã na forma social ibérica, mas com vagas referências aos "maometanos".

6. Trata-se do *Libre del Gentil e dels tres savis*, escrito por Raimundo Lullo antes de 1271. Cf. ABDELWAHAB, M. "La religion de l'autre". *Communications*, n. 43, p. 105-111. Seuil.

7. Esse Raimundo Lullo é um escolástico dos séculos XIII e XIV que propõe uma compreensão do cristianismo como acolhida tanto do sapiente como do insipiente, na direção do argumento de Santo Anselmo. O diálogo em questão é a superação da exclusão pela aceitação das diferenças na força de uma identidade ancestral: todo homem já é todas as diferenças históricas, que se isolaram e tentam, com o poder, universalizar-se por imposição de padrões.

Mas interessante mesmo nesse texto é o eco do espírito de compromisso e transigência da doutrina islâmica, que pregava a crença num Deus único e fonte de uma mesma mensagem, apenas traduzida sob múltiplas formas pela diversidade humana. Em outras palavras, pertence a esse espírito, bastante diverso da história subsequente do islamismo, a aceitação de errâncias ou visitas à religião do outro, sem que isso acarrete julgamentos de infidelidade, porque a transigência não se avalia aí pela ética, mas pela metafísica ou pela estética. Por este caminho, a experiência da crença afasta-se da hegemonia e das intransigentes ideologias do Estado clássico, esse mesmo que depois obrigaria à conversão forçada dos judeus e perseguiria os muçulmanos.

Na verdade, como adverte Arkoun, é preciso distinguir o fato corânico do fato islâmico, isto é, distinguir "a dimensão religiosa e institucional, da cultura, dos códigos éticos e jurídicos que a exprimem historicamente"[8]. Por trás das seitas, escolas e disposições do Estado árabe-islâmico, de fato perfila-se uma *episteme* ou um "sistema cognitivo" comum na constituição do pensamento árabe clássico desde o século X.

Adab é o nome que recebe tradicionalmente o conjunto de conhecimentos (história, geografia, filosofia, ciências) acessível tanto ao cidadão culto quanto a sábios religiosos. Um dos principais métodos de composição da *adab* é a citação (das verdades expressas pelos "antigos"), que faz convergirem as tradições grega, iraniana, indiana, árabe e judeu-cristã para uma rede enunciativa (narrativas, parábolas, máximas etc.) de natureza mítica. Na *adab*, a citação é ao mesmo tempo sincretizante e trans-histórica, cristalizando uma atitude e uma prática de acolhimento de saberes ou tradições diferentes. O fato corânico,

8. Cf. ARKOUN, M. *La pensée arabe*. PUF, p. 20 [Col. Que Sais-Je?, n. 915].

refletido no sistema cognitivo da *adab*, é de franca abertura para as diferenças ou para as contribuições externas.

A historiografia registra tolerância, respeito e alianças entre cristãos e muçulmanos (embora sem grande constância nos primeiros séculos do islamismo) durante a Idade Média na Andaluzia. Relata Kuhnel: "Vemos príncipes muçulmanos e católicos não só em aliança quando se trata de quebrar o poder de um correligionário perigoso, como também ajudando-se mutuamente a vencer desordens e revoltas [...] Não havia nada de excepcional na presença de guardas cristãos na corte de Andaluzia [...] Quando um território inimigo era conquistado, as convicções religiosas da população eram respeitadas tanto quanto possível [...] O Islã foi respeitado durante séculos nos países reconquistados e foi no século XVI que passou a ser sistematicamente perseguido e exterminado sob instigação de um clero fanático que se tornou superpoderoso"[9]. Em pleno século XI, al-Mutamid, rei andaluz tido como o grande poeta árabe do amor e do destino, diz num poema (escrito após sua deposição): "O meu reino sob a tolerante sombra que eu lhe dava / era defendido por hostes de cristãos e árabes".

A atitude de relacionamento tolerante com outras religiões é essencial na metafísica corânica e influenciou grandemente a ação concreta do Estado islâmico tradicional. Explica Nasr que "para um cristão, toda a graça de Deus está centrada na personalidade de Jesus Cristo, sem o qual não existia outro canal de graça aberto ao homem. Para o muçulmano, no firmamento do Islã, em que o profeta é como a lua cheia, outros grandes profetas e santos são como estrelas que brilham no mesmo céu, mas o

---

9. KUHNEL, E. *Maurische Kunst*. Berlim, 1924. Cf. SCHUON, F. *O credo e a conduta*. Iser/Imago, 1990, p. 40 [org. de R. Bartholo e A.E. Campos].

fazem em virtude da graça de Maomé [...] Um muçulmano pode rezar a Abraão ou a Jesus Cristo, não como profetas judeus ou cristãos, mas muçulmanos, e de fato o faz frequentemente"[10].

Na cultura dos moçárabes (cristãos sob o domínio do Islã) e na dos mudéjares (muçulmanos sob o domínio cristão), vigia a regra da interação transcultural. Os confrontos entre cristãos e muçulmanos eram muitas vezes resolvidos diplomaticamente. E culturalmente, inclusive: na disputa entre o Rei al-Mutamid e Afonso VI de Castela, este último retirou as suas tropas depois de jogar – e perder – a sorte da batalha numa partida de xadrez com o negociador Ibn Ammar.

O espírito de síntese ou de integração de crenças diversas – que torna possível o encontro do Islã com outras religiões, como o judaísmo, o cristianismo, o zoroastrismo, o maniqueísmo, o hinduísmo, o budismo, o xamanismo de diversas ordens etc. – intensifica-se na exegese sufi do Corão. Enquanto expressão própria da gnose islâmica, o sufismo afirma a universalidade da sabedoria presente no Corão, onde enxerga a unidade capaz de considerar o múltiplo. Para essa gnose, todas as religiões, por mais diferentes que sejam uma das outras, revelam aspectos das qualidades divinas.

A importância de Ibn al-Arabi (1165-1240) reside na exposição plena dessa doutrina, que ainda hoje oferece lições sobre a coexistência das diferenças. Para o grande místico sufi, que professava um enorme respeito pela diversidade religiosa, toda crença correspondia a uma realidade específica. O cosmo era por ele concebido como teofania (manifestação dos efeitos dos nomes de Deus), que nunca se repete e se revela diferentemen-

10. NASR, S.H. "O Islã e o encontro das religiões". BARTHOLO, R. & CAMPOS, A.E. Op. cit., p. 242.

te, segundo a diversidade dos lugares. O "segredo dos nomes de Deus" abriga a diversidade humana, instala uma espécie de ponte entre civilizações.

O patrimonialismo ibérico entendido como abertura oportuna para as alianças, ou mesmo o sincretismo religioso (ainda que movido por interesses comerciais), são reinterpretações históricas, pelo estamento cristão dominante, do espírito de compromisso ou de miscibilidade presente na doutrina triunfante do islamismo medieval. Muçulmano era aquele capaz de concordar com Cristo, mantendo-se fiel a Maomé, assim como bom sujeito patrimonial é aquele capaz de inventar, modulando existencialmente, a ampliação de seu grupo.

Assim é que, depois de expulsos da Espanha em 1492, os judeus foram buscar aceitação nos territórios do Império Otomano. Conhecidos como sefaraditas, os exilados exibiam uma identidade formada por múltiplos traços culturais a partir de uma forma social plástica e mutável.

É certo que comércio e sincretismo religioso andavam juntos, como atesta um caso típico, descrito por Dória: "No século XVI, Duarte da Paz, filho de Mestre João da Paz, médico da corte de D. João II, nasce judeu. Converte-se em cristão em Portugal, grande comerciante, é nobilitado por D. João III. Negocia em Roma, onde aparece, novamente judeu, na corte papalina. A notícia final que dele temos é na Turquia, onde se mostrava muçulmano e integrado à cultura local"[11].

O "cristão novo" é a maior amostra desse deslocamento transcultural, tornado possível pela forma patrimonial constituída a partir de influxos econômicos, políticos e ideológicos (religiosos) específicos de uma sociedade ainda fortemente in-

---

11. DÓRIA, F.A. *Limpieza de sangre*, 1994, p. 6 [Policopiado].

fluenciada pela dominância cultural dos árabes na região mediterrânea, embora defensora da fé cristã. A forma social resultante subsistiu no interior de uma espécie de "comunidade íntima" das classes dirigentes – o estamento patrimonial, que interioriza o tempo histórico, criando e recriando um passado e um futuro afins a um projeto de unidade do grupo.

O patrimonialismo brasileiro é, assim, a reinterpretação cultural de um traço civilizatório. Se entendemos civilização como a herança supranacional de trans-histórica resultante de trocas e difusões, e cultura como a expressão da singularidade de um grupo, o patrimonialismo afigura-se no Brasil como reelaboração cultural de uma característica civilizatória. Cultura é, aí, a forma politicamente dada (por meio de discursos múltiplos) de uma articulação presente na civilização ibérica. Deste modo, o patrimonialismo consegue até hoje conciliar uma aparência moderna (jurídico-racional) de nação com a tradição de vassalagem do povo pelo Estado, sempre tutelado por um estamento que se autoperpetua no poder.

A mestiçagem, produzida como ideologia dessa forma nos espaços coloniais latino-americanos, é a reinterpretação de um *ethos* de transigência e nomadismo, transmitido por traços manifestos e latentes na dinâmica intergeracional dos sujeitos do patrimônio. Mas o *ethos* não é puramente cultural nem exclusivamente simbólico: ele sempre serviu, no interior de práticas políticas deliberadas, como "filtro seletivo" para controlar o acesso de segmentos econômica e politicamente subalternos à estrutura de poder. Serviu também para polir as arestas das relações raciais e impedir reações radicais.

Não há nenhuma essencialidade "barroca" na mestiçagem, como às vezes se esforçam por atestar determinadas interpretações literário-culturalistas da vida nacional. As referências continuadas a esse estilo artístico como perfeitamente adequado às manifestações culturais latino-americanas encontram sua razão de ser no fato de inscrever-se numa cosmovisão coerente com a vontade universalista do mercantilismo burguês, mas também com a vontade de incorporação da natureza, dos aspectos reais dos territórios. Nesta via, o barroco pôde ser visto como um veículo próprio à manifestação das tensões sociais, culturais e étnicas no espaço colonial.

Entretanto, a atribuição de uma imanência barroca à pluralidade cultural latino-americana faz parte de uma ideologia de inspiração hispânica que tenta recalcar os conflitos da ordem colonial, a violência escravagista e a singularidade, em geral inclassificável, das formas simbólicas autóctones. Não há nenhuma "naturalidade" ou imanência no barroquismo latino-americano, e sim a sobrevalorização desse estilo artístico por setores das elites intelectuais, em virtude de sua boa realização estética em obras arquitetônicas e literárias da América Latina e de sua abertura para as reinterpretações da miscibilidade.

Dominação, hoje

Barroca ou não, essa mescla de elementos díspares, a centrifugação pluralista, é canalizada ideologicamente pelo estamento dirigente no sentido de um padrão identitário ambíguo, o da mestiçagem. Isto é por demais visível no vivido cotidiano. Em 1993, o então candidato a presidente da república no Brasil, o sociólogo Fernando Henrique Cardoso, pretendendo mostrar-se racialmente democrático, declarou: "Eu sou mulato; também tenho um pé na cozinha".

Evidentemente, ser mulato, preto ou branco etc., não é uma questão de escolha – esta atitude é o pressuposto de toda discriminação que supõe uma base de sustentação biológica para se exercer. A frase do político, que visava angariar simpatia, terminou atraindo comentários irônicos, porque na verdade expunha o caráter ilusório de uma democracia racial capaz de aparecer no discurso ou em momentos especiais da consciência elitista, mas precária na realidade dos fatos. A parte não inteiramente clara do cidadão tem o "pé na cozinha", ou seja, na senzala, nas zonas mais sombrias e desfavorecidas da sociedade brasileira.

A verdade é que se torna bastante complicada a questão da identidade etnocultural na época da globalização ou da tardomodernidade, quando flutuam os padrões simbólicos de reprodução da realidade, sob o efeito da velocidade e da simulação cibernéticas, mas também da migração e das hibridizações culturais, transformando a imagem e o sentido das coisas. Essas transformações ressoam na paisagem dita de "terceiro mundo", onde se abalam as relações entre o centro e as periferias culturais.

Na circulação veloz dos signos, universo próprio da cultura pública contemporânea, não há mais lugar para uma só identidade ou uma só cultura hegemônica, apesar dos reiterados esforços das elites nacionais dominantes para predefinir (identitariamente) as situações etnoculturais. Torna-se visível o deslocamento do poder simbólico que sustenta a identidade nacional (graças à imposição de padrões de "raça" ou de "etnia") por diferenças humanas que podem estar presentes nos mitos fundadores da nação, mas não exercem tradicionalmente papel ativo no jogo da cidadania.

No Brasil, principalmente a partir dos anos de 1970, jovens negros, muitos deles mobilizados pelo movimento negro norte-americano, passaram a reivindicar uma identidade cultural própria, em oposição ao padrão sincrético e único dominante. Mas ao mesmo tempo ficava patente a dificuldade de se construir aqui algo semelhante ao que nos Estados Unidos se designa como "política de identidade". A fragmentação etnocultural norte-americana, que torna possível o quadriculamento ou mesmo a "guetização identitária", não se verifica num país racialmente mais transigente, como o Brasil.

Um dos itens da política de identidade é a "política afirmativa" (regime de cotas nas universidades, empresas, mídia etc.), para dar oportunidades sociais aos cidadãos de "segunda classe". Essa política, existente há décadas nos Estados Unidos, passou a ser timidamente discutida no Brasil em meados dos anos de 1990.

Essas discussões são o reflexo político-social do questionamento da identidade etnocultural única, da certeza quanto a uma única e sincrética identidade brasileira. Esta "certeza" é fato exclusivo de ideologia do Estado ou de discursos elitários, tanto de acadêmicos como de jornalistas, quando se dispõem a denegar a diversidade cultural, na tentativa de aprisionar as singularidades num único lugar simbólico. A palavra "sincretismo" serve em geral como um biombo "harmônico-pluralista" para esconder a realidade da discriminação.

Assim, argumenta-se: "Nossa cultura é sincrética [...] é uma cultura ocidental, influenciada pela África, com pouquíssimas contribuições indígenas [...] não existe, com efeito, cultura negra autônoma no Brasil, se a palavra 'cultura' significa uma língua, uma sintaxe, uma cosmovisão, uma religião particulares. O que existe são traços culturais de origem africana que se fundiram na cultura geral do país. Qualquer brasileiro dança o samba, e o mais germânico dos habitantes do Sul come pratos afro-brasileiros"[12].

---

12. HÉLIO. J. "Une société sans a-priori". *Le Monde des Débats*, out./1994.

Noutro contexto, em que se discute a conveniência de instalação de um congresso constituinte para realizar reformas políticas, um professor de Direito Constitucional manifesta sua posição contrária, com este argumento dentre outros: "Os meios de comunicação, por sua vez, dão grande alarido ao que se passa nessa assembleia, que acaba por tornar-se uma passarela para o vedetismo. Todas as minorias querem-se fazer presentes. Lembremo-nos dos índios fazendo grande sucesso junto dos constituintes, com seus cocares fantasiosos. Isso para não desfiarmos todas as minorias que procuram marcar presença na futura carta. É por essas e outras razões que um novo congresso constituinte seria um desastre"[13].

Clichês e preconceitos desta natureza – na realidade, elementos de uma vulgata do velho pensamento identitário, geralmente destinada à reprodução pelos meios de comunicação de massa – ocultam a evidência do pluralismo social, cultural e econômico, assim como da exclusão do povo americano no espaço da modernidade globalizada.

E não é apenas o caso da América do Sul. Na América Central de hoje, os camponeses, descendentes dos maias, acreditam que ainda estejam sofrendo as consequências diretas das conquistas, que estas ainda não terminaram. No México, camponeses revoltados reivindicam a identidade asteca.

O fato é que a tomada original das terras prolonga-se na distribuição nacional dos campos de cultivo, açambarcados pelas elites estamentais e, hoje, por empresas multinacionais. Há uma evidente continuidade entre os colonizadores de outrora e o patriciado de hoje, apesar da diversidade histórica em que se constituíram – no interior de uma economia internacional

---

13. BASTOS, C.R. "Constituinte, não; revisor, sim". *Folha de S. Paulo*, 13/09/1997.

estruturada a partir de relações entre colonizadores e colonizados – as nações latino-americanas.

Na prática política, a identidade oficial tem servido às ideologias nacionalistas que sustentam a definição pelo Estado de sua "comunidade sonhada", isto é, da nação. Na prática ideológica *stricto sensu*, tem servido à ocultação da heterogeneidade étnica e cultural. Na prática econômica, serve ao modelo de organização socioespacial conduzido pelas forças do Estado e do mercado em função das estratégias exclusivamente macroeconômicas (sem políticas flexíveis de desenvolvimento) para que o desenvolvimento nacional seja normalmente tratado como fenômeno apenas "econômico" ou "espacial", portanto abstrato com relação à diversidade dos níveis de vida ou à especificidade do território.

Desse modelo vale-se, por exemplo, o Banco Mundial para legitimar algo como uma "teoria do capital humano", ao avaliar diferencialmente a morte de indivíduos por poluição atmosférica. Segundo tais critérios, os indivíduos são "unidades de capital humano que produzem bens e serviços para a sociedade", em que o valor de cada unidade "equivale ao valor presente de uma produção futura na forma de renda que poderia ter sido gerada se o indivíduo não tivesse morrido prematuramente"[14]. Nos termos desta lógica estritamente econômica (exclusivamente orientada pela relação custo/benefício), a vida de um cidadão de uma região rica e industrializada, capaz de proteger-se da poluição, vale necessariamente mais do que o de uma região pobre.

Modelos dessa natureza, economicistas e abstratos com relação à singularidade do vivido territorial, que vêm seduzindo

14. Cf. "Dissemination Notes". *Environment*, set./1993 [Boletim interno do Banco Mundial].

nesta virada do século a mentalidade do estamento dominante, hoje cada vez mais integrado por elites tecnoburocráticas. As elaborações em torno do caráter nacional, à maneira de Gilberto Freyre ou dos clichês popularescos em torno da "malandragem" vêm sofrendo erosão contínua junto aos círculos intelectuais, embora ainda se recorra com frequência à argumentação do sincretismo ou da mestiçagem.

Há motivos "globalistas" por trás disso tudo. Na onda da Terceira Revolução Tecnológica, recursos naturais e mão de obra barata (em outros termos, a esfera dita "povo") tendem a desvalorizar-se, ao mesmo tempo em que as velhas elites nacionais são atingidas de fora para dentro pelo movimento transnacional que se sobrepõe às fronteiras soberanas e, internamente, por transferências patrimoniais atuantes em novas composições do estamento dirigente (financistas, empresas transnacionais, tecnoburocratas controladores de fundos de pensão e de investimentos em setores tecnológicos de ponta).

O povo, base da comunidade política tradicional, torna-se descartável na ótica hegemônica do mercado. O Estado, que no passado pôde desempenhar, ainda que precariamente, um papel de regulação das tensões entre o nacional e o estrangeiro, converte-se pouco a pouco num canal poderoso do mercado externo. No Brasil, desde o início do fim do ciclo econômico de substituição de importações (processo assegurado pelo regime militar) e que pode ser datado como início da década de 1970, perfez-se a hegemonia das elites industriais sobre as agrárias. O pensamento elitista da identidade nacional começa, assim, a afastar-se do território – que inclui povo e natureza –, voltando-se para valores transnacionais, advindos do "Outro", definido como centralidade hegemônica do capital.

Registra-se, na virada do milênio, algo semelhante ao ocorrido no último terço do século XIX, quando as elites faziam um grande esforço de europeização a título de resgate salvífico de sua identidade pessoal e coletiva. No final do século XX, a globalização do mundo funciona como uma espécie de parusia laica da pequena burguesia. Decaem, uma vez mais na história, os discursos de valorização do território nacional e suas riquezas (minérios, rios, florestas etc.), cujo ponto alto no pós-guerra foi a campanha pela nacionalização do petróleo.

Provém da nova visão hegemônica globalista a imposição às nações terceiro-mundistas de um crescimento econômico guiado pelo mercado exportador, baseado na industrialização seletiva. Ou seja, cabe a cada país a chance cada vez mais remota de adequar-se a um pequeno espaço deixado em aberto para a exportação dentro da economia global. Kurz chama este espaço de "nicho" e, mesmo, "buraco de rato"[15]. Para ele, o nicho só é adequado a países de território e população reduzidos (a exemplo das cidades-Estado do Sudeste Asiático). Quanto menos "povo", melhor. E neste contexto tende a esvaziar-se a questão da identidade nacional.

Quando conveniente, entretanto, um estamento dirigente pode suscitar a questão identitária, apelando para a identificação com o estrangeiro hegemônico, isto é, para o unidimensionalismo econômico, para a historiografia das conquistas, da colonização, dos deslocamentos populacionais ou para a geografia política orientada pela administração estatal.

Na realidade, os modelos identitários oficiais estão dissociados da configuração histórica das classes economicamente subalternas e de suas singularidades culturais. A entidade que

---

15. Cf. KURZ, R. *Folha de S. Paulo* – Caderno Mais, 01/12/1996, p. 11.

habitualmente se denomina como "povo" (formalmente vista como uma "comunidade" submetida às fronteiras e à lei comum do Estado) é um amálgama especial de heterogeneidades econômicas, sociais e fenotípicas (de 70 a 80% da população nacional), para além do classificável pela forma-quantidade ou pela forma-função.

Alguma percepção disso teve, décadas atrás, o político e publicista brasileiro San Tiago Dantas, uma das personalidades públicas mais eminentes no pós-guerra. Em meados dos anos de 1950, num debate público sobre a educação nacional, Dantas refutou argumentos que defendiam uma educação exclusivamente europeia e norte-americana para a elite brasileira, reivindicando uma formação que incorporasse o conhecimento universal, mas voltada para a especificidade territorial. Pronunciou então uma frase polêmica: "O povo como povo é melhor do que a elite como elite" (segundo alguns) ou "O povo é melhor do que a elite" (segundo outros).

Nesse pensamento ressoava uma posição contrária à difusão de mitologias para o povo, fabricadas pelas classes dirigentes – no mesmo espírito da política de construção de ilusões para a plebe já insinuada pela ideologia patrimonialista desde o *Livro da virtuosa benfeitoria* – e consolidadas por um sistema educacional herdado sem grandes modificações do período colonial e escravagista. Ao culturalismo enredado no essencialismo identitário, deveria suceder uma educação afinada com o real-histórico nacional, suas modulações políticas, administrativas, econômicas e culturais.

Na posição de San Tiago Dantas ou em outras análogas, repercute a suspeita de que os intelectuais orgânicos do estamento dirigente bateram-se quase sempre por mitologias identitárias em vez de por uma cultura educacional adequada ao país. Mas ainda há um elitismo na afirmação de Dantas, que não deixa de suscitar uma questão: Se o povo é melhor do que a elite, por que esta diz e repete a sua superioridade?

É forçoso também observar que as mitologias identitárias ainda davam lugar a um discurso leniente ou benigno para com o povo nacional. Em *Caminhos e fronteiras*[16] fica patente que os antigos paulistas foram verdadeiramente civilizados por silvícolas (e não o contrário), esses mesmos que o discurso oficial relega à "pré-história". Demonstra historiograficamente Buarque de Holanda que a adoção em larga escala dos recursos indígenas de aproveitamento do ambiente natural para a subsistência deram aos colonos brancos as condições de permanência e de expansão nos sertões brasileiros.

Com efeito, das nações dos parecis, terenas, guaianás, caingangues, tupinambás, caiapós e outras vieram as técnicas apuradas de agricultura, de localização de poços d'água, de cartografia florestal, de tecelagem, de pesca, assim como os ensinamentos sobre farmacopeia natural, alimentação e higiene compatíveis com o território. A historiografia é taxativa: os naturais da terra ensinaram aos europeus as regras de asseio do corpo (é sabido que alemães, franceses, belgas tinham imensas dificuldades com a limpeza corporal) e da comida sadia. A implícita afirmação dos indígenas como civilizadores no sul do país, feita por Buarque de Holanda, tem como contrapartida, no Nordeste, a obra de Freyre.

São posições ideologicamente favoráveis à ideia positiva de povo brasileiro, tornadas possíveis dentro de um contexto histórico em que as elites ainda acreditavam e eventualmente se batiam pelo desenvolvimento endógeno do país. A reinter-

16. HOLANDA, S.B. *Caminhos e fronteiras*. José Olympio, 1975.

pretação transigente e "cordial" da forma social ibérica, caracterizada pelo patrimonialismo de que fala o *Livro da virtuosa benfeitoria*, só tinha vigor histórico numa dimensão política em que povo ainda podia ser valorizado como base ideológica do poder de Estado.

Por outro lado, sob o influxo de uma "cultura global" informe, cada vez mais indiferente ao lugar e ao tempo, impulsionada pelo cosmopolitismo transnacional dos meios de comunicação, as elites nacionais tendem a abrir mão do pacto simbólico implícito que as levava a valorizar formas populares de criação. Isto se evidencia no reaparecimento público de pronunciamentos elitistas, às vezes francamente racistas, por parte de intelectuais individualizados ou "coletivos". Exemplo: um editorial jornalístico exalta a elite por ter "marca superior à média da sociedade", designa como promiscuidade de valores a "recepção social aos camarotes em desfiles de escolas de samba, a sacralização do futebol como manifestação de patriotismo, os espetáculos de sincretismo religioso e exibicionismo social" e aponta como "marco na involução cultural carioca" o fato de a cantora (negra) Clementina de Jesus ter aberto o calendário artístico do Teatro Municipal em 1983[17].

Como se pode ver, atribui-se elitariamente a mediocrização gerada pela cultura de massa das últimas décadas a manifestações culturais ou simbólicas (inclusive o fato religioso) de origem popular. No entanto, ainda se aproveita uma certa parte vazia das mitologias identitárias do passado. Se é certo que estas já se enfraqueceram nos círculos acadêmicos ou elitários, não é menos certo que continuem exercendo efeitos junto aos meios de comunicação de massa, os novos "intelectuais coletivos" das

---

17. Cf. "Editorial". *Jornal do Brasil*, 25/01/1998, p. 8.

classes médias. Impulsionados pelo mercado, que vem substituindo o Estado enquanto agente produtor de hegemonia e consenso público, os meios de comunicação de massa debilitam a questão identitária, relegando a segundo plano a temática do "nacional", a não ser quando reaproveitam estereótipos folclóricos, esteticamente passados a limpo.

No entanto, o compromisso globalista da economia e da cultura de um país, a exemplo do Brasil, enfraquece, mas não põe fim à questão do propósito nacional comum. Este não é apenas político, mas também ético, porque implica obrigação e parceria, isto é, responsabilidade mútua, num novo contexto de produção em que desemprego e concentração de renda são característicos dos modelos sociais emergentes e também num novo contexto social em que atravessam crise aguda os investimentos para a produção da demanda – isto é, investimentos em educação e saúde – e evidenciam-se as dificuldades de massificação dos serviços públicos.

O problema da discriminação identitária permanece, assim, como uma questão eticopolítica importante. Pesquisas recentes sobre o papel da imprensa mundial na reprodução do racismo têm chegado à conclusão de que instituições e grupos da elite branca dominante, inclusive a maior parte dos meios de comunicação, podem ser aliados próximos na reprodução da desigualdade étnica[18]. No Brasil, como não se toca mais publicamente na "questão nacional" (levantada em 1822, 1888 e 1930), a temática identitária foi abandonada pelas elites dirigentes e retomada por "comunidades" setoriais (negros, índios, mulhe-

---

18. Cf. DIJK, T.A. *Elites, Racism and the Press* [*Paper* apresentado no Congress of the International Association of Mass-Communication (IAMCR). Brasil, 16-21/08/1992.

res, homossexuais etc.). Na imprensa, apenas eventualmente o problema da discriminação é aflorado, mas sem compromisso de causa, daí as acusações de conivência na reprodução de formas discriminatórias.

Essa reprodução começa pela denegação do racismo, "habitualmente considerado coisa do passado e não mais relevante para a caracterização de relações étnicas ou raciais na Europa, Estados Unidos e outros países europeizados"[19]. Em seguida, envereda pela componente da cognição social, que trata de atitudes, modelos de pensamento e conhecimento, normas e valores compartilhados pelos grupos hegemônicos. Embora venha decrescendo na mídia a força dos estereótipos discriminatórios, as condições de representação da identidade étnica ainda são estabelecidas por um padrão branco-ocidental que circula, com pequenas variações e adaptações locais, entre as elites da Europa, Estados Unidos e América Latina.

Na cena contemporânea dos signos e dos discursos da tecnocultura comunicacional, a dimensão simbólica e cognitiva dos processos identitários permanece orientada por um "ego" hegemônico e eurocêntrico. Neste aspecto, os meios de comunicação podem revelar-se sucessores adequados do dispositivo patrimonialista de construção de ilusões para as massas, insinuado desde a Idade Média pelo *Livro da virtuosa benfeitoria*.

---

19. Ibid., p. 2.

Parte 2

O campo da singularidade

Os dedos não são iguais.
Provérbio nagô

Y bien, ahora os pregunto: no véis estos tambores em mis ojos?
Nicolás Guillén

4
O individual e o comum

"Vamos supor que eu represente como luz o entendimento que pensa a realidade, e o represente também como escuridão, na medida em que ele suprima a realidade: assim pode-se pensar a determinação geral ou como uma entrada e saída de luz das trevas, ou as trevas como pura delimitação da luz universal; e deste modo as coisas distinguem-se entre si pura e simplesmente pela sombra, com a realidade única e universal lhes servindo de base e sustentação. No caso contrário, todas as coisas distinguem-se apenas através da luz, como se se tratasse de uma delimitação e, em parte, até de uma negação da totalidade abrangente que lhes serve de base e sustentação, ou ao contrário se trata de uma introdução singularizante do real num nada antes reinante"[1].

Em outras palavras, a parte constitui o todo ou é por ele constituída?

É possível cotejar essa discussão – de Kant com Baumgarten– com a que se trava em torno da dicotomia entre cultura (aqui entendida como "ordem" do grupo, mesmo sabendo-se que cultura não é um corpo estável e fechado de representações, e sim um conjunto de repertórios aberto a empréstimos e transferências de sentido) e indivíduo. Na primeira hipótese kantiana (onde o entendimento equivale a um jogo de sombras, com

---

1. KANT, I. *Reflexionen*.

a realidade ao fundo), a cultura (como entendimento grupal da realidade) resulta de um jogo tensional entre indivíduos e seu mundo. Cada termo cria simultaneamente o outro.

Na segunda hipótese, rejeitada por Kant, a cultura (o grupo) resultaria da luminosidade original dos indivíduos sobre um fundo indiferente, que é a escuridão: estrelas brilhando num céu absolutamente neutro. O indivíduo seria aí uma unidade ontológica autônoma diante da cultura ou da Razão, como expressava a ideia do contrato social.

A primeira hipótese sugere a superação da dicotomia indivíduo/grupo (ou cultura) ou então, no plano da subjetividade, a dicotomia realidade psíquica/realidade externa. O pensamento freudiano acompanha este raciocínio. Por exemplo, ao discorrer sobre as fontes do sofrimento humano, Freud assinala que "se refletimos sobre o deplorável fracasso, precisamente nesse domínio, de nossas medidas de preservação contra o sofrimento, começamos a suspeitar de que aqui, mais uma vez, dissimula-se alguma lei da natureza invencível, e que se trata desta vez de nossa constituição psíquica"[2].

Na ideia de constituição psíquica, Freud inclui a força do grupo social. Nesta e em várias outras partes de sua obra, ele estabelece que as bases de sustentação da vida psíquica individual assentam-se num solo mais forte que o de cada indivíduo singular – o da pluralidade instituída, ou seja, o grupo. O todo grupal, em suas várias modalidades (da massa indiferenciada à família) cria as condições para a instauração do sujeito como singular. O que se chama de "sujeito humano" é a realidade discursiva para a concepção (metafísica) do homem como suporte de atributos fixos ou estáveis, detentor, na Modernidade, de

2. FREUD, S. *Mal-estar na cultura* (1930). Imago, p. 32-33.

uma "natureza" indivisível e única. Tal sujeito representativo do indivíduo é criação do humanismo renascentista, da Reforma, do Iluminismo, do idealismo filosófico.

Na verdade, a constituição psíquica do indivíduo depende da força de continuidade do grupo, de modo que cada indivíduo configura-se como "lugar" num território ao mesmo tempo singular e social, sempre investido de um desejo ancestral (familiar) de continuidade da espécie. A ética, discurso ortoestrutural da cultura em sua originariedade, é precisamente a linguagem desse desejo. Nela ressoa o eco das "vozes" fundadoras e preservadoras do grupo.

Em outras palavras, a individuação do sujeito dá-se tanto no plano biológico (superação da fragilidade física do recém-nascido pelo crescimento, pela maturação) quanto no plano de sua inscrição numa ordem simbólica (visualizável na cultura, na ética), que implica uma socialização aberta à variedade das organizações sociais.

Socialização não significa a entrada do indivíduo pronto numa ordem "coletiva" acabada. Socialização não é coletivização, mas a própria condição de constituição do indivíduo e do coletivo. Retomando-se a metáfora kantiana: a coisa singular (o indivíduo) é sempre, ao mesmo tempo, a totalidade abrangente que lhe serve de base, mas necessariamente entendido (pelo jogo de sombras) como um recorte pluralizado. É o que Hegel chama de universal concreto, responsável pela dinâmica de construção das identidades.

O grupo, ou a cultura, é imanente ao indivíduo, mas este reencontra-se no grupo. O subjetivo é também transubjetivo. Isto não quer dizer que o grupo ou a cultura tenha uma "personalidade" equivalente à do sujeito individualizado (enunciável em sentenças do tipo "os nortistas são lentos, os sulistas são rápidos") nem que mecanismos coletivos definam-se perfeitamente em indivíduos ("os orientais agem sempre em bandos"). Quer dizer, sim, que as duas dimensões, a individual e a grupal, interpenetram-se e constituem-se dialeticamente, distinguindo-se no tempo oportuno enquanto função. Isso vale para grupos e indivíduos de qualquer latitude civilizatória.

Isso é algo a ser sempre acentuado, porque a mentalidade ocidental costuma desconhecer a individualidade dos outros membros da espécie humana, tratando-os como coletividades ou grupos – etnias, raças, comunidades etc. O comportamento de um africano é explicado a partir de dados socioantropológicos sobre a sua "etnia" ou sobre as supostas particularidades de sua comunidade cultural. A dimensão singular ou individual se esvanece.

Mas quando se trata de avaliar negativamente os aspectos "outros" (estranhos ou inaceitáveis para a consciência ocidental) de outras coletividades ou culturas, o julgamento costuma individualizar o coletivo. Assim, o fenômeno da possessão ou transe mítico-religioso é julgado como a ação de um indivíduo perturbado. Desaparece aí a dimensão coletiva do costume.

Em certos contextos discriminatórios, o sujeito pode ser reconhecido como indivíduo, mas não como pessoa. De fato, pessoa humana é a existência definida pela relação que liga uma individualidade a outra, pelo ingresso do indivíduo num universo relacional ou comunicacional organizado por condições canônicas de uso ou hábito. Podemos chamar esse universo de ética ou cultura: O estatuto da pessoa é, portanto, de natureza metafísica – dado pelos costumes, pelas crenças, pelas leis, pelo espírito. O homem nasce indivíduo, mas se torna pessoa.

É certo que a distinção entre indivíduo e pessoa tem-se dado no quadro do pensamento tradicional do Ocidente sobre a subjetividade, isto é, sobre o modo de ser do sujeito separado do objeto, da vida exterior, e limitado a uma interioridade protegida pela carapaça do ego. Ao indivíduo, as doutrinas identitárias atribuem traços de estabilidade e permanência; à pessoa, a labilidade das identificações. Por isso, não falta hoje quem, a partir da crítica desconstrucionista da identidade, recuse a procedência teórica da distinção.

Mas também não falta quem sugira a reconversão da noção de indivíduo "em modelo do invariante biológico, em protótipo da espécie humana e em medida de complexidade cultural máxima, deixando à noção de pessoa o cuidado de exprimir a unicidade "individual"[3].

É raramente clara, porém, a percepção de que o indivíduo/ pessoa pertence ao grupo tanto quanto a si próprio – apesar da distinção entre o indivíduo biológico singularizado (o eu) e o indivíduo social (o mim) – pois ser indivíduo ou ser grupo equivale, na verdade, a uma função no trabalho de estabelecimento de limites ou de determinação de identidades (que nos dão a conhecer a ampla dimensão do homem) em face da vasta diferenciação do fenômeno humano. Por isso, é a identidade um processo histórico (e não natural), isto é, tensional e contraditório entre o singular e o universal.

Nenhum indivíduo dá conta de todas as circunstâncias de sua individuação. Isto é, não instrumentaliza racionalmente nem responde, no nível da plena consciência, por todo o conjunto de fatos reais que o constitui (o conceito freudiano de inconsciente é uma ferida na pretensão de visibilidade ou transparência absoluta do sujeito). Mas pode sentir essas circunstâncias.

---

3. BLONDIN, D. *Les deux espèces humaines* – Autopsie du racisme ordinaire. La Pleine Lune, 1994, p. 282.

A ideia de grupo impõe-se como a de um outro "lugar", onde o indivíduo sente pluralmente. No grupo ou em sua cultura, pode-se ter a percepção de estruturas globais, experimentar sensações de totalidade, pois, sendo ele a forma que dá substrato à tensão luz/trevas, é uma fonte permanente de excitações. Polimorfa, a organização grupal contém os mais diversos modos de funcionamento psíquico e o horizonte das modulações existenciais dos indivíduos. Por isso, pode alguém dizer, como Jacques Lacan, que o "coletivo" (leia-se também: o grupo) é "o sujeito do individual".

Importante é ter em mente que a parte, o individual, a espécie, o singular não se separam, enquanto diferenças, do todo, do grupo, do gênero, da natureza comum ou universal. Singular e comum são duas faces de uma mesma moeda ou de um mesmo movimento, que se encontram no instante de geração de um ser qualquer.

Um ser singular, diz Agamben, é um "ser qualquer", na acepção dada pelos latinos a *quodlibet ens*, isto é, o ser tal e qual existe, indiferente ao conceito ou a uma propriedade comum. "Qualquer" significa "a coisa com todas as suas propriedades"[4], tal e qual existe ou tal e qual tem lugar (acontece). É uma singularidade – e não uma identidade. Na metáfora kantiana, o cintilar das estrelas, a alternância entre claridade e escuridão permite a visualização do movimento de passagem do singular ao comum.

O modo de passagem de um lado a outro da moeda ou de um instante a outro da cintilação é indicado pelo conjunto dos usos e costumes ou de condições gerais de existência/morada

4. Cf. AGAMBEN, G. *La communauté qui vient* – Théorie de la singularité quelconque. Seuil, 1990, p. 25.

num grupo social. A este "conjunto", os gregos chamavam de *ethos*. Uma simples alteração fônica na primeira vogal faz com que a palavra passe a significar "caráter", e daí parte Aristóteles para precisar o entendimento de "ética", isto é, da linguagem originária de preservação do grupo, reguladora e limitadora dos usos e costumes, organizadora do caráter.

Toda ética implica virtualmente uma práxis (do grego *pratto* ou *prasso*, que diz "agir", fazer uma ação dirigida a um bem, mas igualmente fazer algo em favor de alguém ou de si mesmo e "negociar"), ou seja, uma ação imanente pela qual o sujeito se transforma. Está referida a deliberações, aconselhamentos ou juízos relativos a escolha e ação com vistas ao bem-fazer e bem--agir e, nesta função, é um operador do trânsito da consciência entre o geral e o particular, o grupo e o indivíduo.

Enquanto ação grupal e imediata, ética é comumente entendida como vigência do costume, ou regra "prática" para a configuração de valores da vida institucional dentro da civilidade organizada (*polis*). Esse costume pode ultrapassar a condição de ato puramente imitativo do agir tradicional (*ethos*) e alcançar a dimensão da *hexis*, que é o hábito enquanto ação de liberdade prática, ou seja, ação virtuosa e transformadora do agente.

Enquanto *episteme* (na tradição do pensamento ocidental), a ética tem implicado reflexão sobre os princípios que regem os valores e as escolhas práticas (no sentido kantiano de decisões atinentes à consciência moral) do cidadão em seu empenho de boa experiência política ou ainda a interrogação sobre os limites do costume (portanto, a possibilidade de abertura do agir humano) com vistas à plena realização da humanidade do sujeito. O postulado ético é de que o indivíduo, em sua liberdade, institui a ordem que o constitui. Não se trata, portanto, de uma ciência dos costumes ou mesmo de uma simples filosofia moral, mas de uma ontologia, uma teoria do ser, que especula sobre os fins humanos e sobre os meios para se atingi-los.

Seja como costume, práxis ou *episteme*, ressoam na ética as múltiplas vozes de uma comunidade "política" (daí, o espírito de "rebanho" que Nietzsche ironicamente identifica com a moral) onde o comum e o singular são indiferentes. Para constituir cada um dos membros da comunidade como sujeitos do desejo comum de continuidade, essas "vozes" investem-se da imagem do bem (o ponto para onde convergem as forças de ordenamento da comunidade) e, nesse mesmo movimento, constroem a representação do que será experimentado como negatividade disruptiva ou o mal. Bem e mal não precedem o discurso ético – são por ele constituídos.

Ficção e vozes múltiplas

A ficção literária é lugar privilegiado para o escrutínio da ética conformadora de consciências, quando incorpora aos textos, por meio de acontecimentos e tradições, as múltiplas formas da historicidade comunitária. O texto é cena das vicissitudes da representação e das ideologias identitárias. A ele pode associar-se a ideia deleuziana de "personagem conceitual"[5] como aquele operador de movimentação que descreve "o plano de imanência do autor e intervém na própria criação de seus conceitos"[6].

É preciso ter sempre cautela nas apropriações que se venham a fazer de um pensamento filosófico, uma vez que os conceitos da filosofia não são instrumentos analíticos da realidade, e sim vetores ou matrizes que costumam jogar com regras autorreferentes na iluminação particular que fazem do real. Mas

5. DELEUZE, G. & GUATTARI, F. Op. cit., p. 60-81.

6. Ibid., p. 62.

do mesmo modo que os personagens conceituais de um pensador como Nietzsche (Dioniso, Zaratustra, Cristo e outros), os personagens estéticos da literatura exprimem pensamentos e atitudes por meio de afetos e reflexões ideologizadas. Stendhal é um bom exemplo da presença filosófica na literatura.

Com essa compreensão, é possível falar de um "personagem identificatório" no romance brasileiro. Não é a mesma coisa que um tipo psicossocial, porque não se limita a tornar visível a realidade de um território, e sim a manifestar um território de pensamento, com vistas a uma identidade problemática.

Tal personagem aparece na narrativa designada por Antonio Cândido como "literatura de incorporação" que, no Brasil, abrigava a análise histórica, sociológica e um eticismo próximo à noção bergsoniana de "moral aberta", isto é, uma narratividade ética permeável à invenção, a influências variadas. De fato, basta levar em consideração uma obra como *Os sertões*, de Euclides da Cunha. Ninguém sabe classificá-la exatamente – as definições variam de romance a ensaio crítico-histórico –, mas a realidade é que grande parte de sua força advém de suas sugestões ético-culturais sobre o ser nacional.

Diz Cândido: "Diferentemente do que sucede em outros países, a literatura tem sido aqui, mais do que filosofia e ciências humanas, o fenômeno central da vida do espírito"[7]. E mais adiante: "Ante a impossibilidade de formar aqui pesquisadores, técnicos, filósofos, ela preencheu a seu modo a lacuna, criando mitos e padrões que serviram para orientar e dar forma ao pensamento"[8].

---

7. CÂNDIDO, A. *Literatura e sociedade* – Estudos de teoria literária. Nacional, 1976, p. 130.

8. Ibid., p. 131.

Não é uma posição nova. Cerca de duas décadas antes de Cândido, Manoel Bonfim já descartava o discurso dos políticos do Segundo Império para a compreensão da realidade nacional, afirmando que toda aquela "parolagem" não valia nada em comparação com os textos de grandes escritores da época, a exemplo de Raul Pompeia e outros. Para Bonfim, os autores literários são verdadeiros "vértices de pensamento" num país onde não haviam despontado a ciência nem o pensamento filosófico[9].

9. Cf. BONFIM, M. *O Brasil nação* – Realidade da soberania brasileira (1931). Topbooks, 1996, p. 296.

5
Paradigmas éticos

Para se tomar contato com paradigmas (éticos) de subjetividade e intersubjetividade presentes na ficção literária brasileira, *Casa de pensão*, de Aluísio Azevedo, é um bom começo. O personagem Amâncio é paradigma da personalidade ou do modelo de consciência resultante da redução da família patriarcal extensa, na segunda metade do século XIX, à família nuclear ou liberal-privada.

Amâncio é o jovem que sai da província para estudar medicina na corte (Rio de Janeiro). O personagem encena a consciência individualista, em busca de uma potencialidade própria e liberada das obrigações para com o grupo familiar de origem. Modernizado, psicologicamente (e não moralmente) orientado, o afeto converte-se em "desejo", cujo horizonte é a afirmação social do sujeito-personagem no grande espaço urbano.

A província afigura-se como algo anacrônico (é o espaço dos costumes tradicionais, das ritualizações) e a corte como representação do elevado, do que se relaciona diretamente com a Europa, o *chic*. Casar com uma moça *chic* faz parte dos requisitos imprescindíveis à afirmação da individualidade civilizada e moderna de Amâncio. Dele fala outra personagem: "Seria uma pena que um rapaz tão perfeito não escolhesse uma noivinha *comme il faut* – bonita, instruída, que soubesse entrar e sair numa sala, conversar, fazer música, recitar, servir um almoço, dirigir uma *soirée*"[1]. A este modelo do *chic* feminino, Lima Barreto dirigiria depois (em *Vida e morte de M.J. Gonzaga de Sá*) palavras irônicas e duras.

Amâncio é, porém, sujeito-personagem de ambições, que deseja a corte e um título – o de doutor. Para obtê-lo não haveria quaisquer impedimentos de ordem moral. O título significava não a conquista de um saber, capaz de levar a uma habilitação profissional, e sim a um lugar de distinção social, reservado aos doutores. O desejo de titular-se como doutor, na realidade o desejo de legitimar-se individualmente como membro da classe dirigente na sociedade brasileira, organizava um modelo de consciência ainda hoje predominante.

A contrafação do diploma (o formalismo do título, que desconsidera a realidade do saber) e o *chic* francês transplantado sempre foram aqui fontes de poder. Isto é observado e criticado pelo personagem Isaías Caminha, de Lima Barreto: "Quantas prerrogativas, quantos direitos especiais, quantos privilégios, esse título dava! Podia ter dois e mais empregos, apesar da Constituição; teria direito a prisão especial e não precisava saber nada. Bastava o diploma"[2].

Principal recurso de legitimação das estratégias individualistas da consciência nacional, o diploma é também conotado como reparador de uma identidade eticamente negativa. Apreciada pelo olhar racista da cultura europeia transplantada, a parte da negritude ou da mestiçagem na identidade étnica do sujeito constituiria uma espécie de falha ética, um trauma grupal de nascimento. Daí a ironia de Isaías Caminha: "Ah, seria doutor! Resgataria o pecado original do meu nascimento hu-

---

1. AZEVEDO, A. *Casa de pensão*. Martins, 1954, p. 123.

2. BARRETO, L. *Recordações do escrivão Isaías Caminha*. Ed. de Ouro, p. 47.

milde, amaciaria o suplício premente, cruciante e omnímodo de minha cor... Nas dobras do pergaminho da carta, traria presa a consideração de toda a gente"[3].

Essa narrativa que incorpora ou acompanha a dimensão sócio-político-ideológica da época reflete com muita crueza as dificuldades de convivência relacional e psíquica causadas pelo compromisso étnico com o grupo de escravos e seus descendentes. Por trás dele existe a história multissecular da acumulação de juízos preconceituosos e protorracistas sobre o africano, o indivíduo de pele escura ou qualquer outro do europeu. Um comentário de Ernest Renan, autor bem conhecido pela elite brasileira do passado, deixa tudo bem claro: "A natureza fez uma raça de operários, é a raça chinesa [...], uma raça de trabalhadores da terra, é o negro [...], uma raça de senhores e de soldados, é a raça europeia"[4].

Como se sabe, desde o início da escravidão moderna, o homem negro é aquele obrigado a realizar o desejo de outrem – o senhor. Na prática, cumprir a vontade alheia é sujeitar-se à imprevisibilidade das representações que possam advir do descontrole ético das tarefas. Assim, o negro passa a ser representado ora como "negro bom" (em geral, infantilizado, subserviente, sorridente, nos termos da representação social do "bom selvagem" de Rousseau), ora como "negro mau" (animalizado, homicida, impiedoso, mais ou menos conforme os traços do selvagem Caliban, personagem shakespeareano de *A tempestade*).

A historiografia mostra como o lado demoníaco do senhor podia ser assumido por seu escravo negro. Além do trabalho cotidiano considerado indigno para o senhor, o escravo podia ser

---

3. Ibid. p. 45.

4. Cf. TODOROV, T. *Nous et les autres* – La réflexion française sur la diversité humaine. Seuil, 1989, p. 134.

utilizado para encargos legal e eticamente condenáveis, como o assassinato, a tortura, a prostituição etc. Desenvolve-se deste modo, ao longo dos tempos, uma imagem sombria e desfavorável que se incorpora às representações intelectualizadas e, subsequentemente, ao senso comum das populações de cor clara.

Quando um filósofo da estatura de Hegel afirma que os negros não têm moral, nem religião, nem instituições sociais e que por isso não podem chegar à "consciência de si", está apenas reproduzindo ideologicamente, sem qualquer fundamento antropológico, uma tradição de clichês identitários, já presentes em Kant. Para sustentar que "os negros não são capazes de desenvolvimento ou de cultura", diz Hegel: " O que nós entendemos propriamente por África é o espírito não histórico, não desenvolvido, ainda envolvido nas condições de simples natureza e que tinha de ser apresentado aqui apenas no limiar da história do mundo"[5].

Especulações dessa natureza são retomadas e reproduzidas por instituições de regulação ética da vida social, a exemplo da escola e da Igreja. No Brasil, a Igreja Católica, além de seu passado escravagista, sempre sustentou posições caras ao racismo doutrinário. Em 1894, quando a cearense Maria de Araújo, a "Beata Mocinha" dos sertões nordestinos, foi condenada pelo Vaticano por seus fenômenos místicos (em transe, vertia sangue da boca sobre a hóstia), o argumento da Sagrada Congregação da Inquisição Universal era de que a religiosa, parceira do legendário Padre Cícero, provinha "do cruzamento de duas raças desprezíveis" (o negro e o índio). Por isso, tinha "alma execrável".

Mostra a história que o racismo floresce no âmbito de ideologias nacionalistas, embora como fenômeno não se reduza a

5. HEGEL, G.W.F. *The Philosophy of History*. Nova York: Dover, 1956, p. 99.

elas e constitua um sistema de pensamento de trânsito fácil entre o grupo e o indivíduo, o universal e o particular. Diz Balibar: "O excesso que ele (o racismo) representa com relação ao nacionalismo, e logo o suplemento que lhe traz, tende ao mesmo tempo a universalizá-lo, a corrigir em suma a sua falta de universalidade, e a particularizá-lo, a corrigir sua falta de especificidade"[6].

Assim, além do mero pertencimento exacerbado a uma "comunidade nacional", o racismo implica uma filosofia da história ou uma historiosofia: "É uma filosofia que torna visível a causa invisível do destino da sociedade e dos povos, cujo desconhecimento dá conta duma degeneração ou da potência histórica do mal"[7]. No discurso racista, predomina o tom pessimista que acompanha a temática evolucionista a degradação de valores civilizatórios elevados e da identidade nacional.

Na verdade, o racismo tem a ver com o cerne cristão e imperial da cultura do Ocidente – não é, portanto, de se estranhar que sejam racistas grandes figuras do pensamento ocidental em épocas variadas, como Kant, Hegel, T.S. Eliot, Ezra Pound e muitos outros. A equação racismo = colonialismo é perfeita.

Na alvorada da consciência nacional brasileira, a narrativa romântica, que poucas vezes inclui o elemento negro, dá eco a estereótipos racistas transmitidos pelo discurso colonial da Europa[8]. Por exemplo, *O tronco do ipê* (1871), de José de Alencar, é um afresco das relações entre brancos e negros no Brasil escravagista. Gilberto Freyre descreveu-o como "romance

---

6. BALIBAR, E. & WALLERSTEIN, I. *Race-nation-classe* – Les identités ambigues. La Decouverte, 1988, p. 78.

7. Ibid., p. 79.

8. Cf. GOMES, H.T. *O negro e o Romantismo brasileiro*. Atual, 1988.

caracteristicamente de casa-grande aristocrática, com sinhás e mucamas, com ioiôs e negros velhos do tempo da escravidão, com barão, padre e até compadre..."[9]

Nesse romance, estão presentes os clichês do bom negro: "E o bom preto expandia-se em júbilo, mostrando duas linhas de dentes alvos como jaspe. Ser motivo de alegria para esse menino que ele adorava, não podia ter maior satisfação a alma rude, mas dedicada do africano"[10]; da animalidade: "Nada mais interessante do que ver o negro atlético dobrar-se ao aceno de um menino, lembrando um desses enormes cães da Terra-Nova que se deixam pacientemente fustigar por uma criança, mas estrangulariam o homem que os irritasse"[11]; do negro mau associado ao diabo: "A prova era que Benedito, sempre tido como bom cativo, dera ultimamente em ruim e até fujão"[12]; da infantilidade: "A linguagem dos pretos como das crianças oferece uma anomalia muito frequente"[13]; e assim por diante.

A identidade desse homem que na vida prática começava a ser representada pela marca a fogo que lhe imprimia na pele o seu dono podia terminar complexificando-se em classificações étnicas típicas da sociedade escravocrata. Um exemplo é a taxionomia traçada por Hipólito Unanue para a sociedade peruana: l) Branco e índio, mestiço; 2) Branco e mestiça, crioulo; 3) Branco e negra, mulato; 4) Branco e mulata, quarteirão; 5) Branca e quarteirão, quinteirão; 6) Branca e quinteirão, branco; 7) Negro e índia, chino; 8) Negro e mulata, jambo;

9. FREYRE, G. "Prefácio". In: ALENCAR, J. *O tronco do ipê*. José Olympio, 1955.

10. ALENCAR, J. Op. cit., p. 64.

11. Ibid., p. 66.

12. Ibid., p. 77.

13. Ibid., p. 64.

9) Negra e jambo, jambo preto; 10) Negro e jamba preta, negro; 11) Negro e china, negro[14].

No Brasil, a classificação corrente sempre foi: negros (boçais, ladinos e crioulos), mulatos (branco com negra), mamelucos (brancos com índias) e cafuzos (negros com índias). Nina Rodrigues mostrava que cada um destes grupos poderia subdividir-se, a exemplo dos mulatos: "a) Mulatos de primeiro sangue; b) Mulatos claros, de retorno à raça branca e que ameaçam absorvê-la de todo; c) Mulatos escuros, cabras, produto do retorno à raça negra, uns quase completamente confundidos com os negros crioulos, outros de mais fácil distinção ainda"[15].

Registram-se, além disso, variações regionais, como a de "cabo-verde" (Bahia), que designa a descendência de índio, branco e negro; caboclo, jambo etc. O pardo, por outro lado, representaria a convergência do mulato, mameluco e cafuzo. O próprio indivíduo branco ou muito claro é percebido como uma especificidade antropológica, a ponto de Nina Rodrigues ter proposto a expressão "branco crioulo", para distingui-lo do europeu.

As classificações sempre variaram de uma região para outra e em geral não passavam de construções do arbítrio teórico, com mais realidade no papel do que na vida cotidiana. Mas não deixavam de ter um lado operativo porque explicavam a noção hispano-americana de "salto para trás", isto é, o aparecimento, depois de várias gerações, de um filho menos claro que os demais na família. Serviam também para dar curso ao desejo de burlar a hierarquia sociorracial, que favorecia a ascensão na escala social por meio de outras identificações étnicas. Assim é que, frente ao negro, o mulato podia eventualmente impor-se

14. Cf. CRESPO, A.R. *Esclavos negros en Bolivia*. Juventud, 1995, p. 36.

15. RODRIGUES, N. *As raças humanas* (1894). Progresso, 1957, p. 85.

como branco. Sempre existiu, por outro lado, uma tendência à autodefinição no que diz respeito à própria cor: expressões como "alvo-escura", "chocolate", "roxo-morena", "sapecada" constam entre mais de uma centena de autodescrições de cor na Pesquisa Nacional por Amostra de Domicílios (Pnad) de 1976.

São, de fato, variadas as estratégias discursivas para se tentar contornar a realidade de que, no Brasil, a invisibilidade social do indivíduo aumenta na razão inversa da visibilidade de sua cor. Ou seja, como o negro é cromaticamente mais visível que o branco, torna-se socialmente invisível, é um padrão identificatório recusável. Esses antecedentes eticamente negativistas, a associação entre a pele escura e o "mal", bloqueiam historicamente a introjeção pela consciência eurocêntrica de uma identidade plenamente "humana" do sujeito negro. A alteridade africana é conotada como fonte de debilidades físicas e morais.

Por isso, os desacertos e fraquezas morais do personagem Amâncio são atribuídos pelo romancista às circunstâncias (provincianas, tradicionais) de sua alimentação na infância: "O leite escravo, que lhe deu a mamar uma preta da casa". Contra isso havia se manifestado o médico da família (discurso modernizante em ascensão) com o argumento de que "esta mulher tem reuma no sangue, e o menino pode vir a sofrer para o futuro"[16]. Mas como o pai, tradicionalista, insistisse, a negra – "diziam que era uma excelente escrava: tinha muito boas maneiras; não respingava aos brancos, não era respondona; aturava o maior castigo sem dizer uma palavra mais áspera, sem fazer um gesto mais desabrido" – passou a aleitar Amâncio.

---

16. AZEVEDO, A. Op. cit., p. 31.

O aleitamento escravo era parte do modelo de criação dos filhos das classes dirigentes tradicionais do Brasil. Se por um lado incitava a sentimentos paternalistas ou mesmo sexuais para com os escravos e seus descendentes, por outro provocava uma espécie de "complexo de inferioridade territorial", que tinha de ser superado ou resgatado pelo diploma de doutor e por amores mais "nobres". Isto já é sentido por Amâncio na adolescência sexual: "As criadas da casa ou as mulatinhas da vizinhança já o enfaravam: era preciso descobrir amores mais finos, mais dignos, que nem só lhe contentassem a carne, como igualmente lhe socorressem as ânsias da imaginação"[17].

Se em certas narrativas fica mais marcado o aspecto ficcional do personagem, noutras este é capaz de refletir a vicissitude existencial do autor de pele escura. É o caso de Lima Barreto, um dos maiores escritores brasileiros que, em todos os seus livros, deixa transparecer aspectos autobiográficos dolorosos no que diz respeito à cor da pele. Nos personagens que repetem as dificuldades e os traumas da vida pessoal do autor, torna-se claro que a experiência da degradação e da humilhação passa de matizes brutais a sutis segundo a maior ou menor intensidade do escurecimento da pele do descendente de escravo. O chiaroscuro fenotípico sempre investe as relações intersubjetivas no território nacional.

Parte daí o sentimento de vergonha ou mágoa suscetível de levar à discriminação do ventre materno, como se dá com o personagem Isaías Caminha: "Embora minha mãe tivesse afinal morrido havia alguns meses, eu não tinha sentido senão uma leve e ligeira dor [...] Tinha feito chegar a mim uma espécie de vergonha pelo meu nascimento, e esse vexame me veio diminuir

17. Ibid., p. 37.

em muito a amizade e a ternura com que sempre envolvi a sua lembrança [...] julgava-me a meus próprios olhos muito diverso dela, saído de outra estirpe, de outro sangue e de outra carne"[18].

É esse trauma antropológico que leva o narrador em *Vida e morte de M.J. Gonzaga de Sá* a afirmar que "ninguém quer ser negro no Brasil". E uma frase semelhante aparece no *Diário íntimo*, quando o autor refere-se ao convite para visitar uma esquadra norte-americana: "Fui a bordo ver a esquadra partir. Multidão. Contato pleno com meninas aristocráticas. Na prancha, ao embarcar, a ninguém pediam convite, mas a mim pediram. Aborreci-me. Encontrei Juca Floresta. Fiquei tomando cerveja na barca e saltei. É triste não ser branco"[19].

A questão aparece às vezes como crítica conceitual: "A Europa, as universidades que por má-fé ou por desconhecimento primitivo, não direi do real, mas do fato bruto colhido pelos sentidos, deram agora para fazer teorias sobre raça, sobre espécies humanas etc. A coisa se estende, os interessados não são ouvidos, pois não têm uma cultura seguida, pois, se a tivessem, poderiam ter chegado a resultados opostos [...] Se no século XVII o que separava os homens de raças várias era o conceito religioso, há de ser o científico que as separará daqui a tempos... A benéfica ciência!"[20]

Este trecho é valioso sobretudo porque nele o escritor vislumbra o cerne do racismo doutrinário: a classificação "científica" das raças. Da cultura universalista europeia, de todo aquele que acredita na existência de raças – portanto, numa humanidade biologicamente partida – vem o racismo.

---

18. BARRETO, L. Op. cit., p. 237.

19. BARRETO, L. *Diário íntimo*. Brasiliense, 1956, p. 130.

20. BARRETO, L. *Vida e morte de M.J. Gonzaga de Sá*. Ediouro, p. 62.

Mas o sarcasmo não se faz esperar, pois são as prostitutas europeias que veiculam a cultura decantada pelas classes dirigentes: "Elas nos traziam as modas, os últimos tiques do *boulevard*, o andar *dernier cri*, o pendeloque da moda – coisas fúteis com certeza, mas que a ninguém é dado calcular as ações que podem operar na inteligência nacional. A sua missão era afinar a nossa sociedade, tirar as asperezas que tinham ficado da gente dada à chatinagem e à veniaga dos escravos soturnos que nos formaram; era trazer aos intelectuais as emoções dos traços corretos apesar de tudo, das fisionomias regulares e clássicas daquela Grécia de receita com que eles sonham [...] E a civilização se faz por tantos modos diferentes, vários e obscuros, que me parecem ver naquelas francesas, húngaras, espanholas, italianas, polacas bojudas, muito grandes, com espaventosos chapéus, ao jeito de velas enfunadas ao vento, continuadores de algum modo da missão dos conquistadores"[21].

Lima Barreto toca assim num ponto nevrálgico da ideologia identitária no Brasil: a "alta" cultura (europeia) – as modas, a beleza, os bons costumes, as letras – era um meio de "polir" a "aspereza" local. O polimento era branco, enquanto a aspereza (a pobreza, os maus modos) seria negra ou mestiça.

Às classes dirigentes pouco importava que esse polimento chegasse nas mãos de prostitutas. A elite configurava-se como o "doido amante / segue cativo o passo delirante / da grande meretriz", ou seja, o Brasil ironizado por Monteiro Lobato. Nada disso era relevante no teatro, no lírico, onde se celebrava a alta cultura musical ou teatral da Europa, para onde convergia "tudo que há de mais fino na minha terra". Diz Lima Barreto: "Era para brilhar ali que nós todos brigávamos, matávamos e

---

21. Ibid., p. 54.

roubávamos por sobre os oito milhões de quilômetros quadrados do Brasil"[22].

Mas o próprio escritor não escapava ao preconceito por cujas modalidades (esmagamento social do negro, discriminação policial, importância de se ter olhos azuis etc.) criticava a sociedade dominante. Ele próprio tinha seus preconceitos: "Eu tenho muita simpatia pela gente pobre do Brasil, especialmente pelos de cor, mas não me é possível transformar essa simpatia literária, artística, por assim dizer, em vida comum com eles, pelo menos com os que vivo..." (*Diário íntimo*).

Ou seja, mesmo batizando sua casa de "Vila Quilombo", criticando Machado de Assis e José do Patrocínio como "negros de alma branca" ou "lacaios", Lima Barreto viveu a ambiguidade identitária do cidadão de pele escura pressionado a usar, como indivíduo educacionalmente ascendente, uma *persona* branca. Morreu na "Vila Quilombo", sintomaticamente, abraçado a um exemplar da *Revue des Deux Mondes*, veículo das novidades literárias e artísticas europeias.

A angústia que passa pelo desejo latente de "reescrever" a própria origem está presente na obra de Lima Barreto assim como em personagens de outros escritores, a exemplo do mulato Raimundo, de Aluisio Azevedo, quando pretende casar-se com uma jovem branca e é rejeitado pelo pai da moça: "Se soubesses, porém, quanto custa ouvir cara a cara: "Não lhe dou minha filha, porque o senhor é indigno dela, o senhor é filho de uma escrava! [...] E como hei de transformar todo meu sangue, gota por gota?"[23]

---

22. Ibid., p. 76.

23. AZEVEDO, A. *O mulato*. Ática, p. 156.

No mulato, o ressentimento pela origem "traumática" é de certo modo uma continuidade do esvaziamento da identidade presente em escravos que viviam uma relação simbiótica com a família do senhor, a ponto de recusarem a alforria com que eram às vezes contemplados.

Vale o exemplo do personagem descrito por Machado de Assis como "preto de cinquenta anos, estatura mediana, forte apesar de seus largos dias, um tipo de africano, submisso e dedicado. Era escravo e livre". Narra Machado que, quando Luís Garcia herdou do pai o escravo, libertou-o imediatamente. Mas este, que amava o senhor como a um filho, ameaça rasgar a carta de alforria e permanece como único servidor da casa: "Foi dali em diante como um espírito externo do seu senhor; pensava por este e, refletindo-lhe o pensamento interior, quaisquer que fossem as diferenças civis e naturais entre os dois, as relações domésticas os tinham feito amigos"[24].

Tal simbiose – cuja crônica registra episódios não só no Brasil, mas em várias outras regiões das américas escravagistas – pôde ser acolhida como uma espécie de sedução inter-racial suscetível de redundar na miscigenação trabalhada teoricamente por Gilberto Freyre na década de 1930.

Quase meio século depois, um sociólogo sulista, Raymundo Faoro, lança outra luz sobre a questão, apontando para o ceticismo de Machado de Assis quanto ao processo de libertação do escravo, que "seria livre, mas ficaria sem trabalho e sem pão, entregue à mendicância". O texto machadiano estaria fazendo uma crítica ao processo institucional da abolição. Ao invés de atração inter-racial, a simbiose era mesmo uma defesa do escravo contra a humilhação que o aguardava na condição de liberto[25].

---

24. ASSIS, M. "Iaiá Garcia". *Obras completas*. José Aguilar, 1962, p. 392.

25. Cf. FAORO, R. *A pirâmide e o trapézio*. Cia. Ed. Nacional, 1974, p. 327.

A humilhação está implícita na rejeição ao trabalho do negro por parte de grupos ou indivíduos em processo de ascensão social. Isto se acha bem exemplificado no personagem Rubião que, enriquecendo, vê-se socialmente pressionado a abrir mão do criado negro. Narra Machado: "O criado esperava teso e sério. Era espanhol. E não foi sem resistência que Rubião o aceitou das mãos de Cristiano; por mais que lhe dissesse que estava acostumado aos seus crioulos de Minas e não queria línguas estrangeiras em casa, o amigo Palha insistiu, demonstrando-lhe a necessidade de ter criados brancos. Rubião cedeu com pena. O seu bom pajem, que ele queria pôr na sala, como um pedaço da província, nem o pôde deixar na cozinha, onde reinava um francês, Jean; foi degradado a outros serviços"[26].

Nesse texto de Machado reflete-se ironicamente uma síntese da atitude predominante nas elites e na pequena burguesia nacionais com relação ao indivíduo negro: a desconsideração de sua concretude humana. Mesmo para os que combatiam o escravagismo, o negro real e concreto inexistia como pessoa. Assim é que a heroína de Bernardo Guimarães em *A escrava Isaura* tem de ser depurada de seus traços somáticos africanos para tornar-se apta ao casamento e procriar.

A escravidão é abominável e visível, mas o indivíduo negro é uma abstração, um "pedaço da província", ao qual se pode ter afeto, como é o caso do personagem machadiano, ou não se ter afeto nenhum, a exemplo dos negros de *A moreninha*, de Joaquim Manoel de Macedo. O negro confunde-se, na verdade, com a paisagem, com as "coisas" de um patrimônio, às quais alguém pode referir-se nostalgicamente, como o faz Joaquim Nabuco em *O abolicionismo*, ao dizer que sente "saudade do es-

---

26. ASSIS, M. *Quincas Borba*, p. 641.

cravo". Ou então como Monteiro Lobato, com sua afetividade insultuosa: "Eu gosto muito dos negros, Rangel. Parecem-me tragédias biológicas. Ser pigmentado, como é tremendo"[27].

A invisibilização do homem negro concreto, mais do que o próprio fato da escravidão, é a fonte de que se alimenta o racismo de exclusão ou ideológico. Da identidade abstrata presente nas noções de "ser humano universal" ou "humanidade" – orquestradas pela filosofia, pelo cristianismo e pelo ideário liberal europeu – surgem as normas próprias a uma ética universalista do sujeito. O "homem universal" não é uma realidade antropológica, mas uma injunção moral, e no entanto a partir dessa ideia modelam-se representações sociais, tanto intelectualizadas como de senso comum, do que deve ser o homem "moderno" ou "civilizado".

Assim, no famoso *A cabana do Pai Tomás*, da norte-americana Harriet Beecher Stowe, uma personagem feminina diz à sua ama: "Ora, sinhazinha, olhe só pra suas mãos tão bonitas e brancas, os dedos finos todos brilhando com anéis, como lírios brancos cobertos de orvalho; e olhe pra minhas mãos pretas, tão grosseiras. Não acha que o Senhor Deus prefere que eu faça a torta e a sinhazinha fique na sala?"[28] E em *O tronco do ipê*, escrito dezenove anos depois do romance de Stowe, um negro vitupera contra outro: "Tição!... Tição é seu pai de você, negro cambaio e bichento que veio lá d'Angola... Cada beiço assim! hi hi! [...] Cada beiço assim como orelha de porco..."[29]

Embora relativos a personagens de países diferentes, há nesses enunciados autodepreciativos a mesma normatividade da

---

27. LOBATO, M. *A barca de Gleyre*. Nacional, 1944, p. 158.

28. Cf. GOMES, H.T. Op. cit., p. 41.

29. ALENCAR, J. Op. cit., p. 223.

ética universalista que produz o diferente do paradigma branco-europeu como um "inumano universal" ou como uma outra espécie biológica não plenamente identificável como humana.

Ao se denegar no real-histórico a plena alteridade humana do indivíduo negro, este torna-se objeto de uma valoração negativa explicitada nos discursos sociais e introjetada nas consciências não só de sujeitos brancos, mas também, potencialmente, de negros. Naturalizando e universalizando essa negatividade, a narrativa romanesca gera um efeito ético de significação da pele negra como evento do mal. Os manuais escolares, os discursos familiares, os arrazoados do senso comum reproduzem esse efeito, que converge para a generalidade das representações sociais, onde o negro se torna "de-historicizado" e associado à simples natureza – determinismo climático, pura corporalidade, animalismo etc. Figurado como dependente da natureza e não da vontade, ele perde valor de pessoa e agente histórico.

Não faltou, entretanto, quem pudesse enxergar, apesar de juízos ambíguos e contraditórios, o papel fundador do escravo e seus descendentes na formação do povo brasileiro. Nabuco, por exemplo, em meio a seu discurso senhorial e condescendente (mas sempre politicamente liberal e ideologicamente ativo contra o regime escravocrata) admite em *O abolicionismo* que "a raça negra nos deu um povo".

No que toca ao aspecto econômico, sua argumentação não dá margem a dúvidas: "Tudo o que significa luta do homem com a natureza, conquista do solo para a habitação e cultura, estradas e edifícios, canaviais e cafezais, a casa do senhor e a senzala dos escravos, igrejas e escolas, alfândegas e correios, telégrafos e caminhos de ferro, academias e hospitais, tudo, absolutamente tudo, que existe no país, como resultado do trabalho manual, como emprego de capital, como acumulação de riqueza, não passa de uma doação gratuita da raça que trabalha à que faz trabalhar"[30].

Isso é, aliás, corroborado por Alberto Torres quando sustenta que a escravidão "foi uma das poucas coisas com visos de organização que este país jamais possuiu [...] Social e economicamente, a escravidão deu-nos, por longos anos, todo o esforço e toda a ordem que então possuíamos, e fundou toda a produção material que ainda temos [...] Toda a operosidade deste país, tudo quanto nele se edificou como fonte de riqueza e de trabalho, o pouco que já possuímos em estabilidade social e dinamismo orgânico progressivo, assenta sobre a labuta do preto e sobre o esforço do senhor"[31].

Esses discursos não são mais do que um modo mais suave de exprimir o que antes certos políticos ou estadistas diziam sem meias-palavras, a exemplo do liberal-moderado Bernardo Pereira de Vasconcelos, principal redator do Ato Adicional de 1834 (reforma descentralizadora do Estado), um dos grandes políticos do império, que assim resumiu a questão: "o negro é o nosso negócio". E são igualmente mais brandos do que o estatuído, um século mais tarde, nas posições racistas da elite intelectual, a exemplo de Paulo Prado, autor de *Retrato do Brasil*, que culpava mais o escravo do que o escravagismo pelos "germes de desmoralização" do povo brasileiro, definindo-o como "terrível elemento de corrupção no seio das famílias".

Mas a despeito da veemência e da emoção – que arrancam o escravo de seu preço mercantil para o que Kant chamou de "preço de sentimento" (*Affektionpreis*) –, não aparece nos dis-

---

30. NABUCO, J. *O abolicionismo*. Vozes, 1977, p. 69.

31. TORRES, A. *O problema nacional brasileiro* (1914). 4. ed. UnB, 1982, p. 32 [Col. Temas Brasileiros].

cursos de Nabuco ou Torres qualquer referência à virtualidade política ou cultural do negro concreto. O africano e seus filhos são conotados como vazios de possibilidades quanto à construção de uma *polis* diferente ou de uma nova civilidade, por não serem percebidos como sujeitos de um valor absoluto com um fim em si mesmo (perspectiva kantiana para a definição de pessoa) e sim como valor relativo ou valor de meio.

Na verdade, um intelectual como Nabuco é movido pelos ideais da modernização liberal e da humanidade enquanto identidade abstrata. Daí ser essencial a seu pensamento o tópico da libertação dos escravos. Para os afro-brasileiros, todavia, a abolição não teve nenhuma essencialidade, porque não os libertou da libertação política, isto é, da condição de quem precisa continuamente de desembaraçar-se de uma identidade reputada como subumana. A libertação apenas transferiu o nível da escravidão, abolindo um para fortalecer o outro.

Esse raciocínio é evidente até mesmo para alguém não especialmente dotado em termos intelectuais como o ex-presidente norte-americano Lyndon Johnson, ao comentar em jun./1965 uma lei que dava maior participação eleitoral aos negros: "A liberdade em si não é nada. Para se extinguirem os traços de feridas seculares, não basta dizer: Pois bem, vocês estão livres [...] Quando alguém passou anos agrilhoado, para se fazer justiça, não basta livrá-los das correntes e lhe dizer: 'Vai, você está livre para competir com os outros'. O que desejamos é a liberdade acompanhada das oportunidades reais de exercê-la, a fim de que a igualdade não seja um princípio abstrato, mas uma realidade tangível [...]"[32].

---

32. Cf. STEINBERG, S. "Affirmative Action nos Estados Unidos". *Correio da Unesco*, ano 14, mai./1996, p. 17-18.

Lima Barreto dá um passo à frente de Nabuco ao sustentar que "os negros diferenciam o Brasil e mantêm a sua independência, porquanto estão certos de que em outro lugar não têm pátria"[33]. "Os negros diferenciam." A frase é filosófica e politicamente interessante por inserir-se numa tradição de pensamento sobre a constituição dos grupos humanos que vai de Heráclito à antropologia contemporânea. Em mais de um fragmento, o filósofo de Éfeso faz ver que a força de reunião de uma comunidade não se explica apenas pelo "comum", e sim pelas diferenças. À força de aproximação das diferenças, ele dá o nome de *ksynon*[34].

Contemporaneamente, o antropólogo Lévi-Strauss enfatiza em mais de um texto[35] que os grupos humanos desenvolvem-se graças à diversidade social e civilizatória e não à história cumulativa de uma formação cultural isolada. A diversificação cultural no Renascimento europeu (tradições grega, românica, anglo-saxônica e influências árabe e chinesa) ou da América pré-colombiana responde pela notável armação simbólica dessas civilizações. As diferenças desempenham um papel de regulação e recombinação de traços identitários.

Ao se refletir sobre a força de aproximação das diferenças, o *ksynon* heracliteano, é sempre oportuno identificar os impulsos de assemelhamento, que fazem parte da experiência vivida. No indivíduo afro-brasileiro, esses impulsos traduziam-se culturalmente em experiências e obras que têm sido sintomaticamente

---

33. BARRETO, L. *Diário íntimo*. Op. cit., p. 61.

34. Referimo-nos aqui ao fragmento oriundo de uma citação de Sexto Empírico ("Por isso é mister seguir o que está coeso, a maioria se realiza num empenho como se cada um tivesse uma mente privada e particular" – segundo tradução do Prof. Emmanuel Carneiro Leão), onde *ksynon* se entende como "coeso" e não "comum" no sentido de "genérico".

35. Cf. LÉVI-STRAUSS, C. *Antropologia estrutural*. I e II. Tempo Brasileiro.

esquecidas pela "sociologia do negro", esta mesma cujos resumos se destilam nos manuais escolares, nos meios de comunicação e nas representações sociais. As obras pertencem em linhas gerais aos domínios da arquitetura, escultura, ourivesaria, pintura e música. Assim é que, do século XVIII ao XIX, os mais notáveis artistas brasileiros naqueles campos eram negros ou mestiços: O "Aleijadinho" (o grande escultor do barroco nacional) e o Padre José Maurício Nunes Garcia (o grande músico e compositor da monarquia) são apenas dois dentre os muitos nomes de criadores notáveis presentes em Minas Gerais, Pernambuco, Rio de Janeiro e Bahia, a exemplo de Mestre Valentim, Manoel da Cunha e outros.

De fato, até chegar ao Brasil a Missão Artística Francesa (1819), a arte brasileira era predominantemente feita por negros e mulatos (e mesmo depois continuaram a haver notáveis artistas de pele escura na Academia Imperial de Belas-artes). Curiosamente, isto não foi sequer observado pelos românticos em suas narrativas ou em seus poemas. Até mesmo Castro Alves, vigoroso poeta antiescravagista, confundia a singularidade do homem africano com a paisagem, dissolvendo-o na generalidade das emoções humanas.

E no momento em que desabrochavam as doutrinas racistas e a ideologia do embranquecimento, já se destacava o nome de Machado de Assis, um negro, como o clássico da língua nacional, podendo-se dizer o mesmo sobre Lima Barreto, outro grande escritor do começo do século XX, ou sobre Cruz e Souza, grande nome da poesia simbolista. Também na esfera política, sobressaíam as figuras de mulatos como Francisco Glicério (importante político na transição do império para a república) e Ruy Barbosa. Nilo Peçanha, presidente na República Velha, era um "escuro".

O "esquecimento" dessa realidade histórica por parte da elite de pele clara é bem sintomatizada na tentativa feita por Joaquim Nabuco de invisibilizar a negritude de Machado de Assis[36]. Daí o interesse da frase de Lima Barreto ("os negros diferenciam o Brasil...") em que se insinua o reconhecimento do negro como diferença ativa no interior do macrogrupo nacional-brasileiro. Não se trata, por certo, de simples diferenciação epidérmica, mas da implicada numa outra constelação simbólica, outra atitude existencial, suscetível de configurar aquilo que Lévi-Strauss chama de "distância diferencial" entre as culturas. Nesse movimento diferenciante, aparece o indivíduo negro concreto na dinâmica da socialização brasileira.

---

36. É bem conhecida a carta em que Nabuco protesta junto ao crítico literário José Veríssimo por este ter-se referido à mulatice de Machado. O grande escritor brasileiro, segundo o grande publicista do abolicionismo, só poderia identificar-se como grego.

6

A diferença litúrgica

Que indivíduo "diferenciante" é esse, o afro-brasileiro?

Um bom exemplo de diferenciação é dado pelo pertencimento aos cultos de origem africana (geralmente chamados de "cultos afro-brasileiros"). Designá-los como meras manifestações religiosas das classes economicamente subalternas no Brasil seria no mínimo desconhecer ou simplificar o seu estatuto de verdadeira cultura litúrgica e sistema sutil de pensamento. Apesar da abundante literatura etnológica sobre candomblé, vodu, xangô – ou qualquer que seja a designação regionalmente adotada por tais cultos no Brasil – tem sido pouco ressaltado até hoje o seu caráter de veículo de uma continuidade institucional centrada na dinâmica de construção de uma identidade para o escravo e seus descendentes[1].

A população brasileira, como se sabe, formou-se ao longo dos séculos por africanos escravizados aos milhões, provenientes de uma grande diversidade de portos ao longo da costa africana. Entre estes e o litoral do Brasil configurava-se uma

---

1. Por isso é importante o estudo *Os nàgô e a morte*, de Juana Elbein dos Santos (na trilha teórica de Roger Bastide), ponto de partida para trabalhos como *Agadá – Dinâmica da civilização africano-brasileira*, de Marco Aurelio Luz, ou então análises como as empreendidas por Monique Augras, Vivaldo Costa Lima, Raul Lody, Roberto Motta e outros.

"ponte" mercantil e colonialista que deu margem à constituição tanto de elites nacionais (a exemplo das elites cariocas geradas pelo tráfico ou do patriciado rural sustentado pelo trabalho escravo) quanto da plebe litorânea. Daí, a frase de Nabuco: "Os negros deram um povo ao Brasil" (povo, aqui, na acepção de mero aglomerado populacional).

Importante, no início, foi o afluxo de bantos (Angola, Congo). Até o século XVII provinham majoritariamente da África Subequatorial os ambundo e os bacongo (grupos predominantes na Bahia), assim como os ovimbundo (de presença mais forte em São Paulo, Minas Gerais e Rio de Janeiro). Mas a partir da segunda metade do século XVIII, quando o tráfico privilegiou a África Superequatorial (Costa da Mina, Baía do Benim etc.), predominaram entre a massa escrava os contingentes humanos originários das regiões hoje correspondentes a partes da Nigéria e Benim (ex-Daomé), por onde se estendiam "nações" ou "cidades-Estado" conhecidas como Anagó, Oyó, Ijexá, Ketu, Ifé e outras. Tudo isso constituía um complexo civilizatório designável alternativamente pelos genéricos "iorubá", "nagô", ou ainda "sudanês", cujos reflexos culturais ficaram muito bem-delineados na Bahia e no Recife.

Desde muito cedo, a "distância diferencial" (expressão lévi-straussiana) dos nagôs chamou a atenção de europeus. Assim é que, já na primeira metade do século XVIII, o francês Charlevoix observa em sua *Histoire de l'Ile Espagnole ou de S. Domingue* (1731) que, de todos os negros trazidos para a América, "os nagôs eram os mais humanos"[2].

Essa característica era contraposta por Charlevoix às de outras etnias africanas – cultivo da terra, disciplina, capricho, de-

2. Cf. CRESPO, A. Op. cit., p. 35.

sespero etc. Evidentemente, tratava-se de um empenho classificatório sob o ponto de vista exclusivo do colonizador. Quanto à expressão "mais humanos" – manifestamente racista –, deve ser entendida à luz de traços articuláveis com características civilizatórias muito prezadas por europeus, ou seja, civilidade urbana, técnicas metalúrgicas e de tecelagem, pendor para o comércio e capacidade artística.

Esta é uma questão das mais delicadas na análise do processo civilizatório afro-brasileiro, porque são várias as acusações de antropólogos ao "etnocentrismo iorubano" ou ao "mito da pureza nagô" presentes em estudos que retomam sem as devidas retificações as excelentes análises de Roger Bastide. Realmente, é importante deixar bem claro que estudos como os de Bastide não se estendem às realidades passadas ou presentes de todos os africanos e descendentes no território brasileiro. Os escravos rurícolas e mineradores de estados como São Paulo, Minas Gerais, Goiás e outros não podem ser abrangidos pelo modelo aplicável ao Nordeste açucareiro ou ao Rio de Janeiro. Por outro lado, mesmo no Nordeste ou no Rio de Janeiro, nem todas as instituições religiosas ou lúdicas dos negros poderiam ser explicadas pela pura e simples aplicação do modelo nagô.

Isto posto, não se pode também passar por cima da evidência historiográfica de que os nagôs chegados ao Brasil a partir da segunda metade do século XVIII traziam a experiência de uma urbanização avançada em sua região de origem, a chamada "Iorubalândia". Mas traziam principalmente a experiência de uma formação estatal, que costuma escapar aos analistas movidos pela pura lógica culturalista. A história, o Estado e os padrões civilizatórios de que eram retransmissores deram-lhes condições objetivas e ostensivas na Bahia (no Rio de Janeiro, a predominância era banto) de influenciar fortemente o processo de ressocialização dos descendentes de escravos.

O universo "nagô" é, na verdade, a resultante de um interculturalismo ativo, que promovia tanto a síntese de modulações identitárias (ijexá, ketu, egbá e outros) quanto o sincretismo com traços de outras formações étnicas (fon, mali e outros), aqui conhecidas pelo nome genérico de "jeje". Quando se fala de cultos "nagô-ketu", "jeje-nagô" e "congo-angola", está-se fazendo alusão às combinações sincréticas dessa ordem.

É certo que a historiografia evidencia rivalidades de vários tipos (africanos entre si, negros e pardos, crioulos e africanos). É também certo que até hoje persistem diferentes tradições etnoculturais (como a da linha congo-angola, que tem seu paradigma litúrgico no terreiro do Bate-Folha, na Bahia). Mas sabe-se em contrapartida da solidariedade nascida entre os cativos durante a travessia do Atlântico, assim como os "antigos" dos cultos afro-brasileiros, falam de um intercâmbio profundo entre as comunidades, capaz de passar por cima de velhas divisões étnicas. Indivíduos de várias origens (nagôs, haussás e outras) tomaram parte na famosa revolta dos malês em 1835.

Apesar dos conflitos eventuais, a hibridização, a mistura de influências, parece ter constituído sempre um padrão. Para os nagôs, de antiga tradição no comércio, a troca (a palavra acerto é, aliás, bastante valorizada pelos "antigos" na Bahia) era regra fundamental. O comércio intenso que incrementaram entre a Bahia e a Costa africana propiciava ademais um contato permanente com as fontes simbólicas da origem. Sua vivência cotidiana era atravessada por uma experiência mítico-religiosa, que impunha o sentido de comunidade e de continuidade das instituições originárias.

Não há nenhuma "pureza" estrutural, nenhum paradigma essencialista ou projeto utópico em toda essa movimentação[3]. Por pressão de interesses ao mesmo tempo econômicos (comerciais), políticos (liderança grupal) e religiosos (a fé em seus princípios cosmológicos, entidades sagradas ou orixás, assim como em seus ancestrais ilustres ou eguns), os nagôs reinterpretaram aqui a sua singularidade civilizatória, traduzindo a realidade original (africana) em representações adequadas à especificidade do território brasileiro. Interpretar e reinterpretar são operações que requerem um sujeito de enunciação, individual ou coletivo. "Nagô" é aqui o nome desse sujeito constituído tanto na forma de comunidade litúrgica quanto de comunidade étnica; portanto, o lugar histórico de uma identificação existencial que comporta a descendência fictícia ou a linhagem putativa.

A questão da hierarquização valorativa dos nagôs tem início com Nina Rodrigues, em contestação à tese anterior do exclusivismo da origem banto dos negros no Brasil, sustentada por autores como Sá Oliveira, João Ribeiro e Sílvio Romero. Rodrigues defendia a superioridade dos "sudaneses", argumentando: "Povos há no Sudão que atingiram uma fase de organização, grandeza e cultura que nem foi excedida, nem talvez atingida pelos bantos"[4].

A argumentação de Rodrigues é, na verdade, uma tentativa de amenizar a sua rejeição ao negro, identificando uma elite africana, de algum modo semelhante à civilização europeia. Mas

---

3. Cf. toda a crítica dirigida por antropólogos como Beatriz G. Dantas ("Pureza e poder no mundo dos candomblés". In: MOURA, C.E.M. (org.). *Candomblé*: desvendando identidades. EMW, 1987, p. 121-128 e FRY, P. "Gallus africanus est, ou como Roger Bastide se tornou africano no Brasil" (*Revisitando a terra de contrastes*. Ceru/FFLCH/USP, 1986, p. 31-46) à idealização feita por Roger Bastide em *As religiões africanas no Brasil* (2 vols. Pioneira, 1971) do candomblé baiano.

4. RODRIGUES, N. *Os africanos no Brasil* (1933). UnB, 1988, p. 271.

algo escapa no processo reinterpretativo nagô à etnologia desavisada ou embalada pelo canto de sereia da aferição objetivista. Ao se fazer a crítica (justa, na maior parte) do subjetivismo analítico presente na idealização do culto nagô-jeje por Roger Bastide, em geral se esquece – talvez por não se ter em mente as categorias da reinterpretação histórica e da reterritorialização do sujeito – que as representações podem funcionar como enunciados performativos, isto é, como aqueles que fazem acontecer o que enunciam.

Este é um tipo de terminologia corrente na teoria da linguagem e na análise de discurso. Se se preferir a perspectiva hermenêutica, pode-se empregar, como Paul Ricoeur, o conceito de "refiguração", que implica a transformação da experiência temporal do sujeito (portanto, a vivência concreta da comunidade ou do indivíduo) por efeito da representação ou da narrativa reinterpretativa.

A reinterpretação nagô sempre foi ao mesmo tempo ético-religiosa e política, o que implica luta para instituir e fazer aceitar a realidade reinterpretada ou traduzida. O aspecto ético-religioso trabalhava a origem e os princípios, a fim de que se pudesse intuir politicamente os caminhos futuros. Intelectuais como Bastide eram peças na estratégia de um grupo historicamente excluído, que não tinham acesso direto ao mundo das letras e dos discursos de legitimação pública – eram, na verdade, "seduzidos" liturgicamente para produzirem os enunciados performativos que deveriam fazer o descendente de africano existir e ser socialmente percebido como um si mesmo.

Por não conseguir enxergar dimensão política num grupo socialmente escravizado (o mesmo equívoco em que incorre a tradicional sociologia paulistana), acontece a uma certa etnologia empenhar-se com ânimo presumidamente científico na desmistificação da realidade representada. Temendo o *parti-pris* subjetivista, incide na cilada do objeto real e puro. No entanto, é possível escapar a essa alternativa, como bem sugere Bourdieu, "tomando-a como objeto ou, mais precisamente, levando em conta, na ciência do objeto, os fundamentos objetivos da alternativa entre objetivismo e subjetivismo que divide a ciência, impedindo-a de apreender a lógica específica do mundo social, esta 'realidade' que é o lugar de uma luta permanente para definir a 'realidade'"[5].

É no mínimo uma miopia teórica[6] e no máximo uma completa ingenuidade culturalista supor que a problemática dos cultos afro-brasileiros se resolva apenas na dimensão simbólica – aquela com que lida normalmente a antropologia. Ao lado dos fenômenos mítico-religiosos alinham-se pulsões de afirmação grupal, reivindicações de reconhecimento identitário e práticas de poder.

Para os "sudaneses" ou grupo jeje-nagô da Bahia, a "realidade" a ser definida era, sem dúvida, a hegemonia das representações e das trocas numa região luso-banto-nagô. Daí o empenho pelo predomínio de sua reinterpretação particular da civilização africana em território brasileiro. O egbé, comunidade litúrgica, terreiro de candomblé ou simplesmente "roça", é o polo irradiador dessa reterritorialização do homem negro na diáspora.

---

5. BOURDIEU, P. "A força da representação". *Economia das trocas linguísticas*. Edusp, 1996, p. 112.

6. Para curar-se da miopia, basta refletir sobre as críticas que a epistemologia faz à lógica positivista, quando esta concebe a referencialização, isto é, a construção discursiva do objeto de conhecimento, como uma função da objetividade: na verdade, são as "tecnologias cognitivas" da ciência (o interdiscurso, a instituição, os modos de registro dos fenômenos) da referencialização que fundam a objetividade. Isto vale para qualquer modo científico de acesso ao objeto de conhecimento, da física à antropologia. Aos cultores incautos da pureza do objeto, o dramaturgo e jornalista Nelson Rodrigues atribuiu uma alcunha pitoresca, mas epistemologicamente reveladora: "idiotas da objetividade".

Comunidade litúrgica é termo adequado. Em seu sentido radical, liturgia (do grego *allethurgués*, derivada de *lao* e *urgués*) significa "obra do povo". *Lao* é diferente de *demos*, é povo enquanto unidade consensual relacionada com o sagrado e não o povo enquanto expressão das diferenças (*demos*, de democracia). Liturgia é, em linhas gerais, a lógica de relacionamento do homem com a divindade, o conjunto das regras de culto, que implica um outro tipo de poder, uma função do consenso mediado pelo sagrado.

A comunidade litúrgica afro-brasileira ou terreiro implica, antes de mais nada, a ideia de um corpo grupal forte o suficiente para dar proteção contra as adversidades, contra o estrangeiro hostil. É o que expressa um antigo canto de celebração: "Kosi mi fara alejo / Ara wara kon mi fara..." ("Nada há que possa contra mim nem mesmo quando parte dos estrangeiros / Todos unidos num mesmo corpo, nada há no mundo que possa contra mim.") A liturgia não deixa, assim, de "vestir" ou exprimir uma prática política bastante clara.

Não seria nenhum abuso teórico falar – psicanaliticamente – do terreiro como uma experiência transicional, na trilha do conceito winnicotiano de objeto transicional. Não tanto no sentido do terreiro como uma "construção substitutiva" destinada a preencher a brecha da separação entre os escravos e a terra de origem, mas como um núcleo reelaborador e criador de símbolos suscetíveis de exprimir uma experiência original do mundo, com vistas à integração de uma forma própria numa outra história.

A comunidade-terreiro é, assim, repositório e núcleo reinterpretativo de um patrimônio simbólico explicitado em mitos, ritos, valores, crenças, formas de poder, culinária, técnicas corporais, saberes, cânticos, ludismos, língua litúrgica (o iorubá) e outras práticas sempre suscetíveis de recriação histórica, capazes de implementar um laço atrativo de natureza intercultural (negros de etnias diferentes) e transcultural (negros com brancos).

A ideia de divindade

As entidades sagradas que compõem o panteão cultuado no terreiro, seja nagô ou pertencente a qualquer outra configuração simbólica, não são inteligíveis pelo mesmo *logos* adequado ao Deus cristão.

O que a consciência ocidental-cristã entende por "Deus"?

Para começar, a palavra deus procede de *deuios*, paradigma indo-germânico, que é uma apofonia de *deieu* (o). A gama de sentido implicado vai desde "remoto", "distante" até "brilhante", "irradiante". O céu é remoto e brilhante, logo, sítio de *deuios*. Brilha também o que se opõe à noite – donde, *dies*, dia. Os deuses, como os dias, são irradiantes, solares. Nomes olimpianos como Zeus e Diana constituem-se nessa cadeia linguística.

As religiões universais designam como Deus a ideia de unidade ou essência. Na tradição corânica, a palavra *Allah* refere-se a todos os atributos da existência, ou seja, à essência de Deus em si mesmo sem designação de qualquer outra coisa[7]. Na trilha reflexiva de um existencialista cristão, deparamos com duas fontes históricas para uma resposta ocidental à questão de Deus: a filosofia grega e a Bíblia[8]. Esta última remete-nos a uma verdade inesgotável, uma realidade desmesurada e absoluta que

7. Não pode Deus, assim, ser conhecido por ninguém, exceto por si mesmo. Só quando Ele entra em relação com o cosmo, surgem os muitos nomes divinos: O Criador, O Justo, O Vingador, O Paciente, e assim por diante. O místico medieval Ibn al-Arabi dizia que nenhum livro no universo seria suficiente para registrar todas as "palavras" de Deus.

8. Cf. JASPERS, K. *Introduction à la Philosophie*. Plon, 1954, p. 47.

conduz à sentença “Deus é, e basta”. Dele tudo veio, tudo foi criado, arrancado do nada e subsiste, em última análise, nas suas mãos. E dele, por princípio teológico, só podemos saber o que foi revelado desde os profetas até Jesus Cristo[9]. Para isso não temos de pensar, tão só obedecer aos ditames da fé revelada.

A filosofia grega expressa-se em outro tom (Deus deixa de ser “vivo” para ser “pensado”), mas não destoa, no fundo, da mensagem bíblica. Em V a.C., Xenofonte já proclamava o reinado de um Deus único, distinto dos mortais tanto por pensamentos quanto por aparência. E este foi o caminho tomado pelo pensamento: há apenas um Deus, dessemelhante aos humanos, irrepresentável, apreensível apenas como razão ou lei universal.

Assim permanece hoje o Deus cristão. Por isso o existencialista pode afirmar: “Crer em Deus é viver por alguma coisa que não existe de maneira nenhuma no mundo, senão na linguagem ambígua desses fenômenos que chamamos de cifras ou símbolos da transcendência. O Deus da fé é o Deus longínquo, o Deus escondido, o Deus indemonstrável”[10].

Mas há um momento da Grécia, a Grécia pré-clássica, em que “Deus” podia ser identificado por pensadores como *Arkhé*. Esta palavra significa, tanto no grego clássico comum como no pré-clássico, um ponto de partida e igualmente uma posição de poder político. Em geral, *Arkhé* designa o princípio de qualquer ordenamento, um princípio que fala ao mesmo tempo da origem e do fim dos entes e coisas do mundo. Num de seus fragmentos Heráclito diz: *Arkhé é Eskaton*.

---

9. Na tradição judaica, proíbe-se tanto olhar como identificar Deus. O tetragrama IHVH corresponde ao nome não expresso, que apenas diz: “Serei o que serei (*Ehie Asher Ehie*), assim dirás aos filhos de Israel. O que serei, enviou-me a vós” (Ex 2,17). Sem nome e sem forma, dirige-se Deus a Moisés, que então “cobriu o rosto, porque não ousava olhar para Deus” (Ex 2,7).

10. JASPERS, K. Op. cit., p. 64.

Não podemos, entretanto, enganar-nos com o significado "ponto de partida" contido na palavra "princípio". Um ponto de partida pertence à mesma natureza daquilo a que dá início, como por exemplo o ponto de partida de uma série de números pares, em que qualquer número será par tal como o começo. Assim, se dizemos "Deus fez o mundo", e alguém pergunta "quem fez Deus?", a indagação pressupõe que Deus seja da mesma natureza que "mundo". Terá de ser respondida, portanto, pela razão suficiente para encerrar a série de perguntas com uma causa última, que implicaria provas da existência de Deus.

A isso poderá objetar o pensador cristão, com o argumento de que um Deus provado (a exemplo do de Santo Anselmo que, no século XI, apresentou pela primeira vez a prova ontológica da existência de Deus) não é Deus, porque não passaria de uma coisa do mundo, mero objeto de conhecimento apodítico, localizável no real-histórico, enquanto Deus implica de fato realidade em si, inacessível, absoluta, única – "Deus é".

Arkhé diz algo diverso de um simples começo ou ponto de partida, é termo designativo de alguma coisa diferente daquilo que ele próprio explica. Por isso, é aplicável na compreensão da ideia de divindade. E essa compreensão leva no Ocidente à ideia de um Deus transcendente, absoluto e onipotente pelo menos até o momento histórico em que Nietzsche proclama a "morte de Deus", isto é, a desaparição da identidade divina, forte e eventualmente violenta, sustentada pelo pensamento metafísico.

A *Arkhé* afro-brasileira, porém, difere da cristã. Embora os nagôs concebam um Deus supremo, um princípio criador (a que dão nomes como Oludumaré ou Olorum e dos quais se pode sentenciar "quem quer o que Deus quer, vai ter o que Deus quer"). Este "supremo" não se entende como princípio concentracionário, capaz de funcionar como Absoluto frente às referências humanas, uma vez que, dentro da concepção antropomórfica dos nagôs, essa unicidade implica a majestade singular de um rei que possui atributos de perfeição e funciona como juiz da multiplicidade diferenciada de princípios. É reconhecido como princípio de criação da terra, de doação da vida, autor do dia e da noite, gerador de outras divindades.

Olorum/Olodumaré pode ser chamado de *Arkhé*, assim como na Grécia pré-clássica um deus podia ser identificado como *Arkhé*. Isto quer dizer: Olorum é princípio de algo que não se resolve no plano da causalidade explicativa das coisas postas sob a égide do ponto de partida exclusivamente humano. Há nele força de originariedade trans-humana, força de existência global, cósmica. Algo semelhante pode ser dito das múltiplas divindades ou orixás, a que a gente de terreiro, em seu cotidiano, pode simplesmente chamar de "santo"[11]. Mas a Olorum reserva-se o atributo de único princípio gerador indiferenciado, que não necessita de culto específico.

No entanto, os nagôs estão conscientes de que "*bi o si enia, imale o si*", ou seja, os deuses existem porque existem os homens[12]. Tal como se explica na parábola de Calvino: "Marco Polo descreve uma ponte, pedra por pedra. "Mas qual é a pedra que sustenta a ponte?", pergunta Kublai Khan. "A ponte não é sustentada por esta ou aquela pedra", responde Marco, "mas pela curva do arco que estas formam". Kublai Khan permanece em silêncio, refletindo. Depois acrescenta: "Por que falar das pedras? Só o arco me interessa". Polo responde: "Sem pedras, o arco não existe"[13].

---

11. "Povo de santo", "gente da lei do santo", "família de santo" são expressões correntes no Brasil.

12. Não que isso seja absolutamente estranho à consciência cristã: Santo Agostinho fala do "Deus que me criou e que me permite criá-lo". Mas esta é uma posição episódica, referente à crença.

13. CALVINO, I. *As cidades invisíveis*. Cia. das Letras, p. 45.

A experiência da abstração trans-humana é necessariamente humana, e o abstrato só existe, como o arco da ponte, na diversidade dos fenômenos. Por isso, o princípio global e indiferenciado chamado Olodumaré ou Olorum não é inacessível: conecta-se à vida dos homens e resolve-se em qualidades diferenciadas de forças, numa pluralidade de *Arkhai* ou princípios cosmológicos (os imalês: orixás, voduns, inquices etc.), a que o Ocidente se habituou a chamar de "deuses". Ao invés do "Um" cristão[14], Olorum deve ser pensado como "Dois" ou "Ambos", ou seja, como a concepção de uma dualidade originária entre cosmo e homens. O dual pode lidar sem horror com o pluralismo ou a multiplicidade (o próprio Olodumaré tem muitos outros nomes, correspondentes a muitas outras qualidades de existência e princípios), inscrevendo a alteridade já na identidade divina.

Na verdade, para a cosmogonia nagô, o Um, entendido como completude, é fonte de tédio e morosidade – todo trabalho criador equivale a uma diversificação[15]. Por isso, Olodumaré, princípio indiferenciado, divide-se primeiro em dois, multiplicando-se em seguida para criação das divindades, os orixás. Fala o mito de um tempo primordial, uma plenitude, onde só havia o além e a água. Para evitar a estagnação, Olodumaré faz o sacrifício originário, dividindo-se e dando lugar às primeiras dicotomias (alto/baixo, esquerda/direita), mas também à confusão, já que não há qualquer articulação entre as partes separadas. O problema resolve-se com a multiplicidade (*kikpikpo*), regida

14. Não quer dizer que o um monoteísta deva ser pensado como unicidade, e sim como reivindicação de uma unidade de criação na origem. É isto que vai permitir pensar o humano como categoria exclusiva, cujo único Outro é Deus, sem incluir na identidade da raça humana o vegetal, o mineral, o animal, como fazem os nagôs.

15. Cf. NATHAN, T. & HOUNKPATIN, L. *La guérison Yoruba*. Odile Jacob, 1998, p. 165-166.

por Exu Elegbara (dono do corpo), isto é, por um princípio dinâmico que enseja a sexualidade e a criação.

A exemplo dos deuses na Grécia antiga, os orixás são princípios e símbolos. De que exatamente? Consideremos o orixá Ogum: por suas características de guerreiro, desbravador, forjador de metais, funciona como princípio civilizatório e símbolo dos saberes associados à competência técnica. Na reinterpretação histórica do símbolo, o orixá persiste como patrono dos pilotos, dos controladores da energia física e transformadora.

Quanto aos fiéis, cultuam e incorporam as tendências ou possibilidades simbolizadas por cada um dos princípios-deuses, isto é, pelo poder dinâmico de movimentação e criação. Entre os humanos e essas entidades múltiplas, existe uma diferença de potência, já que são estas últimas não mortais e mais poderosas. Entretanto, ocupam todos o mesmo universo e pertencem a um mesmo plano de discurso – não se acham num "além".

Vislumbra-se aí, mais do que "transcendência", um modo particular de funcionalidade, que se define pelo ter lugar ou pelo "acontecer" da singularidade humana dentro de uma comunidade regida pelo sagrado. A divindade extrapola a relação imediata, mas não é remota nem abscôndita. Engendra, sim, regras de obrigação ritualística e de respeito. Um aforisma nagô estatui: "Só aprende quem respeita". Mas isso não impede os humanos de constantemente desafiarem os deuses a responder ritualisticamente às suas demandas.

Quanto ao Deus cristão, sendo absolutamente Um (não uma suposta unicidade monoteísta, entenda-se, mas a busca de unidade na criação) não poderia resolver-se em muitos. Sem o fundamento do Um, a consciência cristã perde-se na riqueza infinita do diverso, arrisca-se ao confronto com a radical e convulsiva estranheza do real, do Outro, enxerga o diabólico. O diabo é múltiplo, Legião é um de seus nomes.

Os nagôs aceitam o desafio da multiplicidade, pressupondo uma complementaridade dual entre homens e deuses. Não é o múltiplo a relação original, mas a dualidade entre o orixá e o indivíduo, eventual "cavalo" da divindade. Deus não é, portanto, o um onipotente, e sim o símbolo do dois (que não se entende como a soma de um e outro, mas como unidade indissociável de si mesmo e o outro), com o qual se relaciona o humano, fazendo existir o outro, trans-humano, em si mesmo. Entre homens e deuses há uma relação de simbiose: a humanidade sustenta a possibilidade do divino e é por este, ao mesmo tempo, expandida. Os deuses, por sua vez, são entidades que se seduzem, constantemente desafiados a existir, a responder, no espaço do ritual.

Deste modo, a existência humana numa "cultura de *Arkhé*" – aquela que ritualiza origem e destino – transcorre em dois planos: o da vida como existência puramente humana e o da vida como contato com o trans-humano, a divindade ou o cosmo. Nessa existência, todos os elementos são comuns – humanos, vegetais, minerais, líquidos, tudo o que está na natureza é dotado de forma própria e provém de uma mesma fonte, o cosmo. São as manipulações originárias dos elementos, os amálgamas, que produzem a singularidade dos seres. Mas como os humanos, a natureza também "trabalha": a terra, os animais, as plantas, tudo contribui para a criação de "valor de uso".

A origem cósmica dos homens é heteróclita, assim como a das divindades, que tiveram existência humana antes de serem deuses. Para alcançar a sua identidade própria, o homem tem de se pensar também como "coisa", como matéria relacionada com o meio ambiente, mas igualmente com os mortos, os ancestrais ou tudo a que se possa chamar de "cosmo". A "coisa" não se confunde com o que antropólogos designaram por fetiche, isto é, a atribuição de um poder intrínseco ao objeto, uma vez que tem inscrição puramente simbólica no universo espiritual. Como no zen-budismo ou na sabedoria da tradição asiática, as coisas do cosmo não são externas ao espírito – são o próprio espírito.

A ideia de *Arkhé* não equivale à de um evento inaugural e eterno, um conjunto axiológico dado para sempre e transmitido de uma geração para outra. Nada a ver com a reiteração do mesmo de que fala Eliade a propósito do "homem arcaico", sustentando que "a vida dele é a repetição ininterrupta de gestos inaugurados por outros"[16]. Trata-se, sim, do sentido imanente a símbolos (os orixás enquanto princípios cosmológicos, os ancestrais enquanto suporte da lei de fundação e continuidade do grupo) ativos na história comunitária, portanto da marca de um possível. Pode ser associado ao *logos* heracliteano, entendido como o vigor presente na maneira como cada ente se conduz ou, em outras palavras, como uma linguagem de realização.

Um sentido não passa de uma geração a outra como se fosse um valor ou um bem acumulável, porque é transcendente e autoengendrado. A *Arkhé* implica tradição sem tradicionalismo. Não há propriamente "transmissão" (a não ser de cargos, funções, modos litúrgicos de administração do segredo) de uma mensagem absoluta, a exemplo do *kerygma* cristão, mas reinterpretações na dinâmica de transformação das formas de existência do grupo. E isso ocorre devido às identificações individuais e coletivas com uma forma de vida associativa entre mito e história, entre o visível e o invisível – a *Arkhé*. A liturgia – cânticos, invocações, atos, distribuição hierárquica de papéis – é

16. ELIADE, M. *Le mythe de l'éternel retour*. Gallimard, 1969, p. 15.

uma significação (convencional, particular) com poder coesivo, porque estimula representações identitárias concretas frente às abstrações com valor universal.

Corpo e sagrado

Nessa visão de mundo, o corpo ocupa posição de primeiro plano. A concepção africana distingue-se da ocidental, frequentemente usada para etiquetar o indivíduo negro como máquina produtiva. Segundo Mercer e Julien, "o racismo definiu os povos africanos como tendo apenas corpos e não espíritos: homens e mulheres negros eram vistos como máquinas musculosas, e desse modo a superexploração da escravidão podia ser justificada"[17].

Em todo discurso colonial, antigo ou recente, o corpo enquanto máquina produtiva é considerado único recurso humano do indivíduo negro. Veja-se, por exemplo, uma reflexão do Padre Antônio Vieira (embora inserida em outro contexto) quando numa carta aconselha o rei de Portugal a não conceder anistia aos quilombolas dos Palmares: "Conhecendo os demais negros que por este meio tinham conseguido ficar livres, cada cidade, cada vila, cada lugar e cada engenho seriam logo outros tantos Palmares, fugindo e passando-se às matas com todo o seu cabedal que não é outro mais que o próprio corpo"[18].

A frase de Vieira é depreciativa. A verdade, porém, é que os africanos outorgam à corporalidade um estatuto complexo. Os nagôs, por exemplo, diferentemente do zen-budismo, não

---

17. Cf. HEMPHIL, E. & MERCER, K. *Brother to Brother* – New writings by black gay men. Alyson, 1992, p. 171.

18. Cf. FILHO, I.A. *Jornal Espelho*, ano II, ed. esp. O autor cita documento por ele localizado na Biblioteca de Ajuda, em Lisboa.

suprimem corpo e espírito em busca de um estado absoluto, o não ego. O corpo vincula-se ao sagrado (o sagrado é parte constitutiva da pessoa tanto pela herança dos ancestrais quanto dos deuses), que é percebido como uma experiência de apreensão das raízes existenciais, até o ponto em que o vivido é apenas um conjunto de virtualidades.

Uma coisa é, portanto, o "sagrado", outra a "religião". Por sagrado entende-se o princípio de uma realidade separada, que permite um contato imediato com a divindade. Já a religião, administração e monopólio intelectualizado da fé monoteísta, visa a superar os transes emotivos e "violentos" (no sentido das experiências de sacrifício e de mobilização de forças cósmicas) do sagrado.

A experiência sacra é mais corporal do que intelectual (a cabeça, p. ex., é lugar sagrado, enquanto receptáculo do divino), mais "somática" do que propriamente "psíquica", quando se entende psiquismo como um registro de interioridade não ritualizável. Por outro lado, a corporalidade na *Arkhé* não se define em termos exclusivamente individuais, mas grupais, ou melhor, ritualísticos. O corpo integra-se ao simbolismo coletivo na forma de gestos, posturas, direções do olhar, mas também de signos e inflexões microcorporais, que apontam para outras formas perceptivas.

No conjunto de procedimentos cosmogônicos do grupo, portanto no rito (ao invés da racionalidade teológica do cristianismo ou da meditação, com que os orientais pretendem abolir o ego e atingir a verdade cósmica), o corpo encontra a sua totalidade, tornando-se ao mesmo tempo sujeito e objeto. O rito não é nenhuma técnica externa ao corpo do indivíduo, mas o lugar próprio à sua plena expressão e expansão.

Desse corpo integrado está-se falando quando tradicionalmente alguém pergunta em iorubá "como vai você?" Há várias maneiras de se dizer isso em iorubá moderno, corrente, mas na tradição do terreiro jeje-nagô, a questão se põe como "ara ré o lê?", o que significa literalmente "o seu corpo pode? O seu corpo está forte?"

A força (axé) torna possível a atividade, e o corpo, como a palavra, é um "objeto ativo". Assim definem-se os objetos compostos de um amálgama de elementos heteróclitos (animais, vegetais, minerais). Neste sentido, antes de ser "sujeito", o homem seria "objeto", por partilhar uma condição comum a animais, minerais e vegetais. O mesmo ocorre com os deuses, investidos de idênticos elementos.

Numa cultura de *Arkhé*, como a nagô-ketu brasileira, ganha primado, portanto, a relação integrativa do corpo com o território, isto é, com os outros homens, mas também com a terra, os minerais, os vegetais, as águas. Trata-se de fato de uma relação integrativa com a própria realidade do corpo humano, feito de minerais, líquidos, vegetais e proteínas. A exemplo da tradição africana, o corpo aparece como um microcosmo do espaço amplo (o cosmo, a região, a aldeia, a casa), tanto físico como mítico, o que faz da conquista simbólica do espaço uma espécie de "tomada de posse da pessoa"[19].

Na visão de Augé, o corpo humano pode mesmo ser concebido como uma porção de espaço, com suas fronteiras e defesas: "Se temos exemplos de territórios pensados à imagem do corpo humano, o corpo humano é muito geralmente, ao contrário, pensado como um território"[20]. Cita o exemplo das civilizações

---

19. Cf. ZAHAN, D. *Religion, spiritualité et pensée africaines*. Payot, 1970, p. 93.

20. AUGÉ, M. *Não lugares* – Introdução a uma antropologia da supermodernidade. Papirus, 1994, p. 59.

akan (atuais Gana e Costa do Marfim), onde o corpo é visto como um conjunto de lugares de culto, um centro para onde convergem elementos cósmicos e ancestrais.

Por outro lado, no próprio modo de entender o que seja uma civilização (ilaju, i. é, "rosto com marcas de linhas"), os iorubás inscrevem o espaço e a terra. Diz Thompson: "O mesmo verbo que civiliza o rosto com marcas que identificam os membros de várias linhagens urbanas e citadinas, civiliza a terra: *ô xá keké*; *ô sakô* (ele talhou as marcas [da cicatriz]; ele limpa o mato). O mesmo verbo que abre marcas em uma face iorubá, abre estradas ou fronteiras na floresta [...] Na verdade, o verbo básico para cicatrizar (la) tem associações múltiplas relacionadas com a imposição de um padrão humano sobre a desordem da natureza: pedaços de madeira, o rosto humano e a floresta, todos são 'abertos'[...]"[21].

Investimentos coletivos e individuais entrecruzam-se na territorialidade corporal, e, seja na África ou no Brasil, o corpo humano pode ser considerado um santuário. Na verdade, a importância primordial do corpo na *Arkhé* está na possibilidade que enseja de uma coesão comunitária. Por meio da corporalidade, resolve-se o problema da dicotomia (insolúvel até agora para o Ocidente) entre o singular e o coletivo, equilibrando-se o desenvolvimento da singularidade com a pressão do grupo. O que é bem-frisado por José Gil: "Isso deve-se ao fato de a comunidade primitiva deixar aberto esse espaço em que o significante flutuante podia circular; dizendo de outro modo: no domínio da comunicação dos signos, como no da sua apreensão e tradução, o que permitia que os códigos fossem transmitidos e compreendidos era uma determinada função do corpo"[22].

---

21. THOMPSON, R.F. "Yoruba artistic criticism". *The Traditional artist in african societies*. Cf. GEERTZ, C. *O saber local*. Vozes, 1998, p. 149.

22. GIL, J. *Metamorfoses do corpo* – A regra do jogo. LDA, 1980, p. 43.

"Significante flutuante" é a expressão lévi-straussiana para designar o corpo e suas energias, seus poderes de realização, chamados de axé pelos nagôs. O significante flutuante – que, para o antropólogo, tem múltipla significação (força e ação, qualidade e estado etc.) – é aquilo que faz funcionarem os códigos comunitários, presidindo às transformações ou passagens de uma situação a outra. Para o grupo nagô-ketu, é o bem mais valioso guardado pela comunidade-terreiro: é experienciado como um conteúdo real, acumulável e transmissível pela mediação corporal, propiciador das ações de crescimento e expansão do grupo.

Esse potencial de realização apoiado no corpo não leva ao poder, mas à soberania. São conceitos distintos, embora a soberania esteja na essência de todo poder. Agir soberanamente é decidir por um ato arbitrário, que não busca explicar-se ou justificar-se. Todo poder, isto é, todo dispositivo hierarquicamente subordinante, procura sempre negar os processos arbitrários de sua instituição por meio de recursos de legitimação assentados em finalidades precisas (ordem, coesão social, defesa contra o inimigo etc.). A soberania, ao contrário, deixa ver o arbítrio originário de suas determinações, o que lhe confere uma potência de negatividade, tanto do poder quanto do saber[23].

Diz Jeudy: "A soberania não se instala necessariamente na duração, ela pode aparecer, num dado momento, na expressão de um olhar, em uma maneira de falar, em atitudes simples..."[24] A soberania não pode ser avaliada por critérios políticos ou morais estabelecidos por um poder. Ela existe sem causa, sem supremacia de um ponto de vista ou de uma finalidade, e não

---

23. Cf. JEUDY, H.P. *Sciences sociales et démocratie*. Circé, 1997, p. 157-219.

24. Ibid., p. 184.

se impõe porque seja subordinante, e sim fascinante. Georges Bataille chama a criação artística de "operação soberana". No afrodescendente a soberania é revelada pela exibição do segredo, que perpassa o corpo e a liturgia.

Por efeito dessa cultura que joga do lado da pulsão e do corpo, o homem da *Arkhé* é permeável a mundo e cosmo. A divisão estrutural (consciente/inconsciente) que, na modernidade ocidental, define o psiquismo do sujeito, não é a mesma coisa que essa abertura originária para mundos possíveis, para a modulação de uma situação existencial a outra – ou seja, da existência puramente humana para o contato com a divindade ou o ancestral.

O transe ou incorporação de divindades (que tanto cristãos quanto zen-budistas rejeitam por considerar uma espécie de "intoxicação" psíquica ou religiosa) acontece na *Arkhé* africana como uma experiência de passagem de um plano para outro, como a vivência somática de um princípio cósmico que permite, graças aos ciclos repetitivos da cosmogonia, reinterpretar-se, no aqui e agora do rito, a *Arkhé*. Nada é inconsciente, porque nada se recalca, tudo se visibiliza na dramaticidade ritualística. Divindades e ancestrais, origem e morte reencontram-se no instante de deslocamento ritualístico de corpos num espaço.

Configura-se aí uma complexa estrutura de personalidade, que faz do indivíduo iniciado um verdadeiro templo vivo, uma articulação especial de instâncias psíquicas pertencentes tanto ao registro mítico quanto ao das identificações psicossociais. São várias as divindades que compõem a identidade mítica de uma pessoa, presididas pelo "dono da cabeça", o orixá principal para aquele indivíduo específico. A relação entre as divindades presentes numa "cabeça" individual é designada pela palavra enredo, que evoca as noções de trama ou de narrativa. E durante toda a vida do iniciado, a identidade mítica desdobra-se como uma urdidura ficcional, plasticamente aberta a novas identificações no mito e na história, deixando patente a natureza simbólica (portanto, "ilusória") do jogo identitário.

Explicita-se a força da narratividade e do artifício simbólico na construção da identidade pessoal. Faz-se, "fabrica-se" culturalmente o sujeito da iniciação, com tal clareza que esse processo é denominado de feitura pelo grupo. Divindade e iniciado fazem-se sujeitos de um pacto simbólico, pelo qual o primeiro diz seu próprio nome e o segundo compromete-se a celebrá-lo, a cumprir obrigações ritualísticas. A incorporação da divindade pelo iniciado será sempre uma ponte entre o individual e o coletivo, entre o mito e o aqui e agora histórico. No transe, nada de biologia ou psicologia como razões explicativas últimas, tão só radicalidade ética.

É verdade que a pessoa existe na história e, consequentemente, na dinâmica de suas transformações. Ao integrar-se na sociedade global, o indivíduo da comunidade litúrgica reflete a realidade proto-ocidental que o condiciona e não pode certamente ser descrito em sua inteireza pela cosmogonia de uma África já em esvaecimento. No entanto, registra-se aí o trabalho da dimensão identitária da ipseidade, aquela a que Ricoeur chama de "manutenção da palavra dada", ou seja, fidelidade do sujeito a um "apalavramento" ou interpretação histórica de um princípio fundador. A preservação do sentido de *Arkhé* – o Mesmo sempre interpelado pelos descendentes de africanos ao se interrogarem na liturgia dos terreiros sobre suas raízes existenciais e sobre os seus modos fortes de presença no mundo – produz o entendimento de que existe um diferencial na subjetividade concreta desse afro-brasileiro.

Para começar, vale suscitar uma distinção entre interioridade e subjetividade. Esta última designa o modo de existência do sujeito enquanto radicalmente separado, desde o início da modernidade ocidental, do objeto ou da exterioridade. "Alma", ideia de movimentação e satisfação da subjetividade, inexiste no espaço exterior, não é nada objetivo. Subjetividade e objetividade são funções complementares e excludentes entre si.

Num espaço "arcaico", seja africano ou mesmo relativo à antiguidade europeia, as coisas não se passam assim. Observa Ledrut: "O mundo não era objeto de representações puramente geométricas e de atividades puramente técnicas fundadas na exterioridade. A interioridade não era ainda a da pura subjetividade. Exterioridade e interioridade não se opunham absolutamente. Isto quer dizer que uma coisa podia estar ao mesmo tempo aqui e em outra parte, onde há contudo uma outra coisa. Os seres não eram totalmente e sempre exteriores uns aos outros [...] De uma certa forma, um ser podia ao mesmo tempo envolver um outro (formar o seu lado de fora) e se achar por ele envolvido (constituir o seu lado de dentro). Isso não é possível em nosso espaço"[25].

O sociólogo está fazendo referência ao sentido de totalidade orgânica, onde as partes carregam em si as outras, ainda que fisicamente distantes. É possível falar aqui de comunidade antiga. Um ser pode simpaticamente exprimir o outro, quando correspondência e expressão caracterizam a sua interioridade recíproca. Numa dimensão de interioridade, como a que se registra na comunidade litúrgica afro-brasileira, a individualidade mantém-se em comunicação constante com mundo e cosmo (por estes envolvida, mas simultaneamente envolvendo-os li-

25. LEDRUT, R. *La révolution cachée*. Casterman, 1979, p. 129.

turgicamente), aceitando o jogo do móvel equilíbrio para a unidade, sempre refeita, da pessoa.

Inexiste aí a consciência como metáfora de uma introspecção pensante, autônoma e capaz de conter o mundo. Este não está encerrado na consciência de um sujeito, porque o sujeito é parte dele e com ele mantém correspondência constante. Os mitos não são fantasias incomunicáveis de uma subjetividade isolada, mas atualizações pessoais de construções coletivas dramatizáveis e dançáveis. As narrativas míticas esclarecem questões concretas do cotidiano e ajudar a elaborar a angústia da existência humana.

"Misticismo" não é palavra adequada para se descrever esse tipo de estrutura. De fato, misticismo – corpo de ideias ou de signos do sobrenatural – não é o mesmo que mística. Esta implica comunhão com o cosmo, uma experiência de ser pelo êxtase ou vivência corporal de uma situação-limite, para além do descontrole individualista. Na mística, o corpo põe em segundo plano o conceito e o discurso, erigindo o silêncio como preceito ético.

Na tradição africana, o silêncio não é um simples ato deliberado, a decisão voluntária de uma subjetividade ilhada, mas uma espécie de pudor ontológico de um tipo de sujeito que, ciente da insuficiência da fala ou dos limites da comunicação discursiva, dá lugar a outra realidade, a do corpo. Silêncio não se define pela falta de algo, mas por outra realidade, situada antes e depois da palavra. É uma realidade que engendra a si mesma e apresenta-se à consciência ética na *Arkhé* como virtude fundamental.

Implica o silêncio do iniciado a interiorização de um simbolismo, que pode confundir-se com os aspectos musculares e fisiológicos do indivíduo, mas torna-se perceptível nos movimentos, na dança, na celebração e nos diferentes modos de percepção do mundo (intuição, adivinhação etc.).

Diz um verso de W.H. Auden que "*guessing is more fun than knowing*". Essa dimensão em que "adivinhar é mais divertido do que conhecer" é afim à forma do saber direto, intuitivo, sobre o mundo correspondente ao modo de percepção na *Arkhé*. O corpo conhece de modo próprio, antecipando, intuindo, adivinhando. Há um micropensamento corporal, que vive mais de objetos externos (búzios, vegetais, animais etc.) do que internos, no sentido que a psicologia costuma atribuir a "objeto interno" (psiquismo subjetivado). A própria palavra pode "objetivar-se" fisicamente, prescindindo de sua semântica interna: às vezes, não se sabe o que significa uma palavra num cântico determinado, mas ela se investe ainda assim da força do princípio, a força coesiva do grupo.

Por isso, quando entre os nagôs, interroga-se o oráculo (Ifá) sobre a identidade ou o destino de alguém, a pergunta parte de sua própria singularidade corporal, ao lado de coisas ou suportes externos. Ifá implica tanto o sentido de "sombra" (lado obscuro das coisas) como quietude ou silêncio do corpo. Nesse estado, revela-se a verdadeira natureza das coisas. A pressuposição do silêncio torna possível a fala, a música, o sentido. Mas é igualmente a pressuposição de uma originariedade a partir da qual se constitui e se realiza o modo de ser dos homens.

"Quem traz inscrito no próprio ser o destino de celebrar nasce, como o minério, do silêncio da pedra", escreve Rainer Maria Rilke. A celebração é uma experiência central na *Arkhé* africana, inseparável da corporalidade, afim por sua vez à dimensão ética do silêncio. Deslocando-se num território para conquistar, trabalhar ou celebrar (dançando, p. ex.), o corpo humano afirma-se como a possibilidade silenciosa, mas ativa, de qualquer movimento de construção do mundo. É essa possibilidade que os nagôs celebram ao comemorar uma data ou reverenciar cosmogonicamente uma divindade.

Nenhuma utopia, nenhum milenarismo, aciona essa cultura celebratória. A constante renovação do empenho mítico do terreiro apoia-se explicitamente nos ritos destinados à transmissão e expansão do axé (termo, como já foi acentuado, denotativo de força ativadora ou potencial de passagem para a realização do que importa à vida) e, latente ou implicitamente, no sentido de *axexê*, termo que designa o ciclo dos ritos mortuários celebratórios da morte de um indivíduo e reequilibradores de vínculos comunitários abalados pela perda.

Axexê implica o morto recente, mas também os ancestrais fundadores, as origens do grupo, garantias míticas de continuidade das gerações futuras. Por meio do axexê, o corpo comunitário, que contém o legado dos fundadores e socializa os ritos, funde-se aos corpos individuais. Equivale também ao que chamamos aqui de *Arkhé* (origem e fim): de um lado, princípios éticos (ancestrais) com que o escravo e seus descendentes se identificaram na história de sua vicissitude existencial e de suas estratégias de ressocialização no espaço nacional brasileiro; de outro, experiência de uma abstração trans-humana (não uma identidade abstrata, mas um "mesmo" latente e reinterpretável na história), sentido profundo da coesão grupal. O cósmico e trans-humano da *Arkhé* é necessariamente sustentado tanto por uma ética de ancestralidade como por uma movimentação política destinada a garantir uma margem de identificações originárias para assegurar o caminho futuro.

7
A raça e o segredo

Torna-se evidente que as representações identitárias do homem negro veiculadas pelos discursos hegemônicos na sociedade oficial brasileira não são as mesmas pelas quais sempre se reconheceu o indivíduo direta ou indiretamente articulado com as comunidades litúrgicas de origem africana. Nestas, o descendente de escravo (que podia ser reconhecido como "indivíduo" no mesmo movimento em que se lhe desconhecia a "personalidade") adquire estatuto de pessoa.

A primeira narrativa ficcional a reconhecer esse estatuto foi, sem sombra de dúvida, a de Jorge Amado, que contraria o preconceito quanto a negros e índios persistente no pensamento e nos escritos das elites. A visão da cultura afro-brasileira como resultante de uma "primitiva selvajaria" parte de José de Alencar no século XIX e chega ao século XX com gente como Nina Rodrigues e Oliveira Lima – este último, por exemplo, define os cultos afro-brasileiros como "grotescas e terríveis superstições"[1] –, estendendo-se a intelectuais coetâneos ao fim de milênio.

Mas a mesma espécie de personagem que, na literatura de José de Alencar, fora descrito como animalizado e diabólico (o Pai Benedito de *O tronco do ipê*), transforma-se no heroico *Pai*

---

1. Cf. LIMA, O. *D. João Sexto no Brasil* (1908). Topbooks, 1996, 790 p.

Jubiabá[2], de Jorge Amado. O qualificativo "feiticeiro", aplicado tanto a um como a outro corresponde na realidade a uma função sacerdotal em nada "diabólica" (a de "pai de santo" ou "zelador de orixá") perfeitamente ajustada e regulada no interior da comunidade litúrgica.

"Feitiço" é um tipo de manipulação ritualística de elementos simbólicos, corrente na prática litúrgica dos terreiros e suscetível de efeitos sedutores, por seu forte apelo junto ao imaginário coletivo, sobre indivíduos da sociedade global "branca". Já em *O tronco do ipê*, Alencar admite a propósito do Pai Benedito: "Não faltava também quem recorresse a seu poder sobrenatural para cura de certas enfermidades, para descobrimento de coisas perdidas e realização de ocultos desejos"[3]. Em Jubiabá, Amado reprisa o efeito: "Vinha muitas vezes gente rica, doutores de anel, ricaços de automóvel"[4].

Entre Alencar e Amado, interpõem-se, entretanto, dois romances singulares. O primeiro é *O bom crioulo* (1895), de Adolfo Caminha – que reconhece e valoriza a pessoa do negro –, hoje tido como um dos pontos altos do naturalismo brasileiro. O segundo é *O feiticeiro*[5], de Xavier Marques. Nele transparece a atmosfera litúrgica dos terreiros baianos, com descrições etnograficamente aceitáveis, se não extraídas da obra de estudiosos como Manoel Querino, certamente obtidas da própria experiência do autor com o candomblé nagô. O enredo equi-

---

2. AMADO, J. *Jubiabá*. Record.

3. ALENCAR, J. Op. cit., p. 77.

4. AMADO, J. Op. cit., p. 116.

5. Cf. MARQUES, X. *O feiticeiro*. GRD/MEC, 1975, 248 p. Esse romance foi primeiro publicado em 1897 com o título de *Boto & Cia.*, e depois, em 1922, como *O feiticeiro*. Trata-se de uma narrativa naturalista, reverenciada por escritores e intelectuais como Júlio Ribeiro, Jackson de Figueiredo e outros, mas na verdade sem grande força literária.

libra paixões amorosas e políticas com a ação do pai de santo Elesbão, príncipe africano escravizado, áugure que usa o feitiço para conduzir os destinos dos personagens. Aos consulentes, lia a sorte nos búzios, advertia dos perigos, prometia os favores dos deuses, e chega mesmo a assegurar a um jovem político que "Ogum ia declarar guerra aos inimigos de D. Pedro".

Interessante nesse romance é que, numa época de preconceito feroz contra tudo que dissesse respeito a negros, os personagens tratam ora com temor, ora com reverência, a liturgia afro-brasileira. "Os negros do candomblé? Afirmo. Se há entre eles meliantes e histriões, não são em maior número do que os do nosso credo. O prestígio de um feiticeiro africano aos olhos dos filhos do terreiro não fica atrás do de um prelado de qualquer igreja a quem as damas civilizadas veneram"[6]. Além disso, o texto inteiro contém referências respeitosas a árvores sagradas, oferendas propiciatórias e consequências dos feitiços.

Mas há também descrições francamente preconceituosas: "Muita gente imóvel nas imediações via passar um magote sombrio, cuja tristeza respirava o que quer que fosse de grotesco. Negros africanos, cambaios, patudos, encartuchados em velhos redingotes, negros minas, geges, nagôs e crioulas, umas de trunfa branca, outras de carapinha ao sol, com largos panos de chita preta e panos da Costa, listrados de azul, pelos ombros abaixo, moviam-se como um bando de urubus em direitura às Portas do Carmo"[7]. A depreciação aqui não atinge a liturgia, mas a figura física do negro.

Dessa mesma liturgia sedutora e de seus desdobramentos lúdicos, culinários, medicinais, éticos etc., vale-se Amado para

---

6. Ibid., p. 30.

7. Ibid., p. 247.

construir mitos que intensificam literariamente muitas das proposições identitárias de Gilberto Freyre. Os zeladores de orixás, os jogadores de búzios, os "filhos de santo" (diz-se do conjunto "povo de santo" ou "gente que vive na lei do santo"), são transvalorados, isto é, "ressignificados" pela narrativa literária, enquanto elementos capazes de contribuir para a formação de um povo original na direção da "terceira raça", do etnotransculturalismo mestiço ou amorenado de Freyre. Nessa transfiguração étnica, o negro ganha respeito: "Os homens baixaram a cabeça, bem sabiam que eles não podiam com Jubiabá, que era pai de santo"[8]. E também transforma-se em herói social, como é o caso do personagem "Antonio Balduino", protagonista de Jubiabá.

Não faltam críticos prontos a recusar a inscrição de Jorge Amado no Olimpo da literatura de grande alcance simbólico (aquela a que Antonio Cândido chamou "de depuração"), apontando-lhe falhas de composição ou de desvio da ordem "geométrica" ensinada por Flaubert ou mesmo por Machado de Assis[9]. Outros abominam a sua romantização do povo – prostitutas piegas, negros operários com uma consciência moldada pelo realismo socialista, crítica da burguesia pelo comportamento boêmio, representação sentimental de conflitos de classe. Assim, os personagens representam mais tipos – pitorescos, folclorizáveis – do que pessoas com uma profundidade ou uma singularidade históricas. Indivíduos e território tornam-se ingredientes de uma estética carnavalesca, guiada pela emoção genérica do realismo socialista.

---

8. Ibid., p. 34.

9. Apesar de tudo, há uma certa unanimidade quanto a *Os velhos marinheiros* como uma das obras-primas da literatura nacional.

Dissensões literárias à parte, o fato é que a narrativa de Jorge Amado, na esteira do pensamento identitário de Gilberto Freyre, revela-se antenada com uma percepção divertida e aguda das ambivalências normativas provocadas por oscilações ou modulações da ética social imediata. Cristaliza, ademais, a atmosfera afetiva das relações de classe social mediadas por comida, humor, sexualidade, música e religião.

Entretanto, apesar da caracterização positiva do indivíduo negro, o que é algo de novo na história da narrativa brasileira, a ficção amadiana, do ponto de vista ético, ainda está amarrada a processos cognitivos atuantes no interior do pensamento racialista. A ideologia da mestiçagem ali veiculada interpreta fatos de cultura como reflexos de processos biológicos subjacentes: a "sensualidade" ou a "magia" do negro funcionam, do mesmo modo que em Gilberto Freyre, como uma espécie de tempero para o "prato" de uma única cultura nacional. As diferenças são homogeneizadas por uma solução de compromisso idealizada.

É, assim, enquanto "reagente químico" para a mestiçagem, que o sujeito negro, indivíduo ou grupo, pode ser valorizado. Por isso, foi tão facilmente recalcada na esfera pública a presença do negro nos espaços da criação artística no passado (séculos XVIII, XIX e começo do século XX), mas também facilmente exaltada, no período nacionalista da Nova República, a sua inventividade na canção e no futebol, atividades populares, então tidas como aquém da produção de elevado sentido simbólico.

Supõe-se, por exemplo, que da malícia, da elasticidade inter-racial, apontadas como características do mestiço, teria advindo a singularidade do futebol brasileiro. Um produto "moreno" de alemão com brasileira, Artur Friedenreich, foi classificado como "um dos maiores brasileiros vivos" por suas façanhas futebolísticas. Jogadores negros e mulatos como Domingos da

Guia, Leônidas da Silva, Garrincha e Pelé encarnaram ao longo dos tempos o mito da democracia racial por meio desse jogo que Freyre veria como "uma nova expressão da nossa mulatice, caracterizada pelo prazer de elasticidade, de surpresa, da retórica, que lembra passos de dança e fintas de capoeira"[10].

Por trás da mestiçagem encontra-se a ideia de uma "raça" capaz de resolver o problema da distância entre o paradigma branco-europeu e a diversidade das pigmentações de pele humana no mundo. A enunciação latente no pensamento da mestiçagem não difere tanto de enunciados pertencentes a um tipo de racismo como o de Gustave Le Bon: "Bastaria [...] deixar intervir o tempo para ver as camadas superiores de uma população separadas intelectualmente das camadas inferiores por uma distância tão grande quanto a que separa o branco do negro, ou mesmo o negro do macaco"[11].

Na ideologia da mestiçagem, o amorenamento é uma especial "solução de compromisso" entre o branco e o negro, ao mesmo tempo em que um empenho de afirmação antropológica da "unidade da raça". Por isso, o horizonte ético da mestiçagem latino-americana desenha-se como uma espécie de atenuação biológica da distância entre peles claras e escuras, ou seja, uma "raça terceira". A confusão entre o biológico e o cultural promovida por essa ideologia é a mesma que historicamente cauciona o pensamento racista.

É certo que, meio século atrás, não era tão divulgada a certeza, agora corrente na aprendizagem da ciência biológica, de que o conceito de raça é inviável se aplicado a seres humanos. Raça, que implica indivíduos com patrimônios genéticos dife-

---

10. FREYRE, G. *Sociologia*, vol. 2, p. 421s.

11. Cf. TODOROV, T. Op., cit., p. 136.

rentes, não existe (a menos que se fale de "raça humana"). Hoje começa a ter curso a expressão "espécie humana", que é única e abrange todos os seres humanos. Equivale mais ou menos ao que os zulus, na África do Sul, denominam Ubuntu, ou seja, o conceito de humanidade enquanto reconhecimento dos outros como companheiros da espécie humana[12].

São evidentemente diferentes os fenótipos ou aparências (forma, cor, estatura), que correspondem a manifestações variadas do patrimônio genético e, portanto, ensejam a caracterização de "tipos físicos" ou "tipos étnicos" variados. As etnias ou as etnicizações são geralmente artefatos conceituais criados pelos grupos dirigentes, para melhor controlar determinadas contradições sociais em seu movimento de construção do Estado. A percepção imediata classifica automaticamente, a partir das noções inventadas (raça ou etnia), a maioria dessas diferenças fenotípicas.

Explica a biologia ser o fenótipo regido pelo patrimônio genético, que se transmite em apenas a metade de pai para filho. As aparências não são, portanto, o mesmo que patrimônio genético. E este é idêntico (com diversidade não superior a 8% entre povos distintos) em toda a espécie humana. Falar-se de "raça" só é admissível como noção culturalmente (e jamais biologicamente) marcada, donde a possibilidade da "relação racial", isto é, aquela caracterizada por dissimetria nas relações hierárquicas e simbólicas entre seres humanos em virtude de diferenças fenotípicas.

Esta relação pressupõe uma identidade baseada na ficção intitulada "raça" e se concretiza sempre no quadro de relações de

12. Este conceito proveniente da sabedoria tradicional zulu ganhou matizes políticos entre os negros sul-africanos após o fim do regime de *apartheid*.

dominação entre atores sociais. O simples preconceito pode ser um ponto de partida, mas não basta para caracterizar um racismo, por mais equívoca que possa parecer esta noção. É preciso existir a ficção de uma realidade identitária (psicológica, social, humana) radicalmente separada – e eventualmente modulável segundo a variedade dos contextos discriminatórios – para que ocorra o racismo.

Todo racismo desenvolve-se, assim, no quadro de uma "relação racial". Mas à falta de fundamento científico para a ideia de raça, junta-se a equivocidade da própria noção de racismo, como bem salienta Taguieff[13]. Para este, o racismo apresenta-se, primeiro, heterofóbica e universalistamente, como denegação de identidade: o outro, indivíduo ou grupo, não tem valor, inexiste; segundo, heterofílica e diferencialistamente, como denegação de humanidade: o outro não pertence à mesma espécie humana, logo é "absolutamente outro". A esta distinção canônica entre racismo universalista e racismo diferencialista, Taguieff agrega as categorias "espiritualismo" (ou culturalismo) e "biomaterialismo", para chegar à formulação de quatro grandes tipos de racismo:

1) Racismo universalista de tipo espiritualista – enunciado básico: as raças evoluem e tornam-se superiores na razão direta do progresso civilizatório.

2) Racismo universalista de tipo biomaterialista – enunciado básico: há raças atrasadas e raças adiantadas, cabendo às ultimas posição superior numa escala hierárquica entre os homens.

---

13. Cf. TAGUIEFF, P.-A. *La force du préjugé* – Essai sur le racisme et ses doubles. La Découverte, 1988. • *Les fins de l'antiracisme*. Michalon, 1995. Nessas duas obras, o filósofo e cientista político francês, autor indispensável nessa problemática, explicita longamente o seu modelo dual de análise da relação racial.

3) Racismo diferencialista de tipo espiritualista – enunciado básico: as identidades espirituais das raças ou mesmo grupos humanos são radicalmente diferentes e impermeáveis umas às outras, não havendo aproximação cultural possível.

4) Racismo diferencialista de tipo biomaterialista – enunciado básico: a miscigenação ou cruzamento inter-racial viola as leis naturais, já que não há hibridação aceitável entre as raças humanas.

Taguieff não é o único a fazer classificações. Ao que ele designa como "racismo universalista de tipo biomaterialista", Appiah chama de "racismo extrínseco"; ao "diferencialista de tipo espiritualista" faz corresponderem o "racismo intrínseco" e o "racialismo"[14]. O interesse dessas taxionomias reside principalmente na orientação que trazem para a prática antirracista, mostrando que cada tipo de racismo gera um tipo de antirracismo correspondente e pode ser analisado ou combatido por argumentos específicos (o racismo predominante no Brasil é, sem dúvida, o de tipo "espiritual ou cultural-universalista").

As taxionomias deixam também mais claro que os operadores cognitivos de todo racismo são representações ou construções discursivas centradas nas noções de raça[15]. Em consequência, mesmo um discurso com pretensão antirracista (p. ex., o racialismo que atribui um valor intrínseco ao ser negro) pode incorrer ontologicamente num tipo de racismo, se apela conceitualmente para a ideia biologista de raça. Esse traço ontológico

---

14. Cf. APPIAH, A.K. *Na casa de meu pai* – A África na filosofia da cultura. Contraponto, 1997.

15. O termo "etnia" tem substituído "raça" nos discursos sociais, mas também é cientificamente insuficiente, uma vez que seus marcadores conceituais (língua, mentalidade, costumes etc.) apenas culturalizam ou espiritualizam o que na ideia de raça é primordialmente biologia.

ainda não é propriamente um "racismo histórico", por inexistência de contexto discriminatório, mas constitui sem dúvida um risco ético.

Mestiços, mulatos, morenos

Também a noção de "mestiçagem" (a palavra vem do latim *mixticius*, derivada de *mixtus*, misturado), aplicada a seres humanos, só tem sentido numa enunciação racialista: mestiço é o cruzamento de duas raças. Ora, toda a espécie humana, que é fundamentalmente nômade e aberta ao conhecimento, resulta de misturas. Miscigenar-se é fenômeno de praxe na gênese dos povos, há sempre povos intermediários entre outros com aparências muito distintas. A espécie humana é a resultante de uma vasta pluralidade fenotípica.

Por que então falar-se de mestiço como uma espécie diferenciada? Certamente, para fins de uma hierarquização "racial" entre um paradigma hegemônico e as variações fenotípicas da humanidade. Para tal paradigma há apenas os brancos e os outros. Os primeiros são semiotizados por uma vaga noção de "pureza" e não como raça (a não ser nos discursos extremistas): raça é sempre o outro. É comum ler-se na imprensa uma frase do tipo "a bela atriz Fulana de Tal". Se for negra, muito provavelmente aparecerá a qualificação racial: "A bela atriz negra Fulana de Tal".

Por isso, não se aplica a designação "mestiço" a filhos de, por exemplo, franceses com italianas, mas seguramente a filhos de africanos com francesas. Essa palavra nomeia em geral um indivíduo "de segunda classe" e pode ser conotada diferentemente, segundo a diversidade das estratégias identitárias. Um *mestizo* mexicano não é o mesmo que um mestiço brasileiro, pois designa um membro da classe dominante no México, fenotipicamente diverso do branco europeu, mas ideologicamente "branco"[16].

Na América Latina, o termo "mestiço" é às vezes substituído por "moreno" (do latim *maurus*, mouro) para identificar indivíduos de grupos étnicos socialmente ascendentes. Em La Paz, por exemplo, uma festa anual de devoção a "Jesus del Gran Poder" (análogo à Santíssima Trindade) apresenta uma dança denominada morenada, que congrega desde comerciantes e universitários até os "negritos del Ayacucho".

O prestígio da festa coincide com a forte dinâmica da cultura popular na Bolívia a partir dos anos de 1970, mas também com a entrada na cena pública metropolitana de grupos oriundos das populações indígenas (aimaras e quéchuas), tradicionalmente marginalizados. Apesar do caráter religioso, mítico e recreativo da comemoração, o significante "moreno" circula socialmente como parte de uma estratégia discursiva de homogeneização das diferenças fenotípicas e culturais[17].

No Brasil, as palavras mestiço, mulato ou até mesmo moreno operam uma identificação entre as dimensões da biologia e

---

16. Vale lembrar que, num determinado momento da história do *apartheid* sul-africano, os indianos, que formavam importante comunidade comercial, foram declarados "brancos honorários", como estratégia oficial para se contornar as duras leis de segregação.

17. Em meados da década de 1990, o vice-presidente da Bolívia, Victor Hugo Cárdenas, era pela primeira vez na história um indivíduo pertencente ao grupo indígena aimara. Por outro lado, o presidente do Peru, Alberto Fujimori (pertencente à minoria de origem japonesa, fisicamente parecida com o grupo indígena quéchua), proclamava que "a elite branca fracassou". Para ele, as elites são egoístas: "Seus grupos de interesses egoístas só atuam em proveito próprio e não do país" (cf. *Folha de S. Paulo*, 05/10/1996, citando entrevista de Fujimori ao jornal *Neue Kronen Zeitung*, de Viena). Esta argumentação não tinha nenhuma amplitude política nem implicava qualquer formulação estratégica para o país, mas encaixava-se bem no discurso nacionalista de base étnica característico do período de globalização econômica do mundo, que tende a enfraquecer o Estado nacional.

da cultura a pretexto de se demonstrar a mestiçagem como singularidade civilizatória (ao mesmo tempo sexual e cultural) do país. Autores como Euclides da Cunha e Nina Rodrigues eram francamente pessimistas quanto à mestiçagem, considerando-a um retrocesso no processo de constituição do povo nacional, por ser fonte de desequilíbrios "morais e sociais". No entanto, a afirmação de uma identidade cultural espelhada num tipo nacional, o "brasileiro", dotado de caráter próprio e predominantemente mestiço, atravessou todo o período de consolidação e modernização da república, estendendo-se, como já sabemos, até o final do século XX. É essa a principal afirmação ético-identitária da reflexão social de Gilberto Freyre ou da literatura de Jorge Amado.

No que pese às restrições teóricas ou filosóficas a essa posição ético-identitária, é imperativo levar em conta os argumentos no sentido de que a valorização da mestiçagem ou da "birracialidade" pode ter efeitos positivos no quadro das estratégias sociais antirracistas. A afirmação concreta da mestiçagem em determinados contextos sociais enfraquece os pressupostos de "pureza" da cor branca.

Merece também consideração o argumento de que a mestiçagem (*mixed race*) tem curso próprio nas comunidades negras de um país como os Estados Unidos[18]. Há toda uma história de "superioridade" entre peles mais claras e mais escuras. É como se a "humanidade" se medisse na razão inversa do escurecimento epidérmico. Daí as técnicas de "desnegrificação" (cremes para a pele e cabelos, lentes de contato, cirurgia plástica etc.),

18. Cf. GORDON, L.R. "Critical 'Mixed Race'?" *Social Identities*, 1, n. 2, 1995, p. 381-395. Carfax.

que concorrem para aumentar a distância entre o indivíduo e a negritude absoluta[19].

Não se trataria, no entanto, de o negro querer passar por branco, mas de passar por mestiço (*mixed*). Mesmo quando o indivíduo já se sabe resultante de um cruzamento do mais claro com o mais escuro, torna-se imperativo parecer, ou seja, investir-se de recursos estéticos da cor hegemônica, que é a clara.

O ponto central em toda essa questão é que a cor, numa ordem social regida pelo paradigma branco-ocidental, constitui recurso simbólico importante na competição pelo emprego. Isto é corroborado por Reich, destacado economista político norte-americano, ao descrever as três categorias de trabalho (em emergência nos Estados Unidos e em outros países) que terão posições competitivas no futuro: (1) serviços rotineiros de produção (fabricação de produtos acabados, comercializáveis no mercado mundial); (2) serviços pessoais (trabalhos executados pessoa a pessoa, que variam de vendedores a guardas de segurança); e (3) analistas simbólicos (especialistas em identificação e solução de problemas por meio da manipulaçao de símbolos, tais como engenheiros de projeto, pesquisadores, financistas, consultores, editores, jornalistas, professores universitários etc.)[20]. No último decênio do século XX, estas três categorias já respondiam por 75% de todos os cargos funcionais nos Estados Unidos.

---

19. Vale observar que, em determinados contextos, o *marketing* pode funcionar como técnica de "desnegrificação". Assim é que nas eleições municipais de São Paulo, em 1996, a epiderme escura do eleito, Celso Pitta, foi "apagada" pelo discurso publicitário, que trabalhou a associação do candidato à figura politicamente forte de um protetor: o então Prefeito Paulo Maluf.

20. Cf. REICH, R.B. *O trabalho das nações* – Preparando-nos para o capitalismo do século XXI. Educator, 1994, 317 p.

Na avaliação feita por Reich do trabalho de produção rotineiro nos Estados Unidos, no início da década de 1990, a cor é um elemento importante na classificação das funções: "Aqueles que lidavam com metais eram na maioria homens de cor branca; aqueles que lidavam com confecções, placas de circuitos ou informática eram na maioria mulheres, negras ou hispânicas; seus supervisores, homens brancos"[21]. Quanto aos analistas simbólicos, "a imensa maioria é composta por homens brancos, mas a proporção de mulheres brancas está crescendo, e há ainda entre eles um pequeno número lentamente crescente de negros e hispânicos"[22]. Por outro lado, segundo as previsões demográficas para as primeiras décadas do século XXI, a maioria da mão de obra, onde a remuneração tende a ser baixa, será de negros e hispânicos.

Admitindo-se a irreversibilidade da globalização produtiva da economia, é de se supor que essas tendências visíveis no sistema de emprego norte-americano se reproduzam em economias interdependentes, com matizes mais brandos ou mais duros, segundo as características físicas, econômicas e sociais de cada país. Num país como o Brasil, onde a desigualdade de distribuição de renda se acentua em faixas humanas fenotipicamente mais escuras da estrutura social, a questão da cor, sua redefinição simbólica, investe-se de importância política.

Uma outra experiência

O problema da reelaboração do estatuto cultural do sujeito afro-brasileiro é, antes de mais nada, ético. Num romance de Cornélio Pena em que se aborda a escravidão[23], esse pro-

21. Ibid., p. 163.

22. Ibid., p. 165.

23. PENA, C. *A menina morta*. José Olympio, 1954.

blema transparece na consciência de personagens negros. Há uma fazenda decadente no Vale do Paraíba, e personagens que se ressentem da morte de uma criança em meio aos embates da relação escravagista, encenada como uma fonte de sofrimento moral e suscetível de inviabilizar a continuidade da fazenda. Esta pode ser muito bem-interpretada como uma metáfora do país, indiferente ao drama ético (psicológico, moral, político, econômico) da população descendente de escravos.

Na mesma época em que Pena publicou o seu romance, Guerreiro Ramos, um dos mais destacados sociólogos brasileiros, levava a público a sua crítica veemente à socioantropologia do negro, com a observação de que seus epígonos (autores como Oscar Freire, Nina Rodrigues, Arthur Ramos) "glosavam" aqui as atitudes e as categorias dos estudiosos europeus e norte-americanos, com escassa originalidade conceitual e metodológica.

Ramos incitava à revisão desses estudos, chamando a atenção para a efetividade do problema psicológico (colocando o econômico em segundo lugar), ao mesmo tempo em que assumia sua identidade pessoal. "Sou negro, identifico como meu o corpo em que o meu eu está inserido, atribuo à sua cor a suscetibilidade de ser valorizada esteticamente e considero a minha condição étnica como um dos suportes do meu orgulho pessoal – eis aí toda uma propedêutica sociológica, todo um ponto de partida para a elaboração de uma hermenêutica da situação do negro no Brasil"[24].

A ficção de Jorge Amado tem inegáveis méritos político-sociais quanto à valorização dessa diferença fenotípica que, como vimos, é relevante no jogo social e até indicada como ponto de

24. RAMOS, A.G. "Introdução crítica à sociologia brasileira" (1954), com o título *Cartilha brasileira do aprendiz de sociólogo*. UFRJ, 1995, p. 199.

partida psicológico ou ético para uma hermenêutica sociológica. Mesmo que cientificamente incorreta (do ponto de vista da genética contemporânea, onde o conceito de raça não se sustenta), a proposição freyre-amadiana tem um valor pragmático (em suas dimensões sociológicas e psicológicas), considerando-se os seus fatores práticos nas táticas de penetração no universo do emprego e no relacionamento com a sociedade global.

No entanto, ainda que valorizando personagens e crenças afro-brasileiras, essa ficção não afirma a presença da diferença litúrgica na vida nacional como um processo de transcendência coletiva, isto é, como o movimento ontológico de um grupo (a comunidade litúrgica) na direção de um outro (o estamento de pele clara que controla os aparelhos de Estado) ou da sociedade em geral, por meio de uma experiência radical do sagrado.

O que o texto de Jorge Amado apreende – desde fora, a partir de uma consciência afetiva, mas exterior – são os signos imediatos de uma religiosidade diversa, suscetível de fornecer oportunamente as aparências de um sincretismo parcial com o catolicismo. Os cultos de origem africana são estetizados como índices do fervor místico e festivo das massas, do povo nacional simbolizado pelo negro, aquele que suportou no corpo o ônus da acumulação primitiva do capital no país.

Sua literatura passa por cima da dimensão transcendente dos cultos, suas dimensões não manifestas ou "de segredo", que respondem por um modo próprio de realização de um grupo simbolicamente diverso, logo, por uma "alteridade civilizatória" diante dos parâmetros civilizatórios ocidentais. Estes incluem tanto o monoteísmo cristão quanto uma concepção linear e evolucionista do desenvolvimento humano.

A despeito das dificuldades ou mesmo das tragédias em que resultaram muitas das experiências nacionais africanas, África e Europa Ocidental configuram de fato sistemas civilizatórios diferentes. Ao se caracterizar a diferença litúrgica no Brasil, a *Arkhé* aparece como uma outra experiência no que diz respeito à concepção de divindade e de relacionamento com corpo e psiquismo. Enquanto no cerne da experiência religiosa judeu-cristã está inscrita a temática do sofrimento e da dor – já que o sangue do homem é necessariamente oferecido a Deus como expiação ou como o preço por sua liberação das "cadeias" do sagrado –, o coração da experiência africana é constituído de alacridade, que não pode surgir da "provação", mas da aprovação irrestrita de um real "anamartésico", isto é, sem falta ou pecado originais.

É que a experiência africana é simbólica (a ocidental é sígnica) no sentido de uma relação mais corporal e afetiva do que intelectual com a divindade, conduzida pela iniciação e pelo segredo a partir de símbolos míticos e ritos cosmogônicos. Onde um grande teólogo como o alemão Karl Barth veria apenas "lama religiosa colorida de erotismo", uma abordagem realmente compreensiva da crença africana não deixaria de ver a presença vigorosa do sagrado.

Por isso, Bastide assinala a exigência de um grande "esforço de interioridade", a fim de se compreender as "religiões exóticas"[25]. Para ele, embora preso na teia de seu próprio quadro referencial, o homem ocidental é também capaz de penetrar no pensamento simbólico, porque a base cristã da cultura europeia foi simbolicamente formulada na Idade Média, época em que o "mundo da natureza era considerado como o livro de Deus".

Mas na própria raiz da cultura judeu-cristã nasce o movimento de liberação da natureza de qualquer divindade (daí a

---

25. BASTIDE, R. *Conferência no Congresso Internacional dos Africanistas*. Dakar, dez./1967.

possibilidade de desenvolvimento da ciência e da tecnologia), assim como a força de liberação do homem da dependência imanente ao sagrado (a redenção cristã). Fenômenos como o racionalismo teológico, a Reforma Protestante, a perda de vivência cotidiana dos ritos, enfim o que Weber chamou de "desencantamento do mundo", tornaram-se progressivamente responsáveis pelo esvaziamento ontológico dos símbolos.

O "segredo" dos cultos afro-brasileiros está precisamente na atração da consciência por uma relação iniciática que a conduzirá a uma socialidade orgânica onde todos os elementos – vivos, mortos, deuses, animais, vegetais, minerais, líquidos – vinculam-se complementarmente em função de um princípio de harmonia cósmica. O primado do corpo e da organização litúrgica (ao invés do signo escrito e da sociedade desencantada) nas relações sociais dá margem à possibilidade de se falar de parâmetros civilizatórios opositivos aos do Ocidente cristão – e é principalmente isso, com suas consequências éticas, que a doutrina da mestiçagem jamais conseguiu assinalar. Mas não há nesse "opositivo" nada de geográfica ou racialmente identitário: a diferença é puramente simbólica, concretizada na diversidade dos modos como os povos se relacionam com as pressões da tradição e da Modernidade.

8
A força da aproximação

É decerto o pluralismo, não a unidade, a força geradora de todo processo histórico. Da dinâmica conflitiva das diferenças provêm os desafios que levam os sujeitos a ultrapassar o previsível e a provocar os tempos fortes, as rupturas, que aceleram a mudança de estados. Mas os partícipes do jogo agonístico podem orientar-se por horizontes associativos ou holísticos: a ordem cultural da *Arkhé*, marcada pela complementaridade ou organicidade cósmica dos elementos (entre vivos e mortos, animado e inanimado, masculino e feminino etc.) engendra no plano social relações de tipo comunitário.

Ao pensarmos num agrupamento humano como os Quilombos dos Palmares ou na organização litúrgica de um terreiro contemporâneo, surge a imagem da comunidade, isto é, de uma hierarquia concreta de indivíduos interdependentes por laços de sangue, etnia, território, religião ou projeto consensual. Em termos empíricos – vilarejo, corporação, mosteiro, parentesco, tribo – era essa a comunidade tradicional, que grande horror inspirava ao espírito das Luzes (de Hobbes a Bentham) no século XVIII, o mesmo que legitimava pelo contrato as relações sociais.

A aversão dos iluministas e liberais à comunidade decorre do fato de que, nesta, o indivíduo estava preso a estruturas tradicionais e estáveis, supostamente divinas. Era, portanto, uma forma social avessa às transformações libertadoras da consciência que, na Modernidade, produziram a soberania individual. As doutrinas modernas do individualismo – que redundaram na sociedade civil, entendida como agregação de interesses particulares, e no indivíduo "livre", esteio da esfera privada – eram visceralmente incompatíveis com o ordenamento secular das coisas presente no espírito comunitário.

Sabemos, entretanto, que a ideia de comunidade retorna no século XIX europeu como uma exigência intelectual para se fundarem as mais diversas formas associativas, sejam sindicato, cooperativa, movimento revolucionário, mas também Igreja e até mesmo Estado. Este, na visão hegeliana, é uma "comunidade das comunidades" (*communitas communitarum*).

Comunidade deixa assim de ser um fato real ou histórico, para converter-se no horizonte simbólico de relações definidas por vínculos afetivos profundos, que implicam um compromisso ético com um projeto existencial e político. Faz-se implícita aí uma outra ideia de homem: não mais o contrato de cidadãos livres por natureza, nem a especialização societária dos papéis ou funções atribuídos pela Ordem a cada indivíduo, mas o homem como um todo, o ser holístico, apoiado na tradição e no espírito. A família é o arquétipo histórico e simbólico dessa comunidade.

É assim que nos pensadores do século XIX – conservadores ou revolucionários – a ideia de comunidade serve de lastro doutrinário para criticar a impessoalidade do individualismo ou para fundar utopias políticas, como a de Proudhon. Mas também na nascente ciência do "social", a sociedade é estudada, de Comte a Durkheim, como uma espécie de comunidade ampliada.

Toennies sistematiza, numa obra hoje clássica na sociologia[1], a oposição entre relações humanas baseadas em contrato e

1. TOENNIES, F. *Gemeinschaft und Gesellschaft* [Edição espanhola: *Comunidad y asociación*. Peninsula, 1979.

individualismo e aquelas baseadas em afeto e tradição[2]. As primeiras dependem do que ele chama de *Kuerwille*, e as segundas, da *Wesenwille*. Em ambos os termos, faz-se presente a vontade (*Wille*), entendida à maneira de Schopenhauer: não como querer ou volição, mas como força de agir.

Na *Wesenwille*, característica da comunidade, predomina a vontade orgânica ou coletiva, advinda de princípios originários (cosmológicos, éticos), que orienta as ações de forma integradora e consensual. A *Kuerwille*, por sua vez, é vontade de "querer o novo" ou então de "contratar": predomina no modelo societário, compatível com a moderna realidade sócio-histórica da industrialização.

Os leitores ou intérpretes de Toennies assinalam sempre que esses dualismos classificatórios são relacionais, um termo não existe sem o outro, já que não é possível a expressão de tipos puros. Quando a organização humana impede a distinção rigorosa entre o singular e o coletivo, aparece a dimensão comunitária e, consequentemente, a *Wesenwille*. O singular não se deixa definir, portanto, como um eu oposto a outro, uma vez que a sua essência está no todo, no *holos*.

No modelo denominado "sociedade", a imanência do grupo no indivíduo é obscurecida por um tipo de desenvolvimento histórico que acentua as diferenças singulares e apresenta o sujeito como isolado ou autônomo. Há um "eu" e o outro separados. Aí o indivíduo só se faz grupo nas formas (patológicas) da histeria ou da obsessão, embora se verifique contemporanea-

2. Weber acolhe essa dicotomia em sua noção de "relações sociais solidárias", distinguindo *Vergemeinschaftung* (comunalização ou sentimento subjetivo de pertencer a um agrupamento de natureza associativa) de *Vergesellschaftung* ("sociação" ou "socialização", entendida como disposição de atividade social baseada num interesse racional).

mente entre os jovens das grandes cidades uma busca de redefinição identitária por intermédio de grupos ou "tribos" urbanas

Na verdade, dos socialistas utópicos até agora, passando-se pelo socialismo de Marx, a ideia de comunidade, explícita ou implícita, é a de expressão do espírito coletivo, para além das exigências de tradição ou de território. Ela é, mais do que nunca, puro horizonte, impossível de instalar-se em termos definitivos na realidade histórica, porque não pode mais ser uma substância relacional em face das imposições próprias à organização da lei estrutural do valor, que é o capital.

Ser "horizonte" implica não se definir como uma tipologia social hipostasiada na história – quer dizer, não é uma entidade coletiva realmente construída ou uma totalidade organicamente objetivada – e sim como uma significação ética e transformadora, um curso de ação socialmente provável ou um construto com valor heurístico para se interpretar uma realidade social.

É assim que a ideia de comunidade costuma fazer-se presente quando se pensa uma política de emancipação ou de justiça. Comunidade é então algo que pode advir ou que se descreve como o passado de uma movimentação social. Isso ocorre no caso dos Quilombos dos Palmares, mas também na generalidade do processo civilizatório do negro no Brasil, que conheceu uma dialética própria na questão do entrecruzamento das diversas "nações" (o termo é mais adequado do que "etnia"), chegadas ao Brasil como grupos de pertencimento primário.

Essa heterogeneidade poderia ter suscitado uma forte diferenciação simbólica. Mas a realidade histórica veiculada principalmente por fontes orais não confirma a tão acentuada divisão que ensaístas e historiadores estabeleceram entre os diversos grupos – bantos, jejes, nagôs etc. Os "antigos" dos cultos baianos falam de um intercâmbio profundo entre as "nações" (ao lado de rivalidades e ciúmes), mediado por formas comunitárias presentes tanto nas confrarias religiosas dos séculos XVII e XVIII – de onde provinham escultores, pintores, ourives e músicos negros – como nas associações litúrgicas genericamente denominadas "terreiros de candomblé".

Essa irmandade subnacional não é mero acidentalismo histórico, mas uma marca do paradigma civilizatório africano, uma vez que a troca e a negociação constituem características do ser da diferença nagô. Restituir e complementar são a base ético-comunitária desses valores constitutivos de um outro paradigma, desde cedo assinalado por Manoel Querino, o primeiro pesquisador a apontar para as marcas profundas deixadas pelas culturas africanas na forma de vida brasileira[3].

Por outro lado há o fenômeno da aproximação entre a comunidade litúrgica como grupo patrimonial (patrimônio de saberes, ritos, usos, logo uma maneira de habitar, ou uma ética) e a sociedade global regida por uma lógica patrimonialista de origem ibérica. Não que um e outro sejam a mesma coisa, mas as diferenças aproximam-se a partir de pontos que dão margem a analogias – trata-se de diferenças inclusivas (e não excludentes). Nenhuma dialética aí, mas uma proximidade "fractal", no sentido do encadeamento de fragmentos, detalhes.

O vigor da presença comunitária suscita uma lição ética, que poderia ser descrita como a de um "humanismo prático", concretizado na abertura para as diferenças dentro de um mesmo território político. A ética comunitária afro-brasileira reencontra-se na prática com que, na teoria, um certo pensamento ocidental da diferença chamaria de "projeto aberto": os homens advêm à sua essencialidade na medida em que se situam no

3. Cf. QUERINO, M. *A raça africana* (1916). Progresso, 1955.

mundo como projeto aberto e instituído pela existência, entendida como o que transcende a presença pura e simples dos seres ou das coisas no mundo.

Ou seja, existir não é a mera continuidade biológica do ser humano no mundo, e sim um processo de agregação de sentido, de valor, pelo risco de se assumir a experienciada liberdade ou da abertura para outras possibilidades humanas. Essa existência implica o risco do reconhecimento da morte, mas ao mesmo tempo responsabilidade (obrigação) e parceria (ser junto a outro).

O pano de fundo historiográfico evidencia que essa comunidade – aqui situada ao mesmo tempo como lugar de intimidade e socialidade (trata-se do terreiro ou da casa de culto, lugares de expansão da "família de santo"), mas também como perspectiva ou uma posição de pensamento quanto às possibilidades totais de realização de um grupo – não deve ser confundida com as subdivisões societárias a que se vem chamando de "comunidade tal, comunidade qual". Estas são geralmente formas de vinculação por afinidades grupais ou religiosas, mas sob a regência de relações sociais caracterizadas pelo egoísmo econômico, pela racionalidade dos laços jurídicos e pela subjetivação individualista.

Comunidade não é aqui, como já frisamos um conceito que leve à descrição sociológica de uma formação social homogênea ou de caráter "tradicional" – portanto, um modelo objetivo e fixo de organização das relações humanas – e sim um recurso analítico para a apreensão de um processo sociocultural caracterizado por determinado tipo de solidariedade interativa, ou comunalidade. Aproxima-se mais, em consequência, do conceito weberiano de "comunalização", que se define como o sentimento subjetivo de pertencimento a um mesmo grupo humano.

A perspectiva pela qual examinamos essa questão é, assim, mais genealógica do que histórica. Isto é, comunidade torna-se a ideia provocativa do empenho de apreensão do processo ontológico de constituição do povo. A própria semântica originária da palavra *genos* (de onde vem genealogia) comporta – além das acepções de nascimento, origem, família – a de "povo" enquanto agrupamento humano considerado desde o ponto de vista de sua origem e das circunstâncias de integração de suas diferenças.

Na palavra comunidade, por sua vez, ressoa a afinidade (territorial, linguística, religiosa etc.) que leva por isso mesmo os indivíduos a se diferenciarem originariamente uns dos outros no interior do mesmo grupo e, depois, de grupos diferentes. Ou seja, antes de ser o *locus* dos assemelhamentos ou das identidades estáveis, a comunidade é um operador de diferenciação, algo suscetível de gerar uma relação social.

Genos ou *demos*, fratria ou tribo, nada disso, entretanto, pode ser analisado como identidade original, e sim como instituições reguladoras da cidade-Estado, concebidas para garantir a união política de seus membros. Ao invés de uma solidariedade fundamental que se perpetue no devir histórico, a comunidade oferece a descrição das operações identificatórias (diferenciação e assemelhamento) que constituem tanto os grupos afins (parentes, vizinhos, conterrâneos) quanto os estrangeiros. Produções ilusórias (convenções, mitos, sonhos, imagens) fundam tanto a cultura quanto a comunidade.

Uma redescrição das operações identificatórias do grupo nagô no Brasil mostra que, num primeiro momento, emerge uma comunidade étnica. Esta implica, apesar das reservas teóricas que fazemos à noção de etnia, "um nome próprio coletivo, um mito de linhagem comum, memórias históricas partilhadas, um ou mais elementos diferenciadores de cultura comum, associação a uma terra natal específica e um sentido de solidariedade em setores significativos da população"[4]. Num segundo momento, a comunidade afirma-se como litúrgica, no sentido de uma forma de vida articulada com a dimensão do sagrado, uma heterotopia nacional.

Na luta política dos afrodesdendentes, a comunidade ou a comunalidade litúrgica pode equivaler-se a isso que alguns teóricos do multiculturalismo contemporâneo chamam de agência (*agency*), isto é, o conceito de um coletivo capaz de ação política fora das grandes narrativas utópicas e da consciência liberal moldada por partidos, algo como a noção wittgensteiniana de "gramática de conduta". Política aí não se entende como a participação no movimento contraditório em torno do poder de Estado, mas como a linguagem ambivalente da emancipação, a linguagem das demandas do grupo na sociedade global, que faz da comunidade uma superfície de inscrição, uma condição das possibilidades de representação.

O que se põe de fato em jogo na abordagem genealógica da comunidade é a revelação do processo atravessado pelo povo – tanto como *plebs* hegeliana (ou seja, o que foi deixado de fora da sociedade civil burguesa) como agrupamento humano que realiza uma apropriação territorial do meio onde se vive – para constituir um modo específico de ser. Essa revelação não é o detalhamento "genético" nem a datação historiográfica de fatos, mas um movimento de reconstrução transformadora dos modos de ser históricos de um grupo social. Num plano mais amplo – por exemplo, o do "universal concreto", que se faz presente no entendimento ocidental de obra de arte ou então no conceito de homem – comunidade pode indicar-nos a própria unidade da espécie humana.

4. Cf. SMITH, A.D. *A identidade nacional*. Gradiva, 1997, p. 37.

Esse movimento reconstrutivo implica memória. Mas "memória coletiva", no sentido de reelaboração política do passado a partir da inteligência presente da vida social. "Coletiva", porque é o todo grupal, e não a consciência individual isolada, que promove as conexões "neuronais". A lembrança aí implicada não é repetição do igual, e sim o reencontro de pontos críticos do passado por um sistema reinventivo de valores que coincide com o quadro social presente, ele próprio uma recordação estável e dominante, porém aberto à indeterminação da realidade.

Um bom exemplo disto é o mito, que funciona na comunidade litúrgica como estrutura dinâmica de revelação do real, sempre permeável às modulações da reinterpretação. Mito é certamente o lugar da ilusão. Mas esta última palavra (do latim *in ludo*, ou seja, o que se põe convencional e artificiosamente "em jogo", no modo de existir de um grupo humano) não se entende aqui como alienação ou mentira, e sim (para Winnicott, ilusão é a articulação da dimensão interna do sujeito com a externa) como um jogo existencial, sob a forma de narrativas e ritos, que integra funcionalmente os diferentes aspectos e níveis da vida humana.

Outro exemplo diz respeito aos gêneros discursivos e enunciados políticos que se sedimentam historicamente e são constantemente reelaborados no jogo intertextual. Na verdade, a própria comunidade litúrgica é, por inteiro, uma reinterpretação mítico-política da África com sua diversidade territorial e humana. A dispersão dos cultos e dos deuses no espaço africano foi aqui retrabalhada com espírito de síntese, ao mesmo tempo litúrgica e territorial. O terreiro é uma "pequena África" reinterpretada, é a concepção que de si mesmo fazia e faz o grupo negro na diáspora.

A atitude reinterpretativa indica que o movimento da comunidade, embora acionado por mitos, é histórico– só que se trata de história orientada pelo fio condutor da ancestralidade. O grupo responde a apelos, provocações, repressões emergentes na sucessão dos tempos em que se dá o relacionamento das classes economicamente subalternas com as dirigentes. Da aparente descontração, do mais corriqueiro ludismo, do banal, surgem reinterpretações históricas de formas e discursos.

Um exemplo: No passado colonial, podia-se controlar por leis até mesmo a aparência das escravas – "Sendo presente o demasiado luxo das escravas no Brasil e devendo evitar-se esse excesso e o mau exemplo que dele pode seguir-se... El Rey era servido resolver que as escravas de todo o Brasil em nenhuma capitania dele possam usar de vestido algum de seda, nem se sirvam de cambraias ou de holandas, com rendas ou sem elas, para nenhum uso, nem também de guarnição de ouro ou prata nos vestidos..."[5] As escolas de samba, com suas roupas exuberantes e suas paródias da aristocracia colonial, decididamente respondem no século XX a ecos de uma repressão presente na memória da comunidade, isto é, em certas construções discursivas ou enunciados ainda circulantes.

Na realidade, as instituições lúdicas afro-brasileiras (que sempre se multiplicaram no território nacional e em muito contribuíram para o atual *ethos* festivo e musical da cultura pública brasileira) são afirmações comunitárias, mais do que meras expressões de um desejo de evasão do quotidiano. Barreiras sociais fortemente estabelecidas são relativizadas pela música (o samba, o *rap*, o *funk* etc.). A afirmação dá-se tanto pela exibição da pu-

---

5. Cf. Desembargador José Vieira Ferreira. "Legislação Portuguesa Relativa ao Brasil" [Coleção Cronológica de Leis Extravagantes (1609-1761)]. In: DIAS, M.O.L.S. *Quotidiano e poder em São Paulo no século XIX*. Brasiliense, 1984, p. 65.

jança de formas e de vitalidade corporal, presentes nas danças e nos cânticos, como pela reterritorialização dos lugares marcados pelo poder estatal para a movimentação dos subalternos[6].

Ao mesmo tempo em que se revelam deslocadoras das marcações do espaço hegemônico, essas manifestações respondem também, sempre na maneira da festa ou do ludismo, à coação temporal (a regulação do trabalho, os calendários, os relógios) típica da sociedade industrial moderna. Na exibição vigorosa de formas simbólicas, aparece o lado humano do tempo.

Exibir a força de suas aparências é, aliás, um traço marcante do paradigma africano. A comunidade exibe-se precisamente porque tem um segredo (relação iniciática, corporalidade própria, *Arkhé*, enfim, uma maneira singular). O grupo aparece, mas ao mesmo tempo é evanescente diante da ordem estabelecida das significações: mostra-se, deixa a sua diferença aparecer no olhar do outro, seduz ou "enfeitiça" pela ilusão, mas não entrega o segredo, que permanece como privilégio da comunidade. Até mesmo uma forma de luta corporal (o jogo da capoeira), portanto capaz de ferir, enfeitiça pela plasticidade dos movimentos, pela malícia dissimuladora, pelo segredo do corpo, capaz de engendrar uma metáfora viva relativa ao modo como as classes subalternas invertem a seu favor a força visível e explícita dos poderosos.

Segredo é a descontinuidade entre os grupos, uma relação de reserva, dependente do pertencimento à *Arkhé*, portanto da vinculação pessoal e tradicional mantida pelo fio intergeracional da ancestralidade. Na exibição – seja nas festas abertas das comunidades, seja nas formas processionais que ganham as ruas –, indi-

6. Cf. SODRÉ, M. *O terreiro e a cidade* – A forma social negro-brasileira. Vozes, 1988.

víduo e grupo revelam-se, uma vez mais, a mesma coisa, com a mesma mensagem ao espectador: somos outro, uma alteridade próxima e magicamente sedutora.

Dizer "eu sou um outro" não significa afirmar uma simples diferença, já que é óbvia a diversidade dos indivíduos. Significa, sim, exibir algo que, mesmo próximo, é capaz de manifestar uma singularidade, uma incomparabilidade simbólica. Entre um e o outro, há o segredo, há a divindade, há o ancestral, há o cosmo, há ambivalência identitária. "Sou outro" quer dizer "sou singular". No embate de classe social, essa afirmação de alteridade gera, politicamente, "táticas", entendidas como cálculos flutuantes das relações de poder, sem pressuposição de fronteiras rígidas, mas com consciência de singularidade cultural.

Isto faz a distinção entre os afro-brasileiros de hoje – envolvidos na teia inevitável das relações societárias e da *Kuerwille* – e os antigos, ainda regulados pela *Wesenwille*. O jovem negro que hoje reivindica, como indivíduo autônomo, uma identidade afro-brasileira (por política de afirmação étnica, por ideologia) é movido pela *Kuerwille* e pode mesmo ter "vontade de *Arkhé*", mas a partir de uma consciência individual separada. Na comunidade litúrgica, no âmbito da *Wesenwille*, a comunidade exibe a sua alteridade (não a identidade), isto é, o ser outro, próximo e, no entanto, secreto, mítico-histórico, daí a sua força de sedução.

O mito é o grande operador diferencial da comunidade litúrgica. Retomando a distinção feita por Toennies entre comunidade e sociedade, logo percebemos que o "grupo terreiro" é uma organização do tipo comunidade, onde o ser individual coincide com o grupal por definir-se a partir de valores identitários oriundos de uma *Arkhé* africana. Aí o indivíduo é idêntico ao grupo, na medida em que uma parte importante da sua identidade pessoal é configurada pelo que a cultura grupal explicita – ou seja, as razões últimas da existência são explicadas por símbolos ou princípios cosmológicos (as divindades cósmicas, os orixás) e éticos (os ancestrais, reverenciados em cultos próprios).

Há algo de radicalmente estético (mais do que "religioso", no sentido moderno do termo) na relação dos indivíduos com a comunidade que inclui humanos e deuses, o visível e o invisível[7]. A estética – não exatamente a clássica teoria do belo ou o esteticismo difuso da sociedade de massa contemporânea, mas a estesia, entendida como receptividade sensorial e emocional comum de um grupo – comparece nessa correspondência entre sujeito e objeto ou entre "contemplador e contemplado" que, desde a *Crítica do juízo*, Kant estabelece como "belo" ou juízo de gosto puro, em oposição ao conceitual, ao utilitário, ao bom e ao agradável. Na contemplação estética, suspendem-se a teoreticidade (os conceitos) e a praticidade (os valores morais), liberando o sujeito das exigências intelectivas e dos fins práticos, na verdade liberando a própria individualidade da existência individual e fazendo-a encontrar-se com a liberdade do objeto.

Algo semelhante ocorre na relação entre indivíduo e comunidade litúrgica (as divindades são avaliadas também em termos de poder e beleza). O impulso de trânsito do singular ao comum configura uma ética, mas a relação como um todo apresenta uma radicalidade estética (ou talvez devêssemos inventar a palavra "estésica", a fim de marcar a diferença entre sensibilização e esteticização como faculdade exclusiva do sujeito na modernidade pós-kantiana) palpável nos ritos, nos cânticos, nas roupas, na transfiguração dos materiais, nas danças, nas narrativas. A poesia acontece no rito, assim como, ao modo do Ocidente, no poema, na canção, no filme, na pintura.

---

7. Pode-se aqui evocar o comentário de Heidegger sobre a verdade da poesia, que acontece porque as coisas se instalam no *Geviert*, isto é, no quadrado de terra, céu, humanos e deuses.

É, assim, ao mesmo tempo, sagrada e poética uma cerimônia que celebre origem e destino de uma comunidade. Nela, cada palavra pronunciável é única. Como no poema, uma vez prolatada, cumpre seu destino e retorna a zero, à latência da repetição e do renascimento. Pronunciados no lugar e na hora certos, os nomes de Deus – agrupados nos panteões da terra, da água, do ar e do fogo e sempre designativos de princípios reguladores dos fenômenos cósmicos, individuais e sociais – fazem advir a entidade sagrada.

No sistema litúrgico nagô-ketu, a palavra é, como a da poesia, criadora de existência e história. Zelada pelo princípio feminino, pelas mulheres possuidoras e transmissoras da força propiciatória, ela se converte em dinâmica de expansão do grupo. O poder feminino assegura a continuidade da existência e dos valores sagrados do terreiro – por isso, são cultuadas as "grandes mães", as *Iya*.

Revela-se aí insuficiente o termo "religião" no sentido ocidental de gestão universalista da fé. Em sua experiência radical, a estesia privilegia a comunhão entre indivíduo e cosmo, assim como se dá na obra de arte, entre contemplador e contemplado. Não à toa, a arte foi considerada pelos românticos europeus, a partir do século XIX, uma espécie de "religião laica". A societarização do sagrado (ou seja, a religião como uma setorização da vida social, uma "especialização") é fruto da cultura moderna.

Por outro lado, enquanto na sociedade a relação do indivíduo com a cultura é de estranhamento e negatividade (já que se trata de afirmar uma diferença individual ou tomar consciência de si por si mesmo), na comunidade litúrgica o indivíduo faz dos signos da cultura grupal o seu emblema identitário. Por isso, "enfeitiça", isto é, exibe a manifestação simbólica de um segredo – o percurso iniciático de uma identidade resolvida na força coesiva de uma diversidade de seres.

A palavra "feitiço" (cuja etimologia remete ao português "feitio", factício, artificial) tem sido mal-interpretada pela sociedade global, por ser historicamente conotada com o significado cristão de "malefício". Feitiço é, na verdade, a operação radical de toda cultura, uma vez que consiste na exibição, junto aos deuses e aos homens, dos materiais de uma convenção, de um pacto simbólico. Enfeitiçar é atrair ou seduzir um outro para um destino comum por meio de uma força própria, singular.

Na força de atração do feitiço ressoa a força de aproximação ou reunião de um ordenamento a que temos chamado de *Arkhé* comunitária. *Ksynon*, vale repetir, é como Heráclito designa o movimento de aproximação das diferenças, a coesão da multiplicidade propiciada pela linguagem ontológica da vida, que é o *Logos*. No Brasil, sempre partiram do sujeito colonizador (tanto os originais de além-mar como seus descendentes patrimonialisticamente organizados) impulsos de aproximação para catequizar e explorar; do africano e seus descendentes, pela mediação das comunidades, impulsos de troca baseados na simples afirmação da vida como força e possibilidade (o axé).

Da *Arkhé*, *Logos* vigente nas realizações da comunidade litúrgica afro-brasileira, parte efetivamente um movimento de aproximação responsável por uma especial adequação dos modos de perceber, sentir, escutar e falar em função da troca inter e transcultural. À luz dele compreendem-se as aparentes contradições de atitudes ou discursos típicos do relacionamento entre membros das classes dirigentes e população negro-mestiça.

Euclides da Cunha, por exemplo, considerava a mestiçagem entre branco e negro uma "degeneração", mas tinha como apenas "retrógrado" o cruzamento de branco com índio. Essa sentença, sem qualquer base científica, resultava apenas da simpatia de Euclides pelo mestiço do sertão (mameluco), a quem considerava "raça forte". Este tipo de juízo subjetivista (Euclides era, ele próprio, descendente de índio com branco) e paradoxal tornava-se viável porque o ambiente social brasileiro se caracterizava pela diversidade das combinações fenotípicas. Embora o elemento indígena tenha grande importância estatística nessa diversidade, não há dúvida de que os discursos e as atitudes públicas de aproximação provêm de grupos ou instituições urbanas de predominância negra. Por sua vez, o mulato Nina Rodrigues, que considerava "superior" a raça branca, pertencia à tradicional comunidade-terreiro do Gantois na Bahia.

O jogo da persistência

As comunidades afro-brasileiras sempre souberam jogar com paradoxos dessa ordem, para negociar socialmente com representantes do estamento dirigente. Para elas, pouco importava naquele momento pós-abolição que alguém como Nina Rodrigues decretasse no espaço livresco da academia a inferioridade de negros e mestiços, desde que defendesse no espaço público (como era o caso de Nina Rodrigues) a existência concreta dos descendentes de africanos no território brasileiro. Daí, a importância para determinadas comunidades, como a nagô, dos discursos de transvaloração das origens, feitos tanto por gente de dentro da comunidade (ialorixás, babalaôs, ogãs, obás) como por acadêmicos, pesquisadores ou escritores seduzidos pela liturgia.

Esse espírito é o responsável pela persistência da comunidade litúrgica na sociedade brasileira. Não faltou quem duvidasse dessa continuidade. Tanto assim que Bastide – sem dúvida, o sociólogo estrangeiro que melhor compreendeu a natureza profunda do *continuum* simbólico africano na diáspora escrava – enganou-se ao prever a desagregação dos cultos. Claro, o raciocinio dele nada tinha em comum com o de outros que também vaticinavam o fim dos cultos afro-brasileiros. Para estes, seduzidos pelo canto de sereia do evolucionismo proto-europeu, os cultos seriam liquidados pelo advento da educação e do progresso, já que não passariam de fenômenos de ignorância e atraso.

Bastide, talvez por tanto valorizar a identidade africana reelaborada na diáspora escrava, temeu pela continuidade do paradigma diante das transformações aceleradas na vida urbana do Brasil consequente à industrialização iniciada por Getúlio Vargas e depois pelo impulso desenvolvimentista de Juscelino Kubitschek (1955-1960). Nessa conjuntura histórica, os cultos afro-brasileiros apareciam, mais do que nunca, como anacronismos na ótica do discurso público sustentado por intelectuais da vanguarda nacionalista. Ideólogos do desenvolvimento, a exemplo de Álvaro Vieira Pinto, investiam contra o que chamavam de "misticismo", sob a alegação de que se trataria de procedimento de fuga à responsabilidade social. O próprio trabalho simbólico era considerado "forma extremamente perniciosa de fuga social, a mais grave de todas, pois se mascara de ação útil e intensa, quando na verdade é mero pretexto para a irresponsabilidade e não participação nos cometimentos úteis destinados a transformar a realidade"[8].

É possível que Bastide não tivesse plena ciência dessa filosofia desenvolvimentista, mas muito provavelmente, como pesquisador informado que era, estava a par do *ethos* de transformação econômica, política e social por que passava o Brasil na época de seus contatos com os candomblés da Bahia. Nesse instante da vida nacional, juntavam-se aos velhos preconceitos das elites contra as crenças populares os arrazoados dos inte-

8. PINTO, Á.V. *Consciência e realidade nacional*. 2 vols. Iseb-MEC, 1960, p. 244.

lectuais neonacionalistas, que rejeitavam qualquer repertório cultural sem um traço de universalidade. Cultura era vista como estilo de existência de um povo homogêneo – e não heterogêneo ou pluralista, como é o caso da nação brasileira – portanto, como expressão de uma autoconsciência nacional sem fissuras.

Assim, concluía Vieira Pinto: "As manifestações artísticas populares, espontâneas e rústicas, só se tornam universais quando se origina no país o processo da arte culta, o qual, por sua vez, acontece unicamente quando a nação atingiu um grau de desenvolvimento material que lhe permite participar, em caráter universal, do processo histórico"[9].

Não era este certamente o modo de pensar de Bastide, mas se tratava de um raciocínio importante para o que então se chamava no Brasil de "salto histórico para o desenvolvimento" e que deve ter de algum modo tocado a sensibilidade do sociólogo francês, atento às peculiaridades de pensamento do país em que pesquisava, ao mesmo tempo em que se objetivavam transformações no espaço urbano e social. Os cultos afro-brasileiros não pareciam ter qualquer futuro nesse cenário tão progressista ou positivista.

A verdade também é que não mais se repetiam no período estudado por Bastide as condições socioeconômicas que anteriormente (as três primeiras décadas do século XX) favoreceram a ascensão de grupos urbanos marginalizados, onde avultavam os descendentes de escravos. A expansão dos terreiros de candomblé em grandes cidades brasileiras (Salvador, Recife, Rio de Janeiro – mas especialmente na Bahia) decorria de uma alteração no modo de inserção do negro na ordem socioeconômica da cidade, que lhes permitia maior ganho monetário e ascensão

9. Ibid., p. 406.

nos setores de manufaturas e serviços, gerando condições de afirmação identitária. No período subsequente à Segunda Grande Guerra, tais condições já não se faziam visíveis – o que pode ter contribuído para que um observador atento como Bastide fizesse um diagnóstico de desagregação.

Por outro lado, começavam a proliferar formas derivadas do candomblé baiano, a exemplo da macumba ou da umbanda carioca. Para quem havia descrito o candomblé com os traços estetizantes do paradigma civilizatório africano, a umbanda afigurava-se como forma degradada de culto. Não era ideia absurda. Muitos anos depois de Bastide, uma certa linha da sociologia brasileira continuaria vendo na umbanda uma espécie de "morte branca" dos cultos negros. Ou seja, o culto dos escravos e seus descendentes tenderia a ser analisado por sua própria extensão a camadas sociais diversificadas.

Nada disso ocorreu. Quatro décadas após as previsões de Bastide, os cultos afro-brasileiros atestam a sua presença não apenas em todo o território nacional como também em países vizinhos, e até mesmo distantes, do Brasil. Em São Paulo (Estado mais industrializado da federação e que responde sozinho por um terço de todo o Produto Interno Bruto nacional), multiplicam-se as casas de culto. No Rio Grande do Sul, Estado de tradicional imigração italiana e alemã, os cultos manifestam uma presença surpreendente. No Uruguai, na Argentina e, mesmo em Nova York, é cada vez maior o número de terreiros.

É que existe um forte sentido eticopolítico nos modos de persistência dos cultos, ao combinarem a força interna de sua liturgia com as alianças simbólicas implícitas entre eles e determinados segmentos da sociedade global. O desafio de toda ética é recusar as abstrações universalistas em favor de uma determinação concreta do sujeito. Para o indivíduo da comunidade litúrgica, sempre se tratou de uma luta ética e política (embora não político-partidária) para inscrever a singularidade afro-brasileira no espaço da coexistência nacional.

O que alguns analistas têm dificuldade em perceber, talvez por medo de confundir a consciência perceptiva (que orienta a ciência) com a consciência imaginária, é a força performativa dos enunciados míticos, das novas metáforas, que solicitam novos sentidos e novas regras institucionais. Graças a uma comunidade sonhada (assim como se "sonha" ou se imagina a nação), pode-se descrever a realidade afro-brasileira a partir de suas potências, suas virtualidades, que redesenham as personalidades e explicitam o que está nas entrelinhas.

A comunidade é um foco gerador de modelos, de operações de relacionamento e também de apelos à memória da experiência de respeito e acolhimento concretos à singular diversidade dos modos de ser do povo. A memória de Palmares, a memória das formações comunitárias que se espraiaram e se espraiam no território nacional para constituir uma nação na maioria das vezes incompreendida pelo Estado, são posicionamentos existenciais e políticos para um reencontro ontológico com o processo gerador do povo nacional. "Memória", vale acentuar, não designa aqui nenhuma função psicológica, seja coletiva ou individual, mas a invenção, por enunciados presentes, de um passado ou uma ancestralidade politicamente afirmativa.

A comunidade como metáfora organizadora desse processo é pretexto para fazer-se a discriminação ontológica do que há de próprio e vigoroso – porque acionado com força afirmativa e não com a força reativa dos aparelhos coagentes do Estado – na movimentação real dos agrupamentos humanos. Vige aí uma lição de força do concreto e do local em oposição ao abstrato e universal da organização centralista do Estado, mas também à poderosa abstração dos sistemas tecnocráticos e das instituições modernas, que dependem da confiança pública. Daí, portanto, a possibilidade de resistência à posição perversa do poder empenhado na subordinação de fragmentações – populacionais, étnicas, políticas e econômicas.

O chamado "terceiro setor" (que cresce no espaço social entre o Estado e o mercado e se compõe de grupos de ecologistas e cooperativistas) desenvolve o seu poder de diálogo político a partir de mecanismos próprios da comunidade ou das microesferas sociais. São as tradições éticas, advindas do espírito comunitário, que se revelam cruciais no momento político de regulação das contradições e de abordagem das situações socialmente críticas. No grupo de terreiro afro-brasileiro, a comunidade tem sido a expressão possível de realização de uma identidade humana frente a discursos desumanizantes.

A modernidade dos cultos afro-brasileiros pode situar-se, entre outros aspectos, precisamente na acentuação da dimensão comunitária – o domínio do singular, do corporal, do mítico, da memória coletiva, do ficcional, do encantamento ou enfeitiçamento – e na reiteração de que tudo isso está presente nas práticas cotidianas das relações societárias em qualquer parte do mundo, com graus diversos de intensidade.

A comunidade joga do lado do pluralismo das interpretações do mundo, em oposição à unidimensionalidade da história inventada pelo Ocidente. À obsessão oitocentista da história com seus paradigmas de progresso e atraso, a comunidade litúrgica contrapõe a lógica do território, com seus imperativos de justaposição, proximidade ou, mesmo, de "rede", inclusive no alcance cibernético que essa palavra possa hoje ter. Pode-se também dizer "lógica do lugar": nela o terreiro emerge como outra maneira de localizar-se na sociedade histórica, sem se caracterizar como utopia (que é uma localização sem território efetivo), mas certamente como heterotipia, isto é, um lugar radicalmente outro, capaz de abrir-se e fechar-se para outros modos identificatórios[10].

A comunidade litúrgica, heterotópica, põe-se a contrapé da tradição patrimonialista do Estado, porque se ancora no vivido imediato, nas práticas cotidianas, ao invés de um formalismo de leis e papéis – o famoso juridicismo dos bacharéis e burocratas, os planejamentos tecnocráticos – que tem ajudado as classes dirigentes a construir sua noção de identidade nacional. Entre os indivíduos socialmente desclassificados, os despossuídos, e os poucos muito bem classificados por renda e *status* (portanto, a partir de uma experiência da escassez), a comunidade abre espaço para pensar-se um novo tipo de sujeito sem o peso da abstração e do individualismo característicos das relações societárias na contemporaneidade. Trata-se do espaço próprio da singularidade.

O extraordinário na comunidade litúrgica afro-brasileira é a sua capacidade de existir sem qualquer bandeira ou ideologia identitárias. Apesar de servir concretamente a identificações fortes para o descendente de africano graças à transcendência de seus signos e ritos, plenos de força transumana, ela apresenta-se na realidade como pura singularidade, definida pela palavra mítica (logo, ambivalente, indeterminante, imaginativa) em diálogo com a história. Como singularidade, como exemplo, ela

10. "Heterotopia" aqui não é exatamente o mesmo pensado por Michel Foucault, ao afirmar a constituição da cidade e do real humano por uma pluralidade de espaços coexistentes. A diferença heterotópica dos negros na história da sociedade brasileira assinala a coexistência de fluxos civilizatórios – ocidentais e africanos – distintos. Não se trata, portanto, de simples pluralidade dentro de um mesmo paradigma, mas de um outro lugar, com outra possibilidade de relações de poder. Não é a pluralidade do "tudo vale", e sim a indicação de uma outra regra.

se abre – e por isso permanece – à virtualidade dos pertencimentos ou das alianças possíveis.

Uma explicitação lógica deste modo de argumentar é feita por Aganbem, quando, acentuando que a linguagem está na origem da antinomia entre o individual e o universal, explica como uma palavra – "árvore", por exemplo – é ao mesmo tempo uma singularidade (uma árvore, esta árvore) e uma classe (árvore) ou conjunto de todas as árvores.

A classe ou o conjunto existe só na linguagem, é um ser-dito. Como sair da antinomia entre o singular e o conjunto? Uma via é o conceito de exemplo, diz ele, uma vez que sua característica é valer para todos os casos do mesmo gênero e estar simultaneamente incluído entre eles. Mas o exemplo também existe apenas na linguagem, ou seja, não como o ser-árvore, definido por propriedades ou qualidades substanciais e definitivas capazes de atribuir uma identidade comum, mas como o ser-dito-árvore, ou seja, pura singularidade, um ser que pertence a uma classe, quando alguém diz que pertence.

A comunidade litúrgica afro-brasileira é ser dito tanto por seus próprios mitos, ritos e sabedoria tradicional quanto pelos discursos (os enunciados performativos) de intelectuais ou de gente comum da sociedade global. É exemplo. De que se fala? Da presença da *Arkhé* africana, do estar-aí-integrado do afrodescendente na diáspora. Dela não se pode extrair nenhuma doutrina, nenhuma teologia, nenhuma verdade dogmática (logo, nenhuma possibilidade de fundamentalismo ou de conservadorismo retrógrado), porque não se deduz de uma metafísica identitária. A *Arkhé*, como reiteramos, é transcendência e sentido reinterpretáveis por linguagem, é espírito, enquanto dimensão invisível, mas vigorosa, porque sempre "eticopoliticamente" presente no ordenamento litúrgico e cotidiano da comunidade.

Desse espírito e não do comum-genérico ou do universal, a comunidade retira a sua força. O axé (o potencial de realização) é que diz o comum. Ou seja, a energia do mito articulável com a história, o conjunto de todas as possibilidades de transformação e passagem, promove a coesão, o comum enquanto integração. Desse potencial alimenta-se a umbanda, que algumas pessoas veem como uma "religião" mais caracterizadamente "brasileira", por sua capacidade de sincretizar estruturas burocráticas oficiais (organização federativa, dispositivos da medicina, valores militares etc.) com crenças e formas de vida típicas tanto das classes médias quanto de setores marginalizados da população. Na síntese ou na "antropofagia" umbandista, vige, entretanto, o poder de movimentação do axé, assim como o espírito de "porteira" do culto nagô-ketu baiano.

A ideia de "porteira" é dotada de forte investimento simbólico na comunidade litúrgica. Seu alcance semântico pertence mais à noção de "limiar" ou "soleira" do que de "porta". A porteira não é simples delimitação ou fronteira: ao mesmo tempo em que guarda um espaço suscetível de ser visto como "identificatório" (o fechamento, que convive com a abertura de toda heterotopia), ela é um dispositivo de passagem para o lado de fora, para uma exterioridade. Por isso, é preciso uma vigilância mítico-religiosa (feita por Exu, princípio de individuação, movimento e linguagem) sobre esse meio de acesso ao outro, ao sujeito do lado de fora.

A porteira ajuda a definir a comunidade não como identidade fechada, mas como singularidade aberta à palavra própria para as alianças, as trocas, os "acertos" do pertencimento sócio-histórico. E aí aparece uma via pragmática para se contornar a antinomia intelectualista entre o particular e o universal: a via do espírito singular, que nos diz ser o universal um singular sem fronteiras.

Nessas operações de singularização universalista, aparece a realidade profunda de toda cultura: esta não se constrói apenas com recursos internos, gerados por um pano de fundo estável ou por uma suposta identidade primordial, e sim por apelos ao exterior, ao que está do lado de fora, ao Outro. Em outras palavras, a cultura é uma construção, logo, uma ilusão fundamental sobre a singularidade e o mundo, que se faz com elementos próprios e alheios, singularismos e empréstimos. Na raiz de todo processo cultural, reside um sincretismo ou um movimento político de hibridização com diferenças, com o além da porteira.

Compreender a natureza profunda de uma operação cultural, ou seja, da formação da rede de significações que sustenta enquanto modo de abordagem do real as relações sociais dos indivíduos, equivale a rejeitar o absolutismo da "razão culturalista". Esta última transforma a cultura num conceito de unidade fechada em torno de uma identidade primordial, autêntica e autoexplicativa, quase natural, esquecida de que as diferenças culturais resultam frequentemente de escolhas políticas e éticas diferentes dentro de um mesmo processo histórico.

A paradoxal modernidade (ou contemporaneidade) da comunidade litúrgica brasileira consiste em ser fenômeno local visceralmente antitético a qualquer culturalismo dogmático e localista, por força de seu empenho de fazer convergir, hibridizar e relacionar-se. O terreiro não é, portanto, uma heterotipia qualquer – é também e principalmente uma isotopia, entendida como busca de igualdade social dos lugares ocupados. Daí ser mais tática do que estratégica a movimentação ético-política do grupo de terreiro na correlação de forças com as estratégias hegemônicas do Estado nacional.

Tática implica sempre agir sob a pressão do outro, acomodar-se ao instituído para infiltrar-se e conquistar posições. Mas aqui não se trata de táticas "infelicitadas", uma vez que por trás delas existe todo o impulso simbólico e civilizatório do paradigma africano. "Resistência", por outro lado, não é a palavra adequada para designar tal ação, talvez se deva falar de "flexibilidade" para as aproximações. A comunidade litúrgica é forte operadora de combinações, opositivas à abstração dos sistemas e à ideologia do difusionismo culturalista do humanismo europeu.

Daí a ideia de "táticas negociatórias", reiterada por alguns pesquisadores, entre o grupo de terreiro e a sociedade global. Mas a palavra "negociação" pressupõe um comportamento estratégico (onde duas identidades separadas contratam, numa igual correlação de forças, a prestação mútua de benefícios) e uma consciência dessa ação socialmente explícita.

O que sempre houve, na verdade, foi um diálogo eventual entre negros e brancos – a que poderíamos chamar de "acerto" (termo baiano, habitual entre os "antigos"), concertamento ou ainda pacto simbólico – em que pontificavam figuras exponenciais da comunidade litúrgica, a exemplo da ialorixá baiana Eugênia Ana dos Santos, a famosa Mãe Aninha, e do babalaô Martiniano do Bonfim. São dois nomes dentre outros, representativos de uma personalidade culta e voltada para o estreitamento de relações entre o universo do terreiro e o da sociedade global, em geral representada por determinadas autoridades civis ou por intelectuais desejosos de aproximar-se dos cultos afro-brasileiros.

Até mesmo personalidades não alfabetizadas podiam participar desse acerto interétnico. Quando, em 1996, a Universidade Federal da Bahia outorgou o grau de Doutor *Honoris Causa Post-mortem* a Manoel dos Reis Machado, o capoeirista conhecido como Mestre Bimba, estava homenageando precisamente alguém que não passou pelo mundo letrado, mas desempenhou papel importante como modelo de atuação do descendente de africano na dinâmica social afro-brasileira.

A palavra "modelo" implica paradigma de valores, de normas de conduta. Querendo-se apontar protótipos ficcionais (possibilidades de modelagem ética pela narrativa literária) para o Mestre Bimba, pode-se invocar os personagens Jubiabá e Balduíno. A realidade existencial de Bimba comportava traços daquelas duas figuras entronizadas por Jorge Amado na literatura. O "traço Balduíno" respondia por uma consciência sensível às duras condições de trabalho das classes subalternas representadas pelo negro (sabe-se de sua movimentação quando jovem junto ao cais do porto, assim como de sua simpatia por bandeiras de mobilização popular); o "traço Jubiabá" dava conta de sua participação no universo do candomblé de caboclo (detinha uma posição hierárquica e aglutinava um certo número de pessoas da seita).

"Escolarizando" o jogo da capoeira – ao fundar a primeira "academia" especializada nessa modalidade de arte marcial e registrar-se na Secretaria de Educação do Estado da Bahia como professor de Educação Física –, Bimba criou as condições de ampliação do relacionamento com a classe média branca e de valorização social daquilo que os negros também chamava de "a brincadeira". Criou, na verdade, as condições para a continuidade, em outros tempos e num tipo novo de vida social, de uma importante forma da sabedoria afro-brasileira do corpo. Esta pode hoje encetar um diálogo com atmosfera emocional das salas de aulas com as entrelinhas dos manuais escolares, onde ressoam os ecos dos séculos de crença do Ocidente cristão na mortificação da carne e na celebração da "alma eterna", oposta à concretude temporal do corpo.

O diálogo que hoje se enceta – por meio de jovens e intelectuais – entre a forma de vida característica das comunidades litúrgicas e a forma de vida de extração europeia pode ter um efeito emancipatório. O apelo à comunidade como metáfora de diferenciação e coesão nacionais traz à cena a memória de um passado reformulável (como acontece no diálogo psicanalítico).

Se o passado nacional tinha antes, para a consciência das elites, o sentido global e unitário conformado pela aspiração à identidade europeia, a presença da cultura afro-brasileira é indissociável da ideia de povo brasileiro. Aquele passado sonhado torna-se refigurável num novo jogo interpretativo, que permite repensar a nação a partir de um projeto de verdadeira interação com o povo e que introduz a sabedoria (não apenas a tecnociência, portanto) e o respeito como atitude ético-política de salvaguarda da presença do outro. O que daí pode advir são subsídios concretos para uma nova práxis social, onde cooperativismo e comunitarismo emirjam como linhas de fuga para um universo societário regido unidimensionalmente pela lei estrutural do valor (o capital), pelo fetichismo do dinheiro.

A atitude ética, já enfatizamos, permite o trânsito de ida e volta entre indivíduo e grupo, mas também entre grupos sociais diferenciados. Na travessia mora sempre a angústia, mas também a esperança, de ser traço de união ou de ser ponte entre dois universos. "O grande no homem – diz Nietzsche no *Zaratustra* – é ser uma transição e uma passagem". A ética pode ser compreendida como a linguagem íntegra desse trânsito que talvez não pretenda chegar a lugar nenhum, tão só fruir da caminhada, da alegria da passagem. A alegria pode ser vivida como orientação ética, quando se crê na majestade e na beleza como atributos divinos. Na comunidade litúrgica, alegria ou alacridade é vivida (do mesmo modo que bem a entendia Spinoza) como afeto subsequente ao aumento do poder de realizar, de agir, portanto como acmé (ponta ou culminância de um gesto) do movimento de expansão do axé.

Por outro lado, do pensamento da singularidade movida pela força de pertencimento comunitário, advém uma lição política, que nos incita a rever o sentido da palavra "igual": aceitar (intelectual e afetivamente) o fato de que todos os homens são diferentes (únicos, incomparáveis, inclassificáveis), mas tendencialmente próximos, implica reconhecê-los socialmente como iguais diante da singularidade de cada um. O que põe em xeque a identidade hegemônica não é outra identidade, a contraidentidade, mas a desidentificação (i. é, a aceitação da possibilidade de transformações no estatuto da identidade hegemônica) em que implica toda singularidade ativa, toda alteridade verdadeira. Só o Outro pode fazer o Mesmo estranhar-se, encontrar-se com o espanto de sua identidade.

Ikà kô dogbá, "os dedos não são iguais", diz um provérbio nagô. Igualdade aqui não pode mais ser a uniformidade, a identidade mistificante das aparências ou das formas obtida por comparação, mas o sentimento de unidade ou de coesão entre os diferentes membros da espécie humana.

Dizer, a partir desta linha de entendimento, que os homens são iguais não equivale a declará-los idênticos. A igualdade está em serem todos, enquanto humanos e tendentes a um comum-pertencer/diferenciar-se, lugares de um potencial de ações e realizações com possibilidades diversas de expressão. A comunidade litúrgica é lugar natural (entendendo-se o "natural" não como um determinismo incondicional, mas como estabilidade do plural, do múltiplo), assim como o é a terra, da coexistência do diverso – de deuses, humanos, minerais, vegetais, animais, fogo e água. Terra carrega aqui o sentido de integração, de familiaridade e de ritos de transformação e passagem. Personificada, a exemplo do verso de Joaquim Cardozo (na peça *O capataz de Salema*), a comunidade poderia dizer: "Sou terra escura e constante".

Parte 3

A diferença e a mídia

Bem se vê que é preta e beiçuda; não tem nenhuma filosofia esta diaba.
Emília, a boneca. Personagem de Monteiro Lobato, referindo-se à Tia Anastácia.

Deus fez o café, fez o leite, não fez o café com leite.
Ditado racista antilhano.

Pego um branquelo desses, coloco contra a parede e pego tudo: tênis, relógio, grana... Depois, encho de porrada.
A.F., 16 anos, menino de rua, em declaração ao jornal *A Tarde*. Salvador, 18/08/1997.

9
A identidade como valor

Em *O presidente negro* e o *Choque das raças* (1926), Monteiro Lobato concebe uma insólita história de ficção científica. No ano de 2228, um negro é eleito presidente da república dos Estados Unidos da América do Norte, provocando grandes reações. Ciente de que "todo negro deseja ter o cabelo liso", um cientista branco cria um produto alisante que, uma vez passado no cabelo, esteriliza o indivíduo[1]. No enredo, um "raio louro" branqueia a pele e aloura os cabelos, mas ainda assim, devido a "algo indefinível que resta negro e tem de ser eliminado", impõe-se a esterilização. Só por efeito da superioridade mental da raça branca, ficaria resolvido o "problema negro" nos Estados Unidos.

Lobato jamais escondeu a sua aversão pelo que chamava de "pretalhada inextinguível", onde incluía "o mulatismo que traz dessoramento ao caráter". Sua narrativa de ficção científica, extremamente racista e de certo modo antecipatória dos campos de extermínio nazistas e do *apartheid* sul-africano (Lobato chegou a sugerir, num texto em que prega o separatismo de São Pau-

---

1. Lobato alimentava a esperança de que sua obra viesse a tornar-se *best-seller* nos Estados Unidos. Mas mesmo na década de 1930, quando o movimento antirracista dos negros não tinha grande expressão nacional, o livro foi recusado por editoras norte-americanas. Em carta a Godofredo Rangel, dizia Lobato: "Acham-no ofensivo à dignidade americana, visto admitir que depois de tantos séculos de progresso moral possa este povo, coletivamente, cometer a sangue-frio o crime que sugeri".

lo, o *apartheid* paulista), foi saudada no Brasil como "um hino à eugenia, às leis espartanas revividas na América, e é um brado de alerta em prol do princípio mágico que está fazendo da América do Norte um mundo dentro do mundo – a Eficiência"[2].

O principal interesse dessa história está, em primeiro lugar, no fornecimento da prova documental de um imaginário etnocida (na década de 1920, a esterilização de afrodescendentes era um dos ideais do movimento eugenista), que permanece latente, e pode ser eventualmente reativado, na vida social brasileira. Assim é que, em 1982, o Grupo de Assessoria e Participação do Governo do Estado de São Paulo (GAP) propunha em relatório a esterilização de mulheres "pretas e pardas", com o argumento de que as projeções demográficas indicavam o crescimento da população escura e que isto tendencialmente resultaria na ocupação do poder político por afrodescendentes.

Depois, o interesse está em levantar a questão do julgamento da aparência na fenotipia escura, a espinhosa questão estética que tem acarretado desvantagens objetivas na luta dos descendentes de escravos por inserção social e melhores oportunidades de emprego. Numa sociedade esteticamente regida por um paradigma branco – por mais difícil que seja hoje manejar a ideia de uma identidade cultural fundada em critérios de raça –, a clareza ou a brancura da pele, mesmo sem as barreiras guetificantes do multiculturalismo primeiro-mundista, persiste como marca simbólica de uma superioridade imaginária atuante em estratégias de distinção social ou de defesa contra as perspectivas "colorizadoras" da miscigenação, da coexistência com imigrantes cada vez mais numerosos nos fluxos da globalização.

---

2. JÚNIOR, A.A. *Jornal da Manhã* [recorte sem data]. Cf. AZEVEDO, C.L.; CAMARGO, M. & SACCHETA, V. *Monteiro Lobato* – Furacão na Botocúndia. Senac, 1997, p. 214.

São vários os lugares sintomáticos da discriminação, em geral disfarçados, mas às vezes bastante explícitos. Um exemplo: em 1986, o Centro de Pesquisa e Assistência em Reprodução Humana espalhou por Salvador, Bahia, cartazes publicitários com o título "defeito de fabricação" acima da imagem de um garoto negro, com correntinhas no pescoço, canivete na mão e uma tarja nos olhos. Abaixo, o texto: "Tem filho que nasce para ser artista. Tem filho que nasce para ser advogado e vai ser embaixador. Infelizmente, tem filho que já nasce marginal". Outro cartaz mostrava uma mãe negra, grávida, coberta com um lençol branco e a legenda "também se chora de barriga cheia".

Houve, certo, reações por parte de setores da sociedade civil preocupados com essa extrapolação do preconceito velado para o âmbito do racismo aberto. O que de fato parece chocar a consciência pública é a quebra do pacto social implícito de invisibilização dos mecanismos discriminatórios. Na realidade, a discriminação – muito frequente nas exigências de "boa aparência" pelo mercado de trabalho – em todas as suas formas é fenômeno constante e socialmente problemático.

Maior ainda, no entanto, pode ser o problema da autodiscriminação, devido à internalização pelo indivíduo escuro de imagens negativas sobre si mesmo. Por que maior? Porque se trata de processos inconscientes de autodesvalorização, difíceis portanto de serem submetidos ao escrutínio político ou racional. Em depoimentos particulares, às vezes em cartas a jornais, o problema se mostra:

1) "O preconceito mais condenável, mas ainda impune, é o do negro contra a própria raça, pois nenhum busca extinguir-se. Ao subir na vida, vira as costas às fêmeas da espécie. Quantos negros ricos, importantes, são casados com negras? Cama cheia de dólar? Negra, cai fora. Bolsas cheias?

Vem cá, lourinha. Esses que nutrem preconceito contra a própria raça deviam ir para as grades ao lado do branco racista. Seu crime é pior: contra a própria espécie. A condenação ao preconceito tem sido unilateral; por justiça, deve ser imparcial. Negro goza do direito de ser preconceituoso contra a própria cor" (Geraldo Moura. Vitória, ES. *Folha de S. Paulo*, 06/07/1997).

2) "Sou branco, casado com uma negra. A minha filha mais velha é mulata de cabelos crespos, já contando com 14 anos, muito bonita e completamente complexada pelo fato de ser negra. Como conseguir convencer uma adolescente, negra, filha de um branco, que ela é bonita? Quando ela vê propagandas – televisivas ou impressas – só aparecem brancos e brancas, bonitos, ressaltando uma possível inferioridade da sua beleza" (Sérgio Mauricio Costa da Silva Pinto. Salvador, BA. *Folha de S. Paulo*, 11/05/1997).

Na mesma época em que textos dessa natureza aparecem na imprensa, um anúncio publicitário afirma que "os cabelos, como os olhos, são o espelho da alma" e faz uma bela mulher de pele escura proclamar: "Com *American Hair*, eu me transformei na mulher que sempre idealizei, completamente feliz, bonita e radiante". O anúncio é típico da revista *Raça-Brasil*, uma das várias publicações (*Ebony*, *Ébano*, *Black People*) que se dispõem a reconstruir, na virada do milênio, num país em que mais da metade da população é escura, a identidade do sujeito negro com valores afins aos da sociedade clara hegemônica, isto é, com uma ética baseada em valores estéticos tidos como racialmente positivos.

Essa "novidade" na esfera da mídia é tornada possível, antes de mais nada, pela constatação da existência de um mercado ("segmento novo", no jargão publicitário) para leitores de revista caracterizados ora como "negros" (termo que designa não apenas cor da pele, mas também identidade), ora "afrodescendentes" – termo "politicamente correto" tanto no Brasil como nos Estados Unidos. Em termos especificamente mercadológicos, são mais de setenta milhões de cidadãos com cabelo crespo[3].

Mas a novidade é também possibilitada por um discurso que remonta ao início dos anos de 1970 nos Estados Unidos quando, junto com movimentos políticos e culturais de valorização do negro, produziu-se uma conjuntura acadêmica afrocêntrica. Para o *scholar* afrocentrado, isto é, aquele que segue a linha interpretativa do antropólogo senegalês Cheikh Anta Diop, a cultura europeia provém do Egito, por sua vez parte da África. Diop era taxativo: "O Egito é a mãe distante das ciências e culturas ocidentais, e a maioria das ideias que chamamos de estrangeiras costuma ser nada mais que imagens mescladas das criações dos nossos ancestrais africanos, tais como judaísmo, cristianismo, islamismo, dialética, aritmética, geometria, engenharia mecânica, astronomia, romance, poesia, teatro, arquitetura e artes"[4].

A interpretação de Diop tem, antes de mais nada, o mérito de contraditar toda uma tradição acadêmica que, desde o século XIX, tentava "embranquecer" os egípcios para explicar, segundo a conveniência euro-racista, fatos civilizatórios altamente valorizáveis, como as invenções das pirâmides, dos hieróglifos, dos conhecimentos astronômicos e arquitetônicos etc. – chegando-se mesmo a dizer que os egípcios eram "membros de pele

3. No ano de 1997, o Instituto Brasileiro de Geografia e Estatística (IBGE) confirmava a existência de uma "classe média" constituída por 5,4 milhões de negros e mestiços, com renda superior a vinte salários-mínimos.

4. DIOP, C.A. *Civilization or Barbarism*: An Authentic Anthropology. Nova York, 1991, p. 3.

escura da Grande Raça Branca"[5]. Evidente que o Egito é, geograficamente, parte da África e que, historicamente, tem sido demonstrada a fenotipia negra ou escura de seus habitantes (assim pareciam, p. ex., Euclides e Cleópatra) desde milênios antes da era cristã.

Deduzir daí, entretanto, uma teoria geral da "africanidade" é particularmente problemático, quando primeiro se considera a evidência geo-histórica de que muitos dos povos africanos provieram também de regiões mesotopotâmicas e asiáticas a leste do Rio Nilo. Depois, sustentar, como o faz Diop, que o Egito faraônico foi o centro irradiador de todo o processo civilizatório europeu graças à influência egípcia sobre os gregos, é no mínimo um risco acadêmico, compreensível apenas no quadro da luta ideológica entre a antropologia afrocêntrica e o difusionismo racista dos euro-americanos.

Dentro desse quadro, pode-se levantar na história do mundo um grande número de figuras fundacionais que podem ser associadas à tez escura, como a Virgem Maria e o próprio Jesus Cristo, como enfatiza um pregador dominicano do século XV, citado por Baxandall: "A Virgem era morena ou loura? [...] diz Alberto [Magno], temos que admiti-lo: ela estava mais para a cor escura. Há três razões para pensarmos assim – primeiro, por questão de cútis, pois os judeus tendem a ser morenos, e ela era judia; segundo, devido a testemunhas, já que São Lucas fez os três retratos que existem dela, hoje em Roma, Loreto e Bolonha, e esses são todos de tez escura; terceiro, por razões

---

5. Nina Rodrigues, p. ex., via na maioria dos negros na Bahia a presença de "povos camitas, que mais ou menos pretos, são, todavia um simples ramo da raça branca e cuja alta capacidade de civilização se atestava excelentemente na antiga cultura do Egito, da Abissínia etc." (*Os africanos no Brasil*, p. 218-219).

de afinidade. Um filho normalmente sai a sua mãe, e vice-versa; Cristo era moreno, portanto..."[6]

Nada disso tem maiores consequências conceituais. Essa discussão é aqui pertinente tão só como fonte discursiva de juízos de valor positivos sobre o homem negro, capazes de confluírem para uma identidade valorizável tanto nos obscuros desvãos do imaginário social como nos trâmites dos direitos humanos e do multiculturalismo emergentes a partir da década de 1960 nos Estados Unidos e em outras partes do mundo. Por outro lado, da atmosfera emocional do afrocentrismo surge também o movimento de valorização estética do biótipo escuro aproveitado pela mídia, desde a publicidade e o cinema até as revistas voltadas para o negro brasileiro no último terço da década de 1990. Estas se dirigem basicamente ao indivíduo negro consumidor e em processo de ascensão social.

A velha imprensa negra

Para se entender a diferença de conteúdo entre a imprensa negra do passado e a atual, é preciso remontar às últimas décadas do século XIX e examinar, ainda que brevemente, dois episódios em que se levanta a questão nacional: a Abolição da Escravatura (1888) e a Proclamação da República (1889). Como se sabe, a abolição foi um processo lento, iniciado pela proibição do tráfico negreiro e caucionado pelo emprego de mão de obra imigrante. Curiosamente, desde um ano antes da assinatura da Lei Áurea e até o início da Primeira Grande Guerra, intensifica-se a entrada no país, com subsídios do Estado, de italianos, espanhóis, portugueses, japoneses e alemães. Os imigrantes não

6. BAXANDALL, M. *Painting and Experience in fifteenth Century Italy*, 1972. Cf. GEERTZ, C. *O poder local*. Vozes, 1998, p. 159.

vinham agregar-se aos negros, mas tomar-lhes o lugar nas lavouras de café; vinham na verdade acalmar o medo que as elites urbanas e fundiárias tinham do indivíduo de pele escura.

A república proclamada, por sua vez, não previa nenhum mecanismo de incorporação do ex-escravo ao regime baseado no ideário liberal. Na nova ordem, controlada por oligarquias regionais, a maioria populacional ficava sistematicamente excluída do processo eleitoral, o que eliminava as chances de representatividade política das camadas subalternas, onde predominavam os negros.

Nesse contexto de exclusão político-econômica e de denegação de cidadania real, surge em 1915 a imprensa negra[7], com o jornal *O Menelick*. Depois, aparecem outros como *O Clarim da Alvorada*, *O Getulino*, *A Princesa do Norte*. Até o advento da Nova República, esta imprensa caracteriza-se pela tentativa de fazer o negro se integrar na sociedade global: os textos, de feitio rebuscado e literário, noticiam aniversários, casamentos, eventos sociais; veiculam protestos contra o preconceito racial; incitam à educação como recurso de ascensão social; condenam o alcoolismo e as práticas boêmias. Predomina a moral puritana, valorizada como meio de obtenção de respeitabilidade e equiparação aos padrões brancos.

Claros e escuros tinham plena consciência da importância estratégica da educação. De um lado, havia as ameaças etnocidas expressas nos discursos médico-eugenistas ou mesmo antropológicos, que classificavam negativamente o afrodescendente como partícipe do processo educacional. Num texto sobre edu-

---

7. Cf. MOURA, C. *Imprensa negra (estudo crítico)*. Imprensa Oficial de São Paulo/Secretaria de Cultura de São Paulo, [s.d.]. • *A imprensa negra do Estado de São Paulo*. Secretaria de Cultura do Estado de São Paulo/Centro de Estudos Afro-asiáticos. Perspectiva, 1973.

cação superior, o dono do jornal *O Estado de S. Paulo* previa a exclusão da universidade do que chamava de "toxina social", isto é, "a massa impura e formidável de dois milhões de negros subitamente investidos das prerrogativas constitucionais"[8]. Do outro lado, todo um esforço de integração social por parte dos afrodescendentes.

A segunda fase da imprensa negra[9] coincide com a implantação da Nova República pela Revolução de 1930. A educação, que antes fora percebida como meio ascensional, assume agora, no âmbito de uma política educacional gratuita incentivada pelo governo federal, foros amplos de estratégia coletiva para os negros. A reivindicação política – impulsionada pela conquista do direito de voto – toma corpo no movimento conhecido como "Frente Negra Brasileira", fundada em 1931, e o jornal *A Voz da Raça* sustenta posições político-ideológicas assestadas contra o preconceito de cor.

Mas apesar do tom de protesto racial, o horizonte político é integracionista, voltado para o aprimoramento escolarizado da consciência, a fim de melhor acomodar-se à sociedade branca com todos os seus valores. E não era para menos: assim como a Ação Integralista Brasileira, à qual estavam ligadas algumas de suas facções, a Frente Negra pautava-se pelos princípios fascistas do nacionalismo, catolicismo e autoritarismo. Socialmente excluído, o indivíduo negro aspirava tão só à igualdade econômica e política, acompanhada do respeito racial. "Revolução dentro da ordem", eis como o sociólogo Florestan Fernandes definiu o movimento.

---

8. MESQUITA FILHO, J. "A crise nacional – Reflexões em torno de uma data". *O Estado de S. Paulo* – Seção de Obras, 1929.

9. A classificação das fases (1915-1930, 1930-1937, 1945-1963 e após 1970) foi feita por Roger Bastide, apud *A imprensa negra do Estado de São Paulo*, p. 52-54.

Findos o período ditatorial do Estado Novo e o silêncio editorial (o governo de Getúlio Vargas restringia violentamente a liberdade de expressão, promovendo o empastelamento de gráficas e redações), a imprensa negra ressurge com os jornais *Senzala* e *Alvorada*. Já não há mais o impulso reivindicatório nem a força de mobilização numérica que caracterizavam a Frente Negra e que acabaram levando aquela entidade a transformar-se em partido político. Existem, depois de 1945, a "Associação de Negros Brasileiros" (de escasso prestígio) e um jornalismo que, embora setorizado, preocupa-se mais com a conjuntura política do país e com a posição diferenciada do negro na sociedade nacional.

Vale observar que, na democracia brasileira após a guerra, o indigenismo de base antropológica parece assumir o primeiro plano oficial no debate público sobre as questões de raça. Com o pano de fundo dos ideais de José Bonifácio e do Marechal Rondon (ainda que conservadores) esgrimidos contra interesses comerciais e militares, vieram à luz novos argumentos em defesa das terras e das culturas indígenas. Fortaleceram-se instituições como o Serviço de Proteção aos Índios e o Museu do Índio.

Ao mesmo tempo, o termo "raça" emerge como significante investido de um potencial de revitalização simbólica da subjetividade negra, como algo capaz de levar à superação do estigma étnico. Semioticamente, invertem-se os sinais: o que é conotado como negativo pela consciência discriminadora, transvalora-se positivamente pela consciência discriminada. Por isso, em tom exaltativo, os negros referem-se a si próprios, ao que desejam valorizar, como "da raça". Mas esta "raça" é semiotizada como essencialmente brasileira e com valores ocidentais – as origens africanas são recalcadas.

Até o final de 1963, quando o golpe militar silencia, pela segunda vez na história do país, a imprensa negra, esta jamais deixou de refletir os protestos e as esperanças dos descendentes de africanos. Mesmo caracterizada por publicações de pequena tiragem e de curta duração, essa imprensa foi fundamental para a formação de uma consciência diferenciante, atenta a problemas de socialização específicos do negro brasileiro. É também verdade que tudo isso ocorreu principalmente no Estado de São Paulo e que de toda essa movimentação não se obteve nenhum ganho social importante – tanto que ainda hoje analistas nacionais e estrangeiros perguntam-se por que os negros brasileiros jamais conseguiram pressionar eficazmente o Estado no sentido de conseguir vantagens institucionais.

A partir da década de 1980, os pequenos jornais negros que começaram a aparecer um pouco por toda parte refletiam em geral as linhas ideológicas e emocionais do "Movimento Negro Unificado contra a Discriminação Racial (MNU)", que pretendia desmontar o mito da democracia racial brasileira e montar estratégias antirracistas. Esvanecem-se os discursos reivindicativos e pedagógicos, as preocupações com ordenamento familiar e formação profissional, dando lugar a enunciados de denúncia do preconceito de cor, a análises da consciência discriminatória, a informações históricas sobre colonialismo e escravatura, a esparsos juízos afirmativos da identidade negra que procuram resgatar os valores políticos das lutas anticoloniais na África. Ao mesmo tempo, fundam-se em universidades e fora delas centros de estudos em torno da categoria "cultura negra", que abrange os cultos, os costumes e os jogos afro-brasileiros.

O discurso da grande mídia

A importância de uma imprensa negra acentua-se quando se leva em consideração, a exemplo de Van Dijk[10], que os discursos sociais – manuais escolares, diálogos socializantes (pais/filhos, professores/estudantes), programas de radiodifusão, textos jornalísticos, pronunciamentos parlamentares etc. – desempenham um papel central tanto na produção quanto na reprodução do preconceito e do racismo. Desses discursos provêm os modelos cognitivos e as atitudes relativos às minorias de qualquer natureza, especialmente os negros na sociedade "clara" do Ocidente.

Como esclarece Van Dijk, o discurso atua nos níveis micro e macro, assim como nos registros da interação e da cognição. A mídia funciona no nível macro como um gênero discursivo capaz de catalisar expressões políticas e institucionais sobre as relações inter-raciais, em geral estruturadas por uma tradição intelectual elitista que, de uma maneira ou de outra, legitima a desigualdade social pela cor da pele.

A palavra "elitista" não é aqui casual. Sabe-se efetivamente que da influência interativa entre elites de diferentes ordens – grupos de alta renda, ministérios, organizações de trabalho, intelectuais e meios de comunicação de massa – resultam os padrões cognitivos e políticos que orientam os componentes da ação social e do julgamento ético presentes no comportamento racista.

Falar de elite é designar os grupos e as instituições com acesso diferenciado a mecanismos geradores de poder, tais como renda, emprego, educação e força repressiva. São as eli-

---

10. Cf. DIJK, T.A. *Political Discourse and Racism – Describing others in western parliaments* [Paper apresentado no International Conference on "Others" in Discourse. Toronto, 06-08/05/1993]. Cf. tb. DIJK, T.A. *Elites, Racism and the Press* [Paper apresentado no Congress of the International Association of Mass Communication Research (IAMCR). Guarujá, ago./1992, p. 16-21.

tes que ocupam, em cada Estado nacional, sejam as posições de controle direto da mídia, sejam as possibilidades de moldar o seu discurso. No Brasil, essas elites específicas têm basicamente uma natureza familiar.

É que a mídia desenvolveu-se aqui (e também em muitos outros países, vale sublinhar) como um bem patrimonial – os sujeitos econômicos da indústria da informação e do imaginário são predominantemente famílias. A conhecida especulação de Habermas, no sentido de uma "refeudalização" da esfera pública pela mídia contemporânea (criação publicitária de uma aura mítica em torno das figuras de autoridade), tem aqui o sentido acrescido: os canais de transmissão constituem verdadeiros "feudos" econômico-jurídico-político-ideológicos de elites patrimoniais.

Os "feudos" fazem repercutir, com o velho espírito patrimonialista, o imaginário e as ideologias das elites nacionais e internacionais, que tiveram o seu poderio aumentado (na razão direta da concentração de renda) desde a república getulista até hoje. São tais elites que, neste momento de hegemonia do capital financeiro, coonestam a deterioração dos ganhos democráticos do povo nacional e abrem mão de políticas nacionalmente soberanas.

A mídia é o intelectual coletivo desse poderio, que se empenha em consolidar o velho entendimento de povo como "público", sem comprometer-se com causas verdadeiramente públicas nem com a afirmação da diversidade da população brasileira. O racismo modula-se e cresce à sombra do difusionismo culturalista euro-americano e do entretenimento rebarbativo oferecido às massas pela televisão e outros ramos industriais do espetáculo.

Dentro do próprio sistema mediático (jornais, radiodifusão, editoras, agências de publicidade etc.), constituem-se hoje pequenas elites intelectuais, a que se pode chamar de "logotécnicas", isto é, especializadas na neorretórica elaboradora do discurso público. Tais elites – editorialistas, articulistas, editores, colunistas, âncoras de tevê, criadores publicitários, artistas, jornalistas especiais – funcionam como filtro e síntese de variadas formas de ação e cognição presentes nas elites econômicas, políticas e culturais coexistentes num contexto social.

Funcionam também como uma espécie de "grupo técnico de imaginação", responsável pela absorção, reelaboração e retransmissão de um imaginário coletivo atuante nas representações sociais. São estas mesmas que Barthes assimilou ao conceito de "mitos", mas ressaltando a sua historicidade e a possibilidade de serem alterados: "É precisamente porque são históricos, que a história pode facilmente suprimi-los"[11].

O imaginário é categoria importante para se entender muitas das representações negativas do cidadão negro, quando se considera que, desde o século XIX, o africano e seus descendentes eram conotados nas elites e nos setores intermediários da sociedade como seres fora da imagem ideal do trabalhador livre, por motivos eurocentrados. O imaginário racista veiculado pelas elites tradicionais pode ser hoje reproduzido logotecnicamente, de modo mais sutil e eficaz, pelo discurso midiático-popularesco, sem distância crítica do tecido da civilização tecnoeconômica, onde se acha incrustada a discriminação em todos os seus níveis.

Esse racismo aloja-se em novas modalidades institucionais – no sentido dado por Mauss à palavra "instituição", ou seja, modo de fazer ou de pensar independente do indivíduo. O racismo midiático é, assim, suscitado por fatores da seguinte ordem:

---

11. BARTHES, R. *Mitologias.* Difel, 1972, p. 172.

1) A negação – Do mesmo modo como as elites de hoje rejeitam o racismo doutrinário ou evitam a pecha de "sujeitos da discriminação", a mídia tende a negar a existência do racismo, a não ser quando este aparece como objeto noticioso, devido à violação flagrante desse ou daquele dispositivo antirracista ou a episódicos conflitos raciais. De uma maneira geral, porém, as elites logotécnicas, ao contrário das elites identitárias do passado, tendem a considerar "anacrônica" a questão racial, deixando de perceber as suas formas mutantes e assim contribuindo para a reprodução do fenômeno em bases mais extensas.

2) O recalcamento – Tanto no jornalismo como na indústria cultural em seus diferentes modos de produção, costuma-se recalcar aspectos identitários positivos das manifestações simbólicas de origem negra. Assim é que, quando se fala de vitalismo cultural da música popular brasileira, não se acentua suficientemente a sua proveniência nem o papel tático que tem desempenhado nas relações inter-raciais. O mesmo acontece quando se trata de vultos importantes da história, das artes, da literatura. É frequente encontrarem-se profissionais competentes da mídia completamente ignorantes no que diz respeito à história do negro no Brasil ou nas américas.

3) A estigmatização – Goffman distingue identidade social virtual (aquela que se atribui ao outro) de identidade social real (conferida por traços efetivamente existentes)[12]. Na passagem do potencial/virtual ao real/atual, surge o estigma, a marca da desqualificação da diferença, ponto de partida para todo tipo de discriminação, consciente ou não, do outro. Num país de dominação branca, a pele escura tende a tornar-se um estigma. Na verdade, qualquer tipo de diferença (p. ex., traços faciais

12. Cf. GOFFMAN, E. *Stigmate*. Minuit, p. 57.

distintos, como entre os hutus e os tutsis em Ruanda) pode ser estigmatizado e suscitar juízos de inferioridade sobre o outro.

Com referência ao negro, a mídia, a indústria cultural, constroem identidades virtuais a partir não só da negação e do recalcamento, mas também de um saber de senso comum alimentado por uma longa tradição ocidental de preconceitos e rejeições. Da identidade virtual nascem os estereótipos e as folclorizações em torno do indivíduo de pele escura.

4) A indiferença profissional – A mídia organiza-se empresarialmente, com motivações de lucro e poder semelhantes às de outras iniciativas industriais. Diferentemente da imprensa tradicional, que podia bater-se por causas públicas ou políticas, a mídia contemporânea pauta-se pelos ditames do comércio e da publicidade, pouco interessados em questões como a da discriminação do negro ou de minorias. Os profissionais midiáticos acabam dessensibilizando-se com problemas dessa ordem. Por outro lado, é reduzida a presença de negros nas fileiras profissionais da mídia brasileira. Quando indivíduos de pele escura conseguem empregar-se em redações de jornais ou em estações de televisão, mesmo que possam eventualmente ocupar uma função importante, são destinados a tarefas ditas "de cozinha", isto é, aquelas que se desempenham nos bastidores do serviço, longe da visibilidade pública[13].

Nenhuma verdadeira política antirracista pode implantar-se num sistema discursivo como o dessa grande mídia. É a compreensão dessa realidade que hoje faz surgir, em determinados

13. Vale registrar a respeito deste tópico que a rede hegemônica de televisão no Brasil (Rede Globo) vem concedendo há muito tempo espaço para uma repórter negra no vídeo. Há algo aí do que se poderia chamar de *know-how* norte-americano na gestão da imagem empresarial: reserva-se um lugar único para uma *colored*, à maneira do sistema de quotas, produzindo-se um simulacro profissional de democracia racial.

contextos (p. ex., entre os inuit nos Estados Unidos ou entre os nambiquaras e caiapós no Brasil), algo como a chamada "mídia indígena" – ou seja, estratégias discursivas para resistir ao rebaixamento dos níveis de existência em termos econômicos, ecológicos e culturais. Trata-se de esforços com base comunitária (local), sem grandes investimentos financeiros e com um claro direcionamento político-ideológico.

A imprensa negra do passado era também política, ainda que não necessariamente partidária: tratava-se de exprimir os anseios ascensionais ou integracionistas de um grupo social estigmatizado pela cor e pela origem escrava. Era um imprensa, portanto, impelida pela luta antirracista, ainda que suas estratégias nem sempre tenham se pautado por posições muito nítidas ou ideologicamente progressistas.

A partir do final dos anos de 1960, com o movimento denominado *Black Soul*, começou-se a discutir em termos políticos a identidade racial no Brasil, sob a desconfiança e a severa vigilância das autoridades ditatoriais. Desde então, no bojo das tentativas de reorganização da sociedade civil frente ao regime militar, o Movimento Negro emergente – constituído de jovens se não com formação universitária, pelo menos com um discurso diretamente influenciado por disciplinas universitárias, como História, Sociologia, Antropologia, mas igualmente pela propaganda dos movimentos negros norte-americanos – passou a caracterizar-se por tomadas de posição agressivas. Estas eram às vezes excessivamente emocionais ou marcadas pelo ressentimento subjetivista, uma espécie de doença infantil do antirracismo.

Pari passu ao fortalecimento de uma consciência etnicista (afirmativa de identificações positivas com a pele negra) junto a jovens, desenvolveram-se em algumas universidades ou à margem delas, grupos de estudos de assuntos negros. Inexiste aqui a regularidade dos African Studies nos Estados Unidos, mas não há dúvidas quanto à formação de núcleos de pesquisa e de promoção cultural capazes de catalisarem as atenções (tanto constantes como esparsas) de intelectuais de destaque e, às vezes, de editores e jornalistas, sempre atraídos pelo vigor da singularidade cultural afro-brasileira (cultos, culinária, ritmos etc.).

Ao mesmo tempo, desde o início dos anos de 1990, alguns prefeitos e governadores começaram a instituir "secretarias de assuntos negros"; criou-se no âmbito do governo federal a Fundação Palmares, destinada à promoção da cultura afro-brasileira; um negro elegeu-se prefeito de São Paulo, a cidade mais próspera do país. Cidadãos de pele escura começaram a entrar em partidos políticos, tanto de esquerda como de direita. Um grande número de bandas e grupos musicais negros passou a frequentar os dispositivos da cena pública, sempre com discursos de politização da identidade racial.

Formou-se, assim, uma espécie de base social (clara e escura) para a aceitação da imprensa que viria a implantar-se nos anos de 1990, agora sob a égide plena da argumentação mercadológica. Assim é que uma pesquisa realizada em vinte e dois estados brasileiros – "Qual é o pente que te penteia – o perfil do consumidor negro no Brasil"[14] – revelava que os negros integrantes de 1,7 milhão de famílias, com alto nível de escolaridade (45% de colegial completo e 34% de superior completo e renda familiar média pouco acima de dois mil dólares mensais, eram atrativos o suficiente para motivar uma grande variedade de negócios.

Surge aí uma questão: De onde provém tal renda, quando se sabe da proverbial inferioridade econômica dos afrodescen-

14. Pesquisa levada a cabo em 1997 pela empresa Grottera Comunicação.

dentes no Brasil? Há até mesmo alusões de especialistas a um "racismo socioeconômico", que "permite aumentar ou reduzir em qualquer zona de espaço-tempo particular o número dos destinados aos papéis econômicos menos remunerados e gratificantes, segundo as necessidades do momento; engendra e recria constantemente comunidades sociais que condicionam as crianças a desempenhar um papel apropriado (mesmo se evidentemente isso os leva a formas de resistência); e fornece uma base não meritocrática para justificar a desigualdade"[15].

Este é um ponto bastante polêmico. Há pouco mais de duas décadas, Oliveira criticava, num ensaio hoje bastante conhecido[16], a hipótese da "redistribuição intermediária", formulada por M.C. Tavares e J. Serra, segundo a qual a compressão salarial era necessária ao modelo de crescimento econômico vigente na época, para financiar a inversão e redistribuir o superexcedente para as classes médias. Nesta argumentação, o sistema econômico teria algo como um preconceito de classe e de cor, porque só as classes médias e ricas (brancos, em suma) poderiam consumir. Trabalhadores (pretos e mulatos) não poderiam fazê-lo devido à compressão dos salários, que funcionaria como mecanismo de transferência de renda para as classes médias.

Para Oliveira, a falha da argumentação estava no fato de que a compressão salarial "transfere os ganhos da elevação da mais-valia absoluta e relativa para o polo de acumulação e não para o consumo". A renda das classes médias seria uma necessidade da estrutura produtiva em seu sentido global (e não um estado de bem-estar dos favorecidos), já que decorre das exigências técnico-institucionais da nova estrutura industrial e, portanto, das

15. WALLERSTEIN, E., apud DIAS, P. *Un autre partage*. Erés/Unesco, p. 48.

16. OLIVEIRA, F. "Crítica da razão dualista". *Estudos Cebrap* 2, 1972.

novas ocupações criadas. Isto faria da renda uma exigência objetiva da estrutura produtiva e não um efeito de presumido preconceito de classe ou de cor por parte da acumulação capitalista.

De fato, a acumulação de capital é, em princípio, neutra com relação à cor da pele do agente produtivo. Mas não é absolutamente neutra com respeito aos modelos culturais de incrementação do trabalho e da produtividade ou às múltiplas formas discriminatórias da civilização tecnoeconômica, que se alimentam de uma margem estrutural de pobreza – daí, a hipótese do "racismo socioeconômico". No Brasil, como se sabe, aconteceu uma Abolição da Escravatura sem direito ao trabalho, sem reforma agrária e sem uma estrutura político-partidária que reorientasse os conflitos. A mesma matriz social da colônia reeditou-se no império, reforçando a segregação, as barreiras sociais. Com a industrialização, cresceu a mobilidade social, acentuada durante o próprio Estado Novo, que ensejou uma mobilidade no interior da clássica organização burocrático-estatal.

É com o Estado Novo que a educação começa a generalizar-se. No Exército Nacional, abrem-se brechas ascensionais para negros e mulatos[17]. Mas com exceção da Bahia – onde se desenvolveu até o final dos anos de 1930 uma pequena burguesia negra –, ocorreu no resto do país uma marginalização progressiva dos indivíduos de pele escura, mitigada às vezes por oportunidades advindas da migração interzonal (do Norte para o Sul, principalmente) no período de crescimento das grandes cidades. Hoje, a migração observável é intrazonal (dentro do próprio Estado), na medida em que as metrópoles entram em

---

17. Registram-se inclusive oportunidades de acesso a instrumentos musicais até então vedados a descendentes de africanos. Alguns dos instrumentos de sopro, que fariam depois as glórias de grandes músicos negros, provinham originariamente das fileiras militares.

queda livre, assoberbadas pelo excesso populacional, pela deterioração de capitais e serviços, pela baixa taxa de natalidade – em franco contraste com o desenvolvimento de cidades de porte médio, para onde tendem a deslocar-se indústrias nacionais e estrangeiras.

Nessa conjuntura, registra-se o fenômeno crescente de famílias uniparentais (mãe, diversos filhos e diversos pais), assim como o aumento em escala da miséria, devido à estrutura socioeconômica excludente. No entanto, a existência de mais de um milhão e meio de famílias negras (há cerca de trinta milhões de famílias no país) inseridas em oportunidades de consumo é perfeitamente cabível dentro desse modelo. Desde meados dos anos de 1980, sob o influxo do neoliberalismo socioeconômico e da inferioridade do emprego diante do crescimento da população economicamente ativa, o setor informal passou a gerar um volume gigantesco de recursos. Isto ajudaria a explicar o aparecimento de emergentes de pele escura na órbita do consumo. Efetivamente, um estudo da Comissão Econômica para a América Latina (Cepal) mostrava em 1998 que, de cada 100 empregos gerados na América Latina entre 1990 e 1995, cerca de 84 pertenciam à economia informal.

Além disso, o fenômeno obedece também ao mesmo padrão norte-americano de concentração de renda em alguns setores urbanos antes excluídos (em termos de renda, educação e saúde) do resto. Não ocorre, portanto, uma verdadeira e digna integração socioeconômica dos descendentes de africanos – que constituem a maioria populacional –, mas bolsões de renda concentrada facilmente detectável pelo mercado e simulável como "modernização" pela publicidade. Na verdade, os produtos anunciados em *Raça* são bens semiduráveis de preços acessíveis, barateados pela produção em massa.

Sob uma economia de mercado especulativa, divorciada da vida social ou descomprometida com o fator humano (os governos buscam cada vez mais o puro e simples equilíbrio macroeconômico), confundem-se acúmulo financeiro e instáveis "negócios" com economia realmente produtiva e socialmente integradora. Economistas e sociólogos concordam que as formas socioeconômicas de inserção alternativa são limitadas e em que é curto o tempo de vida do autoempreendimento, além disso sem os benefícios da proteção social ao trabalho (previdência, saúde). Por outro lado, à velha valorização do processo educacional (que dentro de uma economia industrialista acenava com um remanejamento real de ocupações na estrutura produtiva) sucede-se o desejo de pura inserção na esfera do consumo.

Fora dessa esfera mercadológico-midiática, continua preocupante a condição social dos afrodescendentes, marcada pela desigualdade nos níveis de renda e acesso a serviços de educação, saúde e habitação. Tanto assim que, ao mesmo tempo em que alguns analistas (jornalistas, burocratas, acadêmicos) anunciavam em tom esperançoso a existência de uma nova "política de raça" na vida brasileira, um amplo estudo divulgado (1997) pela Comissão Inter-Americana de Direitos Humanos da Organização dos Estados Americanos (OEA) apontava perspectivas sombrias para os descendentes de africanos no Brasil. Mostrava, por exemplo, que era escassa a presença de negros nas universidades de boa qualidade, que a sua representação no Congresso era apenas simbólica e que as pessoas de pele clara ganhavam, em média, duas vezes e meia mais do que as de pele escura. A expectativa de vida tanto de crianças quanto de suas mães negras era igualmente muito menor.

Um novo filão

Mas houve mesmo, na verdade, a descoberta pelos publicitários de um filão novo de mercado. Há euforia neste fato, tanto da parte deles quanto, é preciso reconhecer, dos virtuais consumidores, os indivíduos de pele escura. Estrategistas de necessidades (publicitários, técnicos em *marketing*) costumam orientar-se por uma visão superotimista da realidade histórica, bastante diversa da ideologia crítico-catastrofista do jornalismo tradicional. Na simples exteriorização de sinais de renda podem enxergar uma transformação real das condições de existência e agir em conformidade com tal suposição.

Por sua vez, os consumidores virtualmente emergentes num espaço social onde cor e classe estão imbricados, mesmo sem uma efetiva representatividade política (ou seja, sem acesso ao jogo do poder decisório) podem enxergar nas mudanças de superfície um reposicionamento "ontológico" de sua presença no mundo. Autoimagem, autoestima são mobilizadores poderosos do ego – alvo prático da visão publicitária das coisas, sustentada pela ideologia do mercado perfeito e sujeito ao equilíbrio "natural".

Começou, assim, a aparecer uma espécie de antropologia mercadológica (sempre implícita nas pesquisas de *marketing*), destinada a traçar o perfil do virtual consumidor. Apurou-se, por exemplo, que os casamentos entre escuros chegavam à marca dos 60%, que os "negros" não são homogêneos em termos de consumo, que mais de 69% discordavam da ideia de que claros e escuros comprariam as mesmas marcas. Ao mesmo tempo, os escuros demonstravam sentir-se discriminados no que diz respeito a itens de consumo (cremes, desodorantes, sabonetes etc.) tidos como inadequados. E finalmente, um dado de grande peso publicitário: cerca de 71% de entrevistados afirmavam a disposição de adquirir determinados produtos toda vez que a sua propaganda incluía um negro.

Com esse pano de fundo, destacou-se, desde sua primeira edição em 1995, a revista *Raça-Brasil*, com bom acabamento formal[18]. Nela, as matérias editoriais e os anúncios comerciais dirigem-se exclusivamente ao indivíduo de pele escura, buscando a valorização de suas especificidades fenotípicas e sociais. Seu primeiro editorial prometia: "Dar a você, leitor, o orgulho de ser negro. Todo cidadão precisa dessa dose diária de autoestima: ver-se bonito, a quatro cores, fazendo sucesso, dançando, consumindo. Vivendo a vida feliz". A equação consumo = felicidade funcionou mercadologicamente. Além disso, o sucesso de vendagem e de publicidade da revista impulsionou o agenciamento de modelos negros, assim como negócios correlatos, a exemplo do fornecimento de perucas e apliques para cabelo.

A questão do cabelo parece constituir uma espécie de índice semiótico da revalorização identitária. Não é, na verdade, uma questão nova. Já em jornais do tempo da Frente Negra, podia-se encontrar anúncios do tipo "Alise e ondule seu cabelo e, quando você passar, alguém dirá: Que lindo cabelo!" Mas na mídia negra da contemporaneidade (*Raça-Brasil*, *Black People*) a preocupação com o cabelo é quase obsessiva, tal a sua recorrência em anúncios e reportagens.

É compreensível que o cabelo possa aparecer em qualquer lugar como marca forte da diferença fenotípica entre claros e escuros. Nos Estados Unidos, pedagogos vêm recomendando às escolas a adoção do livro *Nappy Hair* (Cabelo de lanugem), de Carolive Herron, que descreve as vicissitudes emocionais

---

18. A revista *Black People*, da mesma época, não obteve o mesmo sucesso editorial.

de uma garota, envergonhada pelos cabelos crespos, até a autoaceitação.

Mas no Brasil este é um aspecto carregado de simbolismo todo especial. Pode-se evocar a fantasia literário-"científica" de Monteiro Lobato, assim como atentar para o que diz uma antropóloga: "É um equívoco colocar a cor como traço principal da raça. A cor da pele não importa tanto quanto o tipo de cabelo, pois o cabelo liso-ondulado e comprido sempre codifica a mulher "escura" como "mulata"[19].

Na verdade, a observação empírica das relações sociais demonstra que importam a cor e o cabelo. Mas o senso comum, a canção popular, a ansiedade visível no que diz respeito a cabelos – tudo isso parece corroborar a ideia de que o pelo é de algum modo estratégico na revalorização identitária. Um anúncio publicitário de produto capilar publicado na revista *Raça* definia cabelo como "espelho da alma". Até mesmo o nome de uma pesquisa de mercado – "Qual é o pente que te penteia", verso de uma canção popular – revela-se sintomático.

A obsessão contemporânea com o cabelo explica-se igualmente pelo fato de que o atual discurso midiático sobre o negro é mais estético do que político, doutrinário ou ético. Nos jornais do passado, os modelos de reconstrução mítica da identidade eram ideólogos como José do Patrocínio, André Rebouças, Luiz Gama. Hoje são atores, modelos, cantores, jogadores de futebol ou figuras de grande sucesso profissional.

Reedita-se o modo de subjetivação baseado no individualismo norte-americano, que divide a sociedade entre *winners* (vencedores) e *losers* (perdedores) e faz do êxito pessoal o pa-

19. GILLIAN, A. "Negociando a subjetividade de mulata no Brasil". *Revista Estudos Feministas*, 1995. UFRJ.

drão geral de reconhecimento identitário. Repete-se assim a exclusão da maioria (perdedores), assim como a violência visível e invisível decorrente dessa taxonomia cruel. São sempre *losers* os maníacos, os *snapshooters*, que eventualmente atiram indiscriminadamente contra a multidão e depois se suicidam.

Na realidade, a lógica discursiva do individualismo subjaz de forma generalizada à atual forma pública do multiculturalismo. Ela induz a uma "tolerância" para com a diferença em termos de características físicas e psicológicas de sujeitos (individualizados e grupais). Tende-se, assim a reificar ou essencializar o cidadão dito "diferente", escondendo o fato de que toda e qualquer diferença é sempre histórica e produzida numa relação com indivíduos e grupos hegemônicos.

Não existe uma "identidade negra" originária, construída "naturalmente" a partir da cor da pele (raça) ou da mentalidade (etnia). Tal identidade aparece na história a partir da discriminação cultural operada por indivíduos e grupos de cor clara. Estes, por sua vez, só se reconhecem como "identidade branca" ou "eurocidental" no contexto relacional com os ditos não brancos ou não ocidentais.

No Brasil, tratava-se no passado de luta (não necessariamente violenta, mas o que está implicado uma dualidade conflitiva e desafiante) entre o Mesmo dominante (claros) e o Outro subalterno (escuros). No âmbito do mercado e da mídia, trata-se da construção sígnico-imagística do Outro – o "negro", um diferente já não mais singular, mas idêntico a si mesmo na base de traços idealizados de negritude, onde se minimiza a dimensão política em favor da promoção de uma autoestima individual, estético-mercadológica.

O que significa "não mais singular"? Simplesmente que a unicidade, a incomparabilidade (logo, uma efetiva alteridade), suscitadas pela comunidade e pelo segredo afro-brasileiros dão lugar a parâmetros identificatórios que incitam à apropriação individual do corpo negro. Claro que isto corresponde a aspirações ascensionais e pequeno-burguesas dos setores sociais fenotipicamente escuros que emergem em termos de renda e de informação, cientes de que a reconstrução da identidade é importante de algum modo na "descolonização" da sensibilidade oprimida. Mas corresponde também à lógica liberal-assimilacionista da sociedade hegemônica (os claros), que artificializa a diferença negra: nariz afilado, cabelos normalizados, rostos moldados por um padrão idealizado (egípcio, grego).

Constrói-se, assim, por identificação projetiva, uma identidade negra com os materiais fantasísticos (trazidos do culto individualista das aparências) do homem branco. No espelho neoliberal (mercado e mídia), o descendente de africano tem direito a uma espécie de "semiurgia" identitária, que o transforma num branco diferente – fenotipicamente degradê (já que o paradigma é sempre o da pele clara).

A astúcia dessa operação está em que ela não impõe nada pela força típica dos afrontamentos no passado, apenas fornece os materiais de uma servidão voluntária. A consciência do sujeito escuro aprende a conciliar-se feitichisticamente com o corpo ideal que lhe é oferecido como modelo pela mídia. Seu corpo concreto torna-se transparente à lógica hegemônica do mercado, torna-se uma *performance* hegemônica do *look* publicitário (no quadro da fragmentação individualista do multiculturalismo) ou de uma fantasia "étnica" – na prática, uma máscara para a desigualdade social –, sem poder verdadeiramente aceitar o pluralismo ou a diversidade humana.

No interior dessa lógica individualista, a palavra etnia (já criticada por Max Weber como conceito sociológico) costuma ter livre-curso para comunicar a ideia de identidade e diferença coletivas. A princípio, logo após a Segunda Guerra, essa palavra (designativa de um conjunto social durável e com mitos, língua, religião e instituições comuns) era usada por etnólogos, para evitar o pejorativo contido na expressão "tribalismo". Mais tarde, torna-se objeto sociológico sob a forma de "fato étnico", que designa os grupos de imigrantes postos socioculturalmente à margem e, economicamente, como reserva de mão de obra nos países de Primeiro Mundo. No âmbito da globalização ou da crise do Estado-nação, o termo é acolhido em toda parte pelos particularismos regionalistas.

Ethnics é, nos Estados Unidos, um genérico para designar tanto negros e índios como as minorias originárias da Europa. O alcance "político" do termo é ambíguo: ora comporta a ideia de outro Estado-nação, ou pelo menos de territórios relativamente autônomos (índios norte-americanos, índios canadenses), ora traduz um forte desejo de integração à sociedade hegemônica, isto é, ao *mainstream*, deliberadamente isento de qualquer atribuição de "etnicidade". Esta se reserva, de fato, aos grupos destinados à "identidade da diferença" pelo fato de uma desigualdade social. Assim como "racial" é sempre o Outro, "étnico" é o Outro do Mesmo hegemônico, sempre reivindicador de uma igualdade.

Há em todo esse processo traços inquestionáveis de um conflito contra um sistema que tenta invisibilizar as desigualdades sociais. A integração está aí presente como horizonte político. A luta dos negros norte-americanos pela igualdade de direitos civis sempre teve um caráter integracionista; o mesmo pode-se dizer da longa e sangrenta luta dos sul-africanos por sua integração política e social, barrada pelas reservas de escravos (os famigerados bantustões) e pelo *apartheid* generalizado.

Mas ainda não se conhece o pleno desfecho dessas lutas, já que seus resultados evidenciam-se setorialmente em mudanças jurídicas e institucionais incidentes sobre o Estado e a sociedade civil, enquanto a plenitude do horizonte eticopolítico aponta para a continuidade do ser-homem igual na totalidade histórica.

Se por um lado detectam-se aspectos integradores na assimilação social do indivíduo escuro baseada na satisfação de desejos de consumo (roupas, cosméticos, bens duráveis) e no pressuposto de que se discrimina por ser pobre e não pela cor (na verdade, uma falsa questão), por outro, permanece inatacado o problema, o mal-estar civilizatório, do racismo. Com efeito, toda essa encenação mercadológica da diferença – onde se assiste à reduplicação do Mesmo hegemônico através do Outro subalterno – é fundamentalmente racista. A moral do mercado (que organiza apenas um nível diferente, sem constituir um relacionamento com a alteridade real) não engendra a continuidade eticopolítica do ser, isto é, uma parceria social plena, criadora de respeito em vez de tolerância, entre o afrodescendente e os descendentes privilegiados do patrimonialismo europeu.

10
Rejeição da alteridade

A ideia da "parceria plena" implica considerar o racismo não só um fator poderoso na produção da exclusão social, mas principalmente o mecanismo civilizatório (portanto, ocidental e cristão) de rejeição existencial, ou seja, consciente e subconsciente, da alteridade. Um episódio ilustrativo relatado por uma jornalista negra: "Em uma loja na Iugoslávia, uma vendedora perguntou se poderia tocar meu braço: ela estava admirada com a cor da pele. Pouco depois, chegaram seus filhos, e quando fui fazer o mesmo com um deles ela imediatamente o afastou. Em síntese, o negro é exótico, como um animal a ser observado, mas não serve para se ter aproximação"[1].

O padrão deste episódio é antigo, o que há de novo é o fato de ter sido vivido exatamente por uma empresária da nova mídia negra. Reitera, por outro lado, a continuidade da rejeição à alteridade simbolizada pela fenotipia escura, apesar da evidente situação de classe abastada da empresária. Ao mesmo tempo, indica que a "admiração" (espanto estético com a diferença, movido a curiosidade intelectual) não basta para superar o medo (radical, metafísico) da aproximação.

---

1. Depoimento dado pela jornalista e empresária Cátia Lopes (*Jornal do Brasil*, 08/02/1997), doutora em *Marketing* pela Universidade de Rijeca na Iugoslávia, fundadora e editora da revista *Black People*.

O exame de um simples incidente como esse demonstra a insuficiência do conceito de classe social para dar conta da discriminação fenotípica. Sabemos como não faltaram analistas – por exemplo, Tales de Azevedo, Marvin Harris – capazes de minimizar a questão racial, considerando-a subordinada à categoria de classe. Florestan Fernandes admitia a importância desse problema no desenvolvimento da nação brasileira, mas também o atrelava ao destino das relações produtivas, vislumbrando a solução na plena integração econômica e na maturidade política. Outros vincularam classe a cultura, mas sempre dentro de uma perspectiva reducionista.

É cada vez mais evidente, entretanto, que a questão é irredutível à lógica político-econômica. Após séculos de persistência nas formas sociais e na consciência do sujeito dito ocidental, a distinção racial perpassa a cultura contemporânea em níveis diversos e com características de um verdadeiro mal-estar civilizatório, o que sugere a latência de uma lógica (simbólica, psicossocial) mais ampla do que a subsumida no discurso da economia e da política. Trata-se na verdade da hiper-racionalização sistemática dos juízos de valor positivos sobre a civilização ocidental, que se reforça na medida em que se fortalecem os seus mecanismos racionalizantes (tecnologia, ciências), essencializando ou naturalizando a cultura.

Por isso tem-se revelado insuficiente a redescrição intelectual (sígnica, conceitual, imagística) do Outro posto em posição subalterna pelo Mesmo hegemônico. Essa operação limita-se a situar o Outro como uma diferença a ser mentalmente reconhecida e respeitada, desde que a distância (territorial, sensível), por ser a construção de tal diferença um puro artifício (sem organicidade comunitária) da representação modernizante.

Quanto mais se combate apenas intelectualmente o racismo, mais este parece progredir, ainda que abrindo mão de suas justificativas doutrinárias. Dar nome ao fenômeno, chamá-lo de "racismo" é intelectual e politicamente correto, mas a nomeação não consegue controlar o referente: ao contrário, o fenômeno, mesmo racionalmente ilegítimo, difrata-se em formas múltiplas e sutis de discriminação, a exemplo de uma bolinha de mercúrio quando tocada.

É que na consciência intelectualista do Ocidente o "atributo da relação", presente na noção de identidade, experimenta-se a partir de uma dimensão exclusivamente mental. Comentando um texto filosófico do poeta Fernando Pessoa a esse respeito, José Gil levanta duas ideias centrais: "1) A identidade do sujeito define-se como diferença de si a si. Mas não significa cisão ou divisão que aliene o sujeito, já que é condição de possibilidade da sua 'completude' (o texto diz: 'sentir-se ou ser o mais completamente si próprio, relacionando-se o mais possível com os outros') e da sua identidade. 2) Esta diferença ou relação de si a si é aquilo que permite a relação com os outros"[2].

Se aí fica claro que identidade implica necessariamente relação e que o sujeito é ao mesmo tempo consciência-de-si e de outro-além-de-si, não se esclarece, entretanto, todo o alcance do raio de possibilidades da "relação", que termina ficando restrita, como consequência da hegemonia do subjetivismo abstrato na cultura ocidental, ao plano da representação psíquica do Outro.

No entanto, toda e qualquer identidade constrói-se a partir das referências concretas de um território, de uma sedentarização. A identidade ocidental apoia-se num território dito "europeu", mas que é de fato uma sedentarização no império,

---

2. GIL, J. *Fernando Pessoa ou a metafísica das sensações*. Lisboa, p. 151.

propulsionada pelo capital. E a consciência (branca, imperial) do homem ocidental defende com zelo e ciúme a sua marcação própria de território – em todas as instâncias de fechamento dos espaços-tempos produtivos – onde é preciso incluir a superfície do corpo.

Assim, a consciência plena de conteúdos representacionais é capaz de preparar-se para a aceitação intelectual de tudo que diga respeito à diferença, mas não permite verdadeiramente a aproximação do Outro, no qual se reconhece uma semelhança e que implica um outro tipo de divisão (na relação de si a si): aquela do lugar a partir do qual se pensa, se fala e se age. Sabemos como esses "lugares" (ego, família, instituição, vizinhança, corpo) são zelosamente instituídos e guardados, enquanto dispositivos sincrônicos e diacrônicos da identificação. Por isso, no relato do incidente com a jornalista negra na Iugoslávia, a tentativa de aproximar-se e tocar o corpo da criança branca, "lugar" originário da impenetrabilidade pelo Outro, aparece como crucial para o entendimento da rejeição.

Todo e qualquer racismo exacerba-se precisamente no instante da proximidade, como esclarece Enriquez a propósito da rejeição ao imigrante: "[...] no momento em que o estrangeiro vive simultaneamente como estrangeiro (com seus costumes e seu comportamento) e como semelhante, no momento em que pode ser acusado de não querer se assimilar e de querer ser assimilado demais, no momento em que a sua diferença é insuportável e sua semelhança intolerável [...]"[3].

A semelhança sugere proximidade de territórios e de corpos, daí implicar sempre o racismo uma desterritorialização – do

3. ENRIQUEZ, E. "Caminhos para o outro, caminhos para si". *Sociedade e Estado*, IX/I.2, 1994, p. 103. UnB.

Mesmo ou do Outro. Abandonando o seu lugar predeterminado, o Outro (o migrante, o diferente, o negro) é conotado como o intruso que ameaça dividir o lugar do Mesmo hegemônico. O Outro é aquele que supostamente "não conhece o seu lugar" – assim se expressa o senso comum discriminatório –, isto é, aproxima-se demais, rompendo com a separação dos lugares em todas as configurações possíveis (ego, corpo, vizinhança etc.) e deste modo conspurcando a pureza pressuposta de uma hierarquia territorial. O nojo racista ao Outro decorre de seu deslocamento territorial: ele (o negro, o índio etc.) está ali onde não deveria, assim como o suflê preparado por um grande cozinheiro, antes lindo no prato sobre a toalha da mesa, poderia inspirar nojo se colocado sobre o lençol da cama. No caso da jornalista negra na Iugoslávia: ela podia ser tocada (gesto de ousada curiosidade da mente investigadora da europeia sobre o Outro feito objeto inerte), mas não tocar (lugar de sujeito ativo).

É pela presença de impulsos de proximidade nas relações entre claros e escuros que o Brasil tornou-se conhecido no exterior como uma espécie de "laboratório de mistura racial". Grande parte do interesse despertado pela obra de Gilberto Freyre reside no fato de ter ele percebido e especulado sobre a dimensão afetiva (amores e torturas) que regia as relações entre senhores e escravos. Mas é preciso ressalvar que a aproximação sexual – em geral supervalorizada a partir de estereótipos de potência viril, de sensualidade "natural" ou de viscosas fantasias eróticas – é apenas um aspecto da dimensão afetiva.

Desde Spinoza e sua *Ética*, torna-se patente para os modernos que afeto não se reduz a um estado anímico, inteiramente controlável pelas representações da consciência subjetiva, já que é principalmente disposição interna articulada com forma de vida, modo de existir – *ethos*. Como forma, o afeto é, ao mesmo tempo, interior e exterior, pulsão e fenômeno, o que implica levar em conta tanto ânimo quanto corpo em seus modos particulares de instalação e deslocamento no espaço.

O afeto capaz de levar à abolição do racismo é o sentimento (visão e ação) que abole a distância ontológica (psíquica e territorial) entre o Mesmo e o Outro. Nasce, portanto, de uma comunidade, de uma parceria (trocas, interações, trabalho conjunto, convivência prolongada) entre singularidades e não de uma cívica e piedosa tolerância democrática. Não se trata apenas de isonomia (igualdade perante o sistema jurídico e social), mas principalmente de isotopia – igualdade dos lugares.

No trabalho, na vizinhança, no clube, na escola, no hospital, na mídia, no relacionamento dos corpos, é preciso que a alteridade se faça presente de modo prolongado e convivial. Não o "convivialismo" tolerante ou orgiástico – muitas vezes exaltado no quadro de pensamentos impulsionados pela "liberação" mercadológica das consciências –, mas a efetiva partilha dos territórios, que entretanto se choca frequentemente com as estratégias elitistas dos blocos hegemônicos no Estado, sempre tendentes a jogar com as desigualdades de classe e de cor para lidar com as múltiplas formas da movimentação popular.

Uma vez mais, o provérbio que diz "os dedos não são iguais". De fato, não são fisicamente iguais, mas equivalem-se como lugares diferenciados (opositivos entre si, às vezes conflitivos) no espaço da mão. Esta constitui o laço comum, a relação coesiva, isotópica, que não apaga as diferenças nem nega a diversidade.

Democracia política e ascensão econômica em si mesmos nada podem contra a discriminação racial. Por isso, as euforizantes imagens midiáticas de consumidores negros emergentes, seja no Brasil ou nos Estados Unidos, apenas simulam o fim do racismo, mesmo quando na prática das estratégias discursivas cavam posições políticas para a reconstrução de identidades abaladas em termos econômicos e culturais. Faça o que se fizer em termos de representação "progressista" do Outro, se não ocorre o *ksynon* heracliteano, o movimento da aproximação coesiva, persiste o império da pele branca como marca da excelência humana no Ocidente, logo o racismo, nos termos de Lyotard, como "a inveja que o nome imperial experimenta pelos nomes dos outros, os das nações nômades"[4].

A cor branca extrai a sua hegemonia do fato de deixar presente na realidade inteira do indivíduo – seja ele rico ou pobre – a possibilidade de exercício de uma dominação, já que as identidades constroem-se no interior de relações de poder assimétricas. Ela tende a esconder, no essencialismo absolutista da pele, a relação histórica de poder – tanto as situações imperiais ou coloniais quanto as condições sociais para a hegemonia socioeconômica de um grupo determinado, real ou imaginariamente vinculado à civilização europeia.

A exemplo da extensão indefinida do império ou da indiferença do capital a limites e valores, a pele branca isenta-se de qualquer julgamento, qualquer sombra: "com um tecido igual a si mesmo em todos os seus pontos, ela torna sensível mais do que qualquer outra – com exceção de certas epidermes negro-azuladas – que os corpos não são volumes, que só há superfícies. Ela é, pois, impenetrável"[5].

---

4. LYOTARD, J.-F. *Le mur du Pacifique*. Galilée, 1979, p. 20.

5. Ibid., p. 31.

Racismo é uma das designações possíveis para o muro cognitivo e estésico[6] (de estesia ou estese, enquanto controle da vida sensível, das superfícies sensoriais do corpo, do direcionamento adequado do olhar) que guarda essa pele, ultrapassável apenas pela vigorosa mobilidade territorial do Outro. Contornar esse desdobramento violento do mal-estar individualista, que é o racismo, implica engendrar lugares de trânsito (eticopolíticos) entre as singularidades.

Na prática, isto significa levar indivíduos e instituições a assumirem ou incorporarem o princípio da diversidade humana como uma anterioridade simbólica (e não como mera consequência) para os desenvolvimentos jurídicos, políticos e econômicos que possam intervir na espinhosa questão da diferença e da desigualdade entre os homens. E implica, portanto, que o "outro" do negro conheça e conviva, como poetiza o cubano Nicollás Guillén, com "mi sangre navegable, mi geografia llena de oscuros montes, de hondos y amargos valles que no están en los mapas [...]".

6. Embora inexistente nos dicionários, o termo parece-nos, já o frisamos antes, mais adequado do que "estético", por estar este último muito comprometido com um dos níveis históricos da estesia, que é a teoria do belo.

11
A questão das cotas raciais

Há nos Estados Unidos uma associação de filósofos intitulada American Philosophical Association, com três divisões regionais. Em seu nonagésimo sétimo encontro, a Divisão do Leste programou uma recepção destinada a "pessoas de cor", uma expressão relativa a americanos e africanos. A reação de alguns professores relevantes pautou-se pela rejeição do evento como um fato ofensivo – mesmo admitindo que não tenha havido intenção de ofender – e degradante. Argumentou-se que a expressão "pessoas de cor" é uma designação racista por parte de um setor dos seres humanos: a ideia incontestável de que os seres humanos são diferentes não autoriza a que se localize no conceito de "raça" o critério para a diferença, uma vez que esse conceito, biologicamente infundado, é um maniqueísmo discriminatório montado pela história imperial da modernidade europeia.

Reduzir a complexidade da comunidade humana a uma dicotomia cromática é construir politicamente a base para a discriminação social daqueles que destoam do paradigma étnico europeu. Quem são estes? Em princípio, os seres humanos de todas as latitudes que não coincidam com a ponta extrema de uma escala de gradação fenotípica que vai do cromatismo mais claro (branco) ao mais escuro (negro). Assim, os brancos constituem o paradigma das pessoas "sem cor", enquanto os negros são paradigmáticos das pessoas "de cor". A maior ou menor aceitação social dos povos ou indivíduos situados entre um extremo e outro pode depender da maior ou menor proximidade cromática com as pontas da escala.

A citada reação à ideia de uma recepção reservada a "pessoas de cor" ancora-se na convicção de que, a partir de um ângulo radicalmente humano de existência, não existem "pessoas de cor" (ou negros, ou pretos) a não ser como produções de um paradigma de branquitude que se coloca hegemonicamente no patamar superior de uma escala de valores com pretensão à universalidade étnica. O Ocidente aspira ao absoluto da razão e da qualidade humana: a pele branca seria a materialização biológica desse Oeste absoluto. Em termos de humanismo prático, a recepção deveria ser única para professores de filosofia francesa, filosofia alemã, filosofia oriental e filosofia africana, ou seja, única para os modos diversos de reflexão e ensino da atitude filosófica nas diferentes regiões do mundo. A separação por cor, uma maneira de lidar com a diferença humana, foi logicamente interpretada como um biologismo degradante.

Há, entretanto, antecedentes históricos mais complexos do que uma interpretação lógica. De fato, desde as *Cartas persas* (Montesquieu), a diferença humana enquanto construção teórica da primeira modernidade, tem sido um desafio à razão causal em torno do conhecimento do Outro. Sobre essa alteridade têm-se debruçado a antropologia, a filosofia e a literatura, mas ela parece em vias de desaparição no torvelinho da virtualização técnica do mundo. A língua portuguesa é a única, aliás, a registrar literariamente (Fernando Pessoa e Bernardo Soares) o verbo "outrar-se", entendendo o "outramento" como a incorporação sensível do Outro. Mas o que o pensamento especulativo costuma nos apresentar como *outridade* (termo usado por Octavio Paz) não passa em geral de um fetiche de reserva, um fundo artificial de ressurreição de valores.

Por este motivo é que um profissional da filosofia, como o francês Alain Badiou, conclui que as "diferenças culturais" ou étnicas (o outro concreto, o sujeito exótico) não têm grande interesse para o pensamento, vendo nessas diferenças "apenas a evidente multiplicidade infinita da espécie humana", seja qual for a sua gradação fenotípica. Ele está ciente de que o culturalismo contemporâneo preocupa-se bastante com o múltiplo dos costumes, das crenças etc., mas de uma maneira apenas intelectualista, ora com o objetivo político de obter uma tolerância entre as comunidades culturais ou religiosas, ora com intenções puramente turísticas, sem chegar ao núcleo do problema, que é a verdadeira compreensão (aproximação e aceitação) do diferente concreto.

É óbvio, portanto, que somos todos diferentes e que, portanto, a diferença é que está aí, é o que há, é o múltiplo infinito do humano. Pode assim confundir-se com a ideia da diversidade, tal como se encontra no *Vedanta* (sistema de pensamento que lastreia o hinduísmo): "A diversidade é uma lei da natureza; a uniformidade jamais ocorrerá" (*vaecitryam praktadharma saman'nam nebevis yati*).

Mas a sabedoria milenar hindu está atenta à inexistência de dinamismo no diverso considerado apenas em si mesmo. Assim, os homens, seres singulares, coexistem espacialmente em sua diversidade. E cada uma dessas singularidades corresponde, às vezes, à dinâmica histórica de Outro, um coletivo com repertórios diferentes, onde aparecem hábitos, enunciados e simbolizações. Por isso, é necessário mostrar que existe um abismo entre o reconhecimento filosófico do outro abstrato (a diferença etnocultural) e a prática de aceitação de outras possibilidades humanas, isto é, de se acolher a diversidade, num espaço de convivência. Não basta a afirmação filosófica da evidência da multiplicidade humana.

A percepção da diversidade vai além do simples registro da variedade das aparências, porque o olhar, ao mesmo tempo em que percebe, atribui um valor e, claro, determinada orientação de conduta. É isso que às vezes leva um policial a pedir documentos a uma pessoa na rua, apenas pelo grau de valor social que se dá àquele tipo de aparência. Ver alguém com um turbante na cabeça é pensar que já sabe tudo sobre ele, que é, por exemplo, árabe, logo, islamita, logo investido de determinada disposição frente ao mundo. O racismo apresenta-se geralmente como esse "saber automático" sobre o Outro. Os preconceitos funcionam assim na prática: valem para qualquer outra forma diversa.

O problema está na inexistência de possibilidades concretas que se tem para fazer a justa diferenciação, isto é, de sabermos que somos um e não outro, mas não desiguais no plano da espécie humana. A discriminação vem do fato de ignorarmos – afetiva e intelectualmente – que estamos excluindo o outro, o diverso, por não termos possibilidade de lidar existencialmente com a diferenciação. O pensamento abstrato pode dar-nos de fato uma verdade – biológica, filosófica etc. – capaz de ser logicamente o mesmo para todos, mas apenas no quadro do pensamento que se move dentro do círculo da tradição judaico-cristã e do qual não se consegue logicamente saltar.

É precisamente nessa verdade que se assenta a metafísica, entendida como a pretensão de ocupar pela força isso que se pode chamar de "regiões mais férteis", isto é, as dimensões dos princípios e das causas. O conhecimento das causas é o princípio da dominação e da pretensão de se enunciar uma verdade absoluta que, na prática, implica uma violência frente ao outro. Concebido como mera diferença cultural a partir de comparações lógicas, o Outro é uma entidade a ser submetida pela razão causal, sem maiores considerações por tudo aquilo que possa indicar uma positividade para seu espaço próprio, sua territorialização.

Em contrapartida, na prática do relacionamento humano, a verdade não violenta se dá quando acontece o infinitamente diverso, isto é, quando se reconhece na prática a diversidade humana como uma constante em todo empenho de realização do homem, a diversidade como a verdade do real concreto. Assim, a lógica da argumentação filosófica sobre a diferença humana pode ser forte em determinados contextos sociais e espaciais, mas fraca em outros, onde a prática política da diferença assume outras características.

No caso citado da American Philosophical Association, a rejeição ao evento destinado a "pessoas de cor" é filosoficamente justificada, porque desconstrói um paradigma discriminatório que emerge no esquecimento (ou no recalcamento) da política. Tem razão o filósofo Jacques Derrida ao dizer que "todo e qualquer colóquio de filosofia tem necessariamente uma significação política". No caso em pauta, a significação política identificada como "discriminação social" está incrustada na própria lógica da diferença que ignora o problema histórico de aceitação da diversidade.

De fato, a diversidade humana, em sua imediatez, sua eventual proximidade – desde os diferentes que saem de seus "guetos" clássicos até os imigrantes que transpõem aos magotes as fronteiras dos países mais ricos – não é o mesmo que a pura "diferença cultural". Para começar, o diverso presta-se mal ao conhecimento especulativo, uma vez que, implicando proximidade espacial e atuação sensível, constitui algo a que o senso comum recusa o reconhecimento afetivo e intelectual. Muda o paradigma que orienta e legitima os problemas tecnocientíficos, mas permanece aquele que se caracteriza pela enorme resistência ao diverso, ou seja, à multiplicidade das identificações sociais, dos valores e dos percursos do sentido.

Parte do problema está na dificuldade de uso da comparação. Já Kant advertia que uma questão é *distinguir* as coisas umas das outras, outra questão é *conhecer* a diferença das coisas. Conhecer a diferença só é possível quando somos capazes de fazer um julgamento, o que é atributo exclusivo do animal humano, capaz de apelar para a razão. Para Kant, "antes de pronunciar julgamentos objetivos, nós comparamos os conceitos, a fim de chegar à identidade (várias representações sob um só conceito), tendo em vista julgamentos universais, ou (chegar) à sua *diversidade*, para então produzir julgamentos particulares"[1].

Mas o filósofo está falando do conceito comparativo em sua aplicação a coisas e não a fenômenos. Se um objeto se apresenta várias vezes aos nossos olhos com as mesmas determinações internas (qualidade e quantidade), usamos o recurso da comparação, para saber se se trata de uma única coisa e não de coisas diferentes. Agora, quando se trata de um fenômeno (quer dizer, de algo dependente da intuição sensível) que se mostra várias vezes aos nossos olhos, não cabe comparar. Por mais idêntico que possa ser o fenômeno, a diversidade dos lugares que ele ocupa ao mesmo tempo é uma razão suficiente da *diversidade numérica* do objeto dos sentidos.

Kant quer dizer que *a pluralidade e a diversidade numéricas já são indicadas pelo próprio espaço como condição dos fenômenos exteriores*. Por mais que uma parte do espaço possa ser semelhante a outra parte, ela é *sempre exterior* a ela e, por isto mesmo, diferente. A questão espacial é, assim, de suma importância para bem se entender o problema da alteridade diversa.

---

1. KANT, I. *La fausse subtilité des quatre figures du syllogisme*,1762.

A simples comparação lógica de dois fenômenos humanos não nos diz nada de essencial sobre um e outro. Mas é assim que o senso comum opera: fazendo comparações. E quando o termo comparante sobrevaloriza a si mesmo por se julgar o detentor de uma verdade absoluta, o termo comparado é automaticamente rebaixado e discriminado. A moderna civilização ocidental é um termo comparante dessa natureza: em seu afã de comparar com base em critérios universais ou absolutos, trata as pessoas como objetos, proclamando-as ora "iguais", ora "desiguais". Dizemos que alguém é igual ou diferente de outro porque comparamos como se fosse o caso de identificar objetos. E comparamos para exercer poder, para dominar.

Na verdade, os homens não são iguais, nem desiguais. Os homens coexistem em sua diversidade. Cada uma dessas singularidades corresponde, às vezes, à dinâmica histórica de um Outro, um coletivo diverso. Na prática, aquilo que nós experimentamos de uma cultura, principalmente da nossa, é a diversidade de seus repertórios, onde se mostram hábitos, enunciados e simbolizações.

Por que, então, ignoramos ou nos imunizamos socialmente contra uma determinada dimensão da diversidade? Outro modo de vida, por exemplo? Possivelmente porque, armado da razão comparativa, amplificada pela economia e pela técnica, o sujeito de poder, convertido em "unidade de dominação", à imagem de Um-absoluto (utopia da metafísica) autoimuniza-se contra a exterioridade dos lugares, limiar da diversidade numérica, e contra o sensível, que invoca a dualidade para o lugar do Um e enseja a empatia para com o diverso.

A imunização é uma barreira à empatia e à compreensão. O único afeto possível para com o diverso é o da patronização escravista. Mesmo da cognição racional, a sociedade global está muito afastada, a menos que tome contato com as obras especializadas dos antropólogos. Na abordagem da diversidade há, portanto, que considerar categorias de pensamento relegadas ao segundo plano pela metafísica ou pela montagem universal de sentido a partir da racionalidade instrumental.

Como deixa entender Kant, essas categorias são o espaço e a potência. Se quisermos trocar a especulação filosófica por concretude antropológica, são vários os casos a se examinar na realidade brasileira. Um deles é dado pelos *Yawanawá* ("povo da queixada", na língua indígena, habitantes da floresta amazônica no Acre), que, em número de 200 indivíduos, beiravam a extinção na década de 1970. Com o aval do regime militar, seringalistas depredavam as suas terras e missionários evangélicos americanos proibiam-nos de falar a própria língua e de realizar os seus ritos tradicionais, tachando-os de "diabólicos"[2].

O primeiro fato transformador da condição penosa desse povo foi a demarcação de seu território (220 mil hectares de terra às margens do Rio Gregório) em 1983. O segundo, o retorno, uma década depois, de um jovem líder que saíra da aldeia para estudar e passara a atuar em congressos de direitos indígenas no Brasil e na América do Sul. O terceiro foi a recuperação da identidade indígena (com a consequente força política), que permitiu ao novo líder expulsar os missionários e queimar "todas as bíblias que sobraram na aldeia", substituindo-as por escolas que ensinassem o português e o yawanawá. Hoje, a comunidade, que tem a primeira mulher pajé em sua história, é autossustentável graças à exploração de sua própria cultura, ou seja, a venda a visitantes de suas ervas tradicionais e do que denominam "turismo espiritual".

---

2. Cf. SANCHES, M. *O Globo*, 20/10/2014.

Em suma, *espaço* (demarcação territorial) e *potência* (transformação identitária por meio de recursos culturais autóctones e assimilados) caracterizam a plenitude do diverso. Ambas dizem respeito às formas de vida de comunidades coexistentes em sociedades dominantemente marcadas pela colonialidade europeia. Dessas comunidades, que sempre fazem apelo a uma territorialização positiva, se depreendem geralmente princípios de coerência ética ou espiritual adequados à transmissão da ideia de *povo*.

Por isto, as formas de vida heterogêneas são importantes para a questão das identificações de um povo nacional, por menos que sejam reconhecidas em sua diversidade cultural. Povo não pode ser jamais entendido como uma homogênea constelação demográfica, e sim como um princípio de aglutinação humana que pressupõe a diversidade comunitária e o respeito à continuidade das gerações.

Dessa diversidade, que se apresenta como outra comunidade de vida e de linguagem, partem outros jogos de linguagem, outras regras de enunciação das proposições necessárias ao um novo consenso social. Isto implica dizer que não bastam a pluralidade em si mesma, nem a mera crença em uma abstrata virtude do diálogo (uma suposta razão comunicativa), e sim que é fundamental reconhecer o diverso como a potência de uma cooperação radical entre as diferenças.

Esse "fundamental" não se deve ao abstrato reconhecimento de universais "direitos humanos". Primeiramente, nessa diversidade reside o que Gorz chama de "economia invisível", uma economia não formalizável, sem a qual os sistemas econômicos não poderiam existir. Diz ele: "Ela abrange todas as relações e realizações não computáveis e não remuneráveis, cuja motivação é a alegria espontânea na colaboração livre, no convívio e na doação livres. Dela resulta a capacidade de sentir, de amar, de se unir e de viver em paz com o próprio corpo, com a natureza e com o próximo"[3].

Assim, no lugar da prática pasteurizada do "politicamente correto", deveria advir a busca do ponto de equilíbrio das forças da diversidade. De fato, sob o influxo da mundialização cultural, o reconhecimento da diversidade é também um pedido de palavra contra a violência frente ao Outro, característica da metafísica implícita na hegemonia técnica. O respeito à liberdade do Outro passa pelo reconhecimento – não apenas intelectual, mas principalmente sensível – de sua liberdade de se interrogar singular e diversamente sobre o seu próprio destino.

No Brasil, tudo isso repercute na pergunta sobre a identidade individual e coletiva, isto é, na pergunta sobre o que significa ser brasileiro e disto guardar uma memória politicamente estável. A emergência de um novo humanismo chama forçosamente a atenção para novas formas de exercício da sensibilidade lúcida, não apenas nos círculos restritos da transmissão filosófica, mas também e principalmente no campo aberto dos escritores, poetas, músicos e gestores culturais, que se fazem os mais notórios porta-vozes do espírito contemporâneo.

Trata-se de um exercício em que a diferença é mais sentida do que intelectualmente decifrada ou apreendida. Sentir o diferente significa não lhe atribuir nenhuma identidade (a identidade da diferença) cultural fechada, nenhuma alteridade absoluta e sim aceitar o desafio para a intuição compreensiva e para os ritos da aproximação. A ausência desse exercício toldou junto a muitos a compreensão de como a forma social escravagista sobreviveu à Abolição da Escravatura, relegando o descendente de

3. GORZ, A. *O imaterial*: conhecimento, valor e capital. Annablume, 2005, p. 57.

africanos à condição histórica de cidadão de segunda classe ou de "minoria qualitativa" no interior de um sistema democrático.

A questão das "cotas raciais" – cuja discussão pública agitou os ânimos nacionais ao longo do começo do século XXI – deve ser abordada à luz de um quadro histórico em que os privilégios costumam ocultar-se tanto sob argumentos de mérito quanto de argumentos de rejeição intelectual ao *racialismo*. Aqueles que se atêm a esta última linha argumentativa, mesmo reconhecendo a existência episódica e anacrônica de incidentes racistas, tentam fazer crer que vivemos no melhor dos mundos em termos de conciliação das diferenças étnicas e que seria, portanto, um retrocesso civilizatório "racializar" a população. A imprensa deu largo espaço a jornalistas e intelectuais decididos a demonstrar que as ações afirmativas constituiriam uma nova forma de racismo, já que raça não existe e, ademais, como a população brasileira é predominantemente miscigenada, todos os nossos concidadãos teriam a sua cota de negritude. Logo, não faria qualquer sentido ficar procurando saber quem é negro ou branco para proteger o primeiro.

Por outro lado, de modo geral, todos se habituaram a pensar na escravidão ora como uma mácula humanitária, ora como um anacronismo, uma instituição retrógrada na história do progresso. Entretanto, é uma opinião que se contrapõe a outra, de matiz diferente presente em *O problema nacional brasileiro*, de Alberto Torres, que já citamos como um dos grandes explicadores do Brasil entre o final do século XIX e início do XX. Conservador em termos sociais (refratário à urbanização e à industrialização), propugnador de uma República autoritária, Torres revela-se, porém, interessante em termos metodológicos e teóricos. Diz em seu livro que "a escravidão foi uma das poucas coisas com visos de organização que este país jamais possuiu.

[...] Social e economicamente, a escravidão deu-nos, por longos anos, todo o esforço e toda a ordem que então possuíamos e fundou toda a produção material que ainda temos".

Ainda que autoritário e conservador (gerou epígonos como Oliveira Vianna, esse mesmo que chegou a justificar em sua obra o extermínio do "íncola inútil", isto é, do habitante das regiões empobrecidas do país), revelou-se um conservador diferente: discordava das teses sobre a inferioridade racial do brasileiro, não era racista. Seu diagnóstico sobre a solidez da forma social escravagista é algo a se ponderar, principalmente quando cotejada com o dito de Joaquim Nabuco: "A escravidão permanecerá por muito tempo como a característica nacional do Brasil. [...] Ela envolveu-me como uma carícia muda toda a minha infância" (*Minha formação*).

Essa célebre passagem sobre a memória afetiva da escravidão – a saudade do escravo – é a superfície psicológica do fato histórico-econômico de que as bases da organização nacional foram dadas pelo escravismo. Por isso, vale perguntar que *apreensão* os brasileiros fazem desse fato, pouco mais de um século depois da abolição. Alguns pontos devem ser considerados: (1) A palavra "apreensão" não diz respeito a concepções intelectuais, e sim à incorporação emocional ou afetiva do fenômeno em questão. No interior de uma forma social determinada, nós apreendemos por consciência e por hábito o seu *ethos*, isto é, a sua atmosfera sensível que nos diz, desde a nossa mais tenra infância, o que aceitar e o que rejeitar. (2) A reinterpretação afetiva da "saudade do escravo", que envolve (a) as relações com empregadas domésticas e babás (sucedâneas das amas de leite); (b) o afrodescendente como objeto de ciência (para sociólogos e antropólogos); (c) imagens pasteurizadas da cidadania negra na mídia.

Diferentemente da discriminação do Outro ou do racismo puro e simples, a saudade do escravo é algo que se inscreve na forma social predominante como um padrão subconsciente, sem justificativas racionais ou doutrinárias, mas como o sentimento – decorrente de uma forma social ainda não isenta do escravagismo – de que os lugares do *socius* já foram ancestralmente distribuídos. Cada macaco em seu galho: eu aqui, o outro ali. Aqui se registra uma transposição semiótica para o plano das interações sociais da *questão espacial*, já relatada. São diferentes os *lugares* dentro da dinâmica hierárquica da vida social. A cor clara é, desde o nascimento, uma vantagem patrimonial que não deve ser deslocada. Por que mexer com o que se eterniza como natureza? Nada, portanto, da velha grosseria racista, da velha sentença de "pão, pano e pau" proferida pelo Padre Antonil no período colonial a propósito dos negros. O argumento explicitamente racista não leva ninguém a lugar algum no império das tecnologias do *self* incrementadas pelo mercado e pela mídia. Mas é imperativo para o senso comum que as posições adrede fixadas não se subvertam. O escravismo é mais uma lógica do lugar do que do sentido. É dele que, de fato, têm saudade os que acham um escândalo racial proteger as vítimas históricas da dominação racial.

Nesse enquadramento ideológico, vinga a lógica da meritocracia, que rebaixa a *potência social* do afrodescendente. Trata-se de uma argumentação lógico-formalista que oblitera as condições sócio-históricas (classe social, família, escolarização etc.) da forma social escravagista para a emergência de aptidões cognitivas e credita ao mau desempenho individual o insucesso dos mais pobres, particularmente indivíduos de pele escura, no embate contra os gargalos de acesso ao ensino universitário. A justiça educacional como "momento" histórico da justiça social não foi bem-acolhida pela meritocracia embutida no *ethos* psicossocial da persistente forma social escravagista na vida nacional.

Deste modo, a implantação das ações afirmativas e da política das cotas que favorece o ingresso de indivíduos de pele escura na universidade pública deparou-se com fortes obstáculos, oriundos da mobilização antagônica de setores da intelectualidade orgânica na imprensa e em universidades. É que, no *status quo* tradicional, negros podiam receber a benevolência da consciência do sujeito de pele clara "não racista", com a devida distância territorial, entendendo-se território desde a corporeidade individual até o espaço interativo das relações pessoais e profissionais – na prática, o princípio de "cada macaco no seu galho". As ações afirmativas por parte do governo eram interpretadas como um sinal para a separação entre brancos e negros na paisagem "cordial" do país e, portanto, para possíveis "guerras" raciais futuras. O temor manifestava-se sem subterfúgios na imprensa. Caso paradigmático é o de uma colunista da revista de maior tiragem nacional, que lamentava: "Agora, a universidade brasileira não mais poderá envidar esforços para ascender ao rol das melhores do mundo"[4].

Ora, curiosamente no mesmo mês em que foi publicado o artigo dessa colunista, o jornal *O Globo* (21/10/2012) publicava a seguinte estatística: "Entre 1997 e 2011, quintuplicou a percentagem de negros e pardos que cursam ou concluíram o curso superior, indo de 4% para 19,8%. Em números brutos, foram 1,2 milhão de jovens de 18 a 24 anos. Isso aconteceu pela conjunção de duas iniciativas: restabelecimento do valor da moeda, ocorrido durante o governo de Fernando Henrique Cardoso, e as políticas de ação afirmativa desencadeadas por Lula. Pou-

---

4. LUFT, L. *Veja*, 24/10/2012.

cos países do mundo conseguiram resultado semelhante em tão pouco tempo".

A notícia, estatisticamente correta, omite, porém, o fato essencial do protagonismo dos "escuros" nesse processo, que não tem sido apenas um movimento de "via prussiana" (de cima para baixo), mas o resultado de um movimento civil, afirmado como o mais longo do país. É de fato o movimento social de maior duração do país, como sustenta Rufino: "Seus precursores são os clubes e pequenos jornais negros de São Paulo, Rio de Janeiro, Salvador, Porto Alegre etc.; e sua primeira organização nacional, a Frente Negra Brasileira, fundada em 1931. Há trinta anos, com a redemocratização do país e a volta do direito de reunião e associação, organizações negras pulularam por toda parte"[5].

Qual a parte desempenhada pela dinâmica da diversidade cultural de origem africana nesse processo? A resposta pode partir do ponto de vista seguinte: Aquilo que chamamos de "culturas negras" no Brasil é um posicionamento de minoria. Não minoria quantitativa, certo, uma vez que os segmentos de pele escura são majoritários na população brasileira. Minoria deve ser aqui entendida qualitativamente como palavra-chave para designar uma carência de voz afirmativa de segmentos das classes economicamente subalternas no que diz respeito a família, escola e governo. No vasto espaço da carência existencial, a família pode não amparar, a escola pode não ensinar, o governo pode não governar, mas a minoria pode falar e tornar visível todo um espectro de desamparos. No interior da democracia representativa, minoria é a possibilidade de uma voz qualitativa.

---

5. RUFINO, J. "A metamorfose do negro". In: RUFINO, J.; LOPES, N. & COSTA, H. *Nação quilombo*. ND, 2010, p. 16.

Em nossa tradição de pensamento, menoridade implica impossibilidade de falar. Menor é aquele que não tem acesso à fala plena, como o *infans*. A noção contemporânea de minoria refere-se à possibilidade de terem voz ativa ou intervirem nas instâncias decisórias do poder aqueles setores ou frações de classe comprometidas com as diversas modalidades de luta pela questão social: os negros, os homossexuais, as mulheres, os povos indígenas, os ambientalistas. Minoria, portanto, não apenas como sujeito coletivo, mas como o lugar operador de um fluxo de transformação que visa a novas identificações com relação ao mundo do trabalho e das representações urbanas por meio do trabalho cultural, esse tipo de trabalho que, muito mais do que o de natureza econômica, revela o que somos como povo nacional.

A luta em torno das cotas[6]

Embora o antagonismo da imprensa tenha arrefecido consideravelmente desde que o Supremo Tribunal Federal proclamou a legalidade e a legitimidade das cotas, não se extinguiu realmente o *ethos* de ressentimento no âmbito dos intelectuais coletivos das classes dirigentes, dos quais a mídia é parte principal, enquanto espelho ideológico do *ethos* hegemônico. Por isso, é teórica e politicamente pertinente identificar as linhas gerais que marcaram a cobertura e, sobretudo, as diversas colunas e recortes de opinião, recorrentes em veículos impressos, de amplo alcance no território brasileiro, acerca da questão das cotas raciais.

O período abarcado leva em consideração o ano (2004) em que a Universidade do Estado do Rio de Janeiro (Uerj) ado-

6. Este resumo das posições de veículos da grande imprensa sobre as cotas raciais foi realizado por Alexandre Enrique Leitão.

tou um modelo de ingresso parcialmente baseado em ações afirmativas, marco relevante no desenvolvimento do debate no país, assim como a posterior investida contra as cotas, protagonizada por *O Estado de S. Paulo*, quando da celebração do aniversário da Universidade de São Paulo (USP), momento em que periódico optou por trazer a questão novamente à tona. Outros pontos específicos no tempo receberam maior atenção, por gerarem um aumento na produção e divulgação de textos opinativos correlatos, mas também por representarem momentos relevantes no desenvolvimento nacional da política de cotas, como a proposta de Reforma Universitária do Governo Lula (2006); o *veredicto* de constitucionalidade das cotas raciais em universidades pelo STF (abr./2012); a sanção da Presidente Dilma Roussef à Lei de Cotas (ago./2012).

Em termos de ideologia do estamento dominante, o que se pode verificar no levantamento de edições e textos referentes ao tema é, sobretudo, a naturalização de um suposto modelo meritocrático, que as cotas raciais, por definição, estariam pondo em risco. O raciocínio em que se baseia ignora quaisquer questionamentos relativos ao processo de ingresso em universidades públicas, que deixa de problematizar, em favor de uma aceitação unilateral do mesmo (o fenômeno dos cursinhos pré-vestibulares, cujas altas mensalidades contemplam segmentos muito restritos da sociedade, é simplesmente esquecido por esses veículos, p. ex.). Em nome do "mérito", os redatores, comumente contrapõem as cotas raciais à necessidade de melhorias no ensino público médio e fundamental, construindo em um plano semântico a noção de que ambas as medidas seriam mutuamente excludentes.

Outro fenômeno percebido é a utilização de argumentos sócio-históricos baseados na ideia de democracia racial, postura que acaba por definir as cotas enquanto iniciativas exóticas, fora de lugar em um país onde a desigualdade se expressaria apenas em termos sociais. Tal se dá, sobretudo, a partir de comparações entre o caso brasileiro e o caso norte-americano, mesmo quando os articulistas em questão optam por reconhecer o legado histórico, político e econômico exercido pela escravidão sobre os descendentes de cativos. Ainda que ateste existir um fosso entre as oportunidades oferecidas a indivíduos de pele escura, e indivíduos brancos, o autor do artigo ou da matéria tende a ressaltar a recorrência da miscigenação – a qual apontaria para um crescente descompasso entre medidas de compensação balizadas em linhas étnicas e a realidade brasileira.

Fica mais ou menos evidente que a dificuldade dos setores mais conservadores da mídia em aceitar a existência premente do racismo no país, tanto em nível individual quanto institucional, induz as suas linhas editoriais – quase sempre consistentes e semelhantes no que concerne às cotas raciais – a condenarem iniciativas congêneres, optando mesmo por concessões ideológicas pontuais a fim de resguardar esta negação central. É o que se percebe, por exemplo, na *Folha de S. Paulo*, ao considerar, em editorial de 27/04/2012, que cotas sociais seriam mais adequadas ao país do que as "importadas" cotas raciais.

A seguir, um resumo das posições de cada veículo analisado.

Veja

Ao se analisar a cobertura opinativa dada pela mídia impressa à questão das cotas, é acertado partir de datas-chave tidas como significativas. Uma destas foi o ano de 2003, quando a Universidade do Estado do Rio de Janeiro (Uerj) adotou uma política de cotas raciais, vendo-se inserida no epicentro de um debate então recente na mídia impressa brasileira. Um dos veículos pesquisados foi a revista semanal *Veja*, fundada em 1968, e conhecida por sua linha editorial conservadora.

Em sua edição de 26/02/1968, a revista publicou uma matéria, assinada por Ronaldo França e com reportagem de Silvia Rogar, intitulada "Não deu certo", que já demonstrava um claro posicionamento acerca da questão por meio de seu subtítulo: "Sistema de cotas para negros, pardos e alunos de escolas públicas desmoraliza o vestibular da Universidade do Estado do Rio de Janeiro".

Um dos elementos de maior destaque no texto é o seu parágrafo introdutório, em que o redator reconhece tacitamente que a quase totalidade dos então estudantes de cursos de Ensino Superior seria formada por indivíduos brancos, fato por ele classificado como um "*apartheid* social que ainda vitima os descendentes de escravos africanos".

Porém, a crítica a um cenário de evidente desigualdade, estruturado em linhas étnicas e sociais, não impede o autor de considerar que as cotas – mal haviam sido implementadas – não representariam uma forma adequada de resolver o problema: "É louvável que se procure minorar os estragos causados por séculos de racismo e discriminação. Mas as cotas do jeito que foram estipuladas no Rio de Janeiro não são a melhor forma de fazer isso. Na verdade trata-se de um regime que cria uma nova forma de discriminação – a discriminação contra o mérito".

Este é o argumento corriqueiro nas abordagens midiáticas que associam o sistema de cotas à desconstrução de um suposto modelo meritocrático. Para justificar esta afirmação, o redator recorre às denúncias contra um sistema, naquele momento, ainda incipiente, ressaltando que alunos não cotistas teriam ficado de fora do processo seletivo da Uerj, mesmo dispondo de pontuações consideráveis no vestibular da instituição.

Outra crítica por ele levantada reside na proposta de constituição de cursos que suprissem as lacunas de estudantes cotistas, ocasionadas por um Ensino Médio defasado. Afirma: "Como isso (a criação de aulas de apoio) é impossível, já que forçosamente aumentaria a duração dos cursos, o resultado do sistema de cotas será, a médio prazo, a erosão na qualidade de ensino das instituições que o adotaram. Decorrem daí dois danos: ao próprio estudante, que não terá uma formação à altura para praticar a profissão que escolheu, e à sociedade, que terá de se haver com profissionais menos gabaritados. Tudo isso acarretará, por fim, mais discriminação".

Como forma de exemplificar os tipos de vestibulandos que teriam sido beneficiados e prejudicados pela introdução das cotas, a matéria, de duas páginas, é acompanhada das fotos de duas estudantes aprovadas por meio das cotas e dois estudantes reprovados. Criando uma falsa dicotomia, na qual os dois alunos reprovados (ambos brancos e do sexo masculino) põem-se contra as cotas, as alunas cotistas aprovadas (ambas do sexo feminino, uma declarada negra e a outra declarada parda) não apresentam uma posição homogênea acerca da política de ações afirmativas: a estudante Juliana Alves de Oliveira, aprovada para o Curso de Psicologia mostra-se totalmente favorável ao programa; contrapondo-se a ela a aluna Lorena Gomes Rocha levanta dúvidas em torno da própria etnia: "Tenho a típica mistura brasileira no DNA: português, negro e índio. Fiquei na dúvida, mas optei por me declarar parda. Não sei se a cota é justa. Ela pode fazer o nível da universidade cair".

A matéria insere ainda a fala do então ministro da Educação, Cristovam Buarque: "Cotas ajudam apenas a mudar a cor na universidade, não a classe social. Os pobres continuarão excluídos". Sua frase é utilizada como alicerce discursivo da fala do próprio redator, que, em oposição ao sistema de cotas, afirma: "os especialistas em educação realmente sérios são unânimes em afirmar que a única política compensatória efetiva é o investimento pesado na escola pública".

Talvez na tentativa de atenuar o ataque presente na matéria "Não deu certo", a revista publicou em sua edição de 19/03/2003, um ensaio na coluna *Ponto de vista*, intitulado "As cotas e a história nacional", assinado pelo historiador Luiz Felipe de Alencastro, professor titular da Universidade de Paris-Sorbonne. No texto, em que o autor não necessariamente defende a instituição das cotas raciais, são descritas em poucas linhas as histórias da abolição no Brasil e nos Estados Unidos, colocadas como casos opostos, em que a mestiçagem teria sido fator fundamental de estruturação de um quadro social discriminatório no território brasileiro: "No Brasil pós-escravista predominou uma discriminação informal embaciada por um processo amplo de mestiçagem".

Apresentando o censo então realizado pela Universidade de São Paulo (USP), no qual se constatou que de seus 39 mil alunos de graduação apenas 1,3% era composto por negros, Alencastro cita o exemplo da política de cotas nos Estados Unidos, associando-a a um processo de redução de desigualdades sociais e políticas. Ainda sem defender abertamente políticas afirmativas, o historiador conclui: "O que não dá mais é continuar no Brasil com a política grotesca do 'deixar estar como está para ver como é que fica'" – referindo-se à parca presença de estudantes negros e pardos em instituições de Ensino Superior. É interessante perceber, entretanto, que na edição de 26/03/2003, a revista publicou as cartas de seus leitores, entre as quais constavam comentários acerca do artigo de Alencastro. Das quatro cartas publicadas pela revista, três mostravam opinião contrária às cotas, e apenas uma as defendia enquanto política.

Adotando uma postura mais moderada, ainda que seja possível identificar a oposição do texto à instituição das cotas, a matéria "Retrato em preto e branco", assinada por Lucila Soares e publicada na edição de 21/04/2004, abordava a instituição do sistema de cotas na Universidade de Brasília (UnB). Ao narrar a adoção da análise de fotografias de vestibulandos, a fim de determinar se suas declarações (como pardo ou negro, p. ex.) corresponderiam à realidade, no intuito de dirimir fraudes, a redatora afirma que: "[a medida] acabou criando uma espécie de tribunal de pureza racial – algo, no mínimo, contraditório tanto do ponto de vista moral quanto científico".

Novamente atestando a desigualdade de acesso ao Ensino Superior no Brasil, a matéria conta com uma tabela, intitulada "A marca da desigualdade", com dados produzidos à época pelo Instituto Nacional de Estudos e Pesquisas Educacionais (Inep), e pelo Instituto Brasileiro de Geografia e Estatística (IBGE), nos quais se constata que, do total de estudantes então matriculados em universidades federais, apenas 34,7% seriam negros e pardos. Da mesma forma, entre a população de 20 a 24 anos de idade, 57,2% dos brancos estariam cursando a universidade, enquanto entre negros e pardos esse percentual cairia para 18,4%.

O quadro é utilizado como instrumento de moderação do posicionamento defendido pela redatora: ao atestar a realidade de um quadro desigual, a crítica contra a política de cotas poderia soar mais balizada. É o que se atesta, por exemplo, em afirmações como: "É claro que a solução definitiva para democratizar o acesso à universidade é garantir ensino público de boa qualidade nos níveis fundamental e médio. Isso não entra necessariamente em contradição com medidas dirigidas a grupos menos favorecidos"; "É importante dar tempo para que apareçam os resultados das experiências em andamento no país".

Estas assertivas, entretanto, encontram-se lado a lado com juízos sumários – caso da comparação da política de análise fotográfica da UnB com um tribunal de pureza racial, e com certo ceticismo diante de lei votada pela Assembleia Legislativa fluminense em que era prevista ajuda financeira para alunos que não dispusessem de condições para comprar livros e computadores: "(esta seria) Outra experiência, portanto, fadada ao fracasso" – afirmou a redatora. Em sua argumentação, salta aos olhos um recurso já presente na matéria "Não deu certo": como forma de embasar um discurso contrário à política de cotas, a revista afirma defender a melhoria sistemática dos ensinos Médio e Fundamental, estabelecendo assim uma dicotomia entre "resolução via ações afirmativas" e "resolução via ensino de qualidade", semelhante àquela que seria a suposta oposição entre cotas e meritocracia.

A matéria "Retrato em preto e branco" chega inclusive a definir como "perversidade com os alunos cotistas e irresponsabilidade com a qualidade do ensino", a decisão de se introduzir uma política de cotas antes que fossem asseguradas as condições materiais dos vestibulandos (que, dentro desta linha de raciocínio, teriam suas próprias graduações inviabilizadas, diante da impossibilidade de compra do material de estudo necessário). Outro indício da moderação discursiva visada pela redatora está na qualificação da decisão do ministro da Educação, na época, Tarso Genro, em voltar atrás na ideia de estabelecer cotas em todas as universidades por meio de medida provisória, como sendo "do maior bom-senso". Ao elogiar publicamente um ministro do primeiro governo Lula, em cuja oposição já se encontrava, o veículo localiza a mensagem política por ele defendida como estando acima de disputas partidárias.

Outra matéria responsável por dar destaque à questão das cotas encontra-se na edição de 26/01/2005, embutida na matéria principal, intitulada "O grande salto para trás", concernente ao anúncio da proposta de reforma universitária do governo Lula. Em um *box* de mais de uma página, com o título "A polêmica das cotas universitárias", assinado por Monica Weinberg, encontram-se alguns dos pontos já presentes nas matérias previamente analisadas: reconhecimento de um cenário desigual no que tange ao acesso à universidade; crítica à falta de fornecimento de meios financeiros para assistir os cotistas ("A proposta do MEC se limita a obrigar as universidades a abrir espaço para alguns estudantes, sem oferecer, no entanto, nenhum mecanismo que ajude a viabilizar esse ingresso"); afirmação de que a proposta acarretaria em riscos para um suposto sistema meritocrático, gerando uma queda de qualidade do Ensino Superior ("A proposta do governo embute ainda um outro problema. Segundo um estudo feito pela Universidade de São Paulo, as cotas, caso implantadas, deixariam de fora três de cada dez jovens com nota suficiente para passar no vestibular. Em seu lugar, teriam direito a uma cadeira estudantes com avaliações quase 60% piores. O processo, portanto, levaria a uma inevitável queda no nível do ensino"); e a defesa da melhoria dos ensinos Médio e Fundamental como contraponto às políticas de ações afirmativas. ("Na semana passada, o Presidente Lula surgiu com um boné do Movimento dos Sem Universidade (MSU) [...]. Trecho de seu discurso: 'Na hora em que o pobre conquista um milímetro de espaço, ele incomoda', disse Lula. Com frases como essa, o presidente mostra que continua passando longe do cerne da questão – a melhoria do nível de ensino nas escolas públicas, única alternativa de longo prazo e amplo alcance para conferir a estudantes pobres e ricos chances iguais na hora de ingressar na faculdade.")

No presente resumo, é possível operar um salto temporal entre 2005 (ano de adoção das políticas de ações afirmativas e análise biométrica na UnB) e 2012 pelo fato de este ano ter sido marcado pela decisão unânime do Supremo Tribunal Federal a favor da constitucionalidade das cotas raciais e sociais. A cobertura da decisão na revista *Veja* pode ser considerada fiel ao paradigma estabelecido desde 2003, quando da implementação das cotas na Uerj. Em matéria intitulada "Distorção na pele" (sem autoria declarada), publicada na edição de 02/05/2012, o redator realiza um pequeno resumo daquilo que significaria, do ponto de vista político, o *veredicto* de constitucionalidade concedido pelo Tribunal às cotas, afirmando já no subtítulo que "a aprovação do sistema de cotas para negros e pardos pode ser o remédio errado para uma doença evidente e cruel – a imensa desigualdade de oportunidades que nasceu com a escravidão".

Tal e qual as matérias produzidas em anos anteriores, esta contou com um reconhecimento tácito, balizado em dados do IBGE, da desigualdade de acesso à educação entre brancos e negros; comparações com a política norte-americana de ações afirmativas e demonstrações de preocupação para com o que seria a manutenção de um sistema meritocrático. Esta postura estaria exposta na frase em que o redator aponta o risco da decisão do STF ter sido tomada por unanimidade: "[...] as cotas podem criar uma casta de profissionais que, tendo escapado da escolha por meritocracia e beneficiando-se apenas da cor da pele, passem a ser vistos de modo preconceituoso".

Perceba-se também o argumento de que a oposição às cotas se daria pelo desejo do articulista em resguardar de um potencial preconceito a população negra e parda beneficiada pela medida. Vale ressaltar que a matéria conclui-se com a contraposição já comum entre cotas e melhoria do ensino público: "No Brasil, o uso de cotas, aparentemente positivo, pode representar o remédio errado para uma doença real e cruel que deve ser corrigida com o acesso de todos à educação".

Sendo incapaz de se esgotar um tema tão complexo, e ao mesmo tempo tão presente em diversos meios de comunicação, a revista voltaria a ele em sua edição de 29/08/2012, com a matéria intitulada "O grande erro das cotas", assinada por Julia Carvalho, na edição de 29/08/2012. Seu tema consistiu na possível sanção, na última semana de ago./2012, pela Presidente Dilma Roussef, da Lei de Cotas Sociais, que reservaria 50% das vagas de universidades federais para estudantes que houvessem cursado integralmente o Ensino Médio em instituições públicas.

Já no *lead* do texto, o posicionamento da redatora é exposto claramente: "Está na mesa da Presidente Dilma Roussef, aguardando sua assinatura, uma lei que vai mudar radicalmente o ensino público superior no Brasil – e não necessariamente para melhor". A partir deste ponto, Carvalho passa a apontar possíveis riscos de se reservar metade das vagas do vestibular para alunos de escolas públicas, frisando que tal atitude poderia trazer perigos para o desenvolvimento da pesquisa científica no país: "Ocorre que, juntamente com as universidades públicas estaduais, as universidades federais são a mais importante usina de descobertas científicas, conhecimento e pesquisa do Brasil. [...] Isso só é possível porque é para elas que conflui a elite cultural, acadêmica, intelectual – e, sim, quase sempre econômica também – do país. Agora, a Lei de Cotas poderá desviar esse curso. Em vez de ir para alunos mais preparados, quase sempre egressos de escolas particulares, metade das vagas caberá aos menos preparados, vindos do deficiente ensino público".

A menção a supostos riscos, concernentes à sobrevivência da "meritocracia" no sistema de ingresso efetivado por meio do vestibular estaria expresso na legenda da foto que ilustra o artigo. Nela são mostradas alunas brancas, algumas com metade de seus rostos pintada de preto, e portando cartazes, num dos quais se lê "Cotas: famoso jeitinho brasileiro". No texto que acompanha a imagem encontra-se a definição: "Os prejudicados – Alunos de escolas particulares do Distrito Federal protestam contra a nova lei: adeus ao mérito".

Outro ponto de destaque no texto reside ainda nas críticas aos argumentos favoráveis às cotas, que a autora visa desconstruir – dependendo da sempre presente contraposição entre cotas e melhoria dos ensinos Médio e Fundamental: "Um raciocínio em favor da Lei de Cotas diz que, com essa reserva de vagas, a tendência será que muitos pais tirem seus filhos das escolas particulares para colocá-los em instituições públicas. Isso levaria a um aumento da cobrança de qualidade por parte de uma parcela da população com maior poder de reivindicação e a uma consequente melhora do ensino. [...] Na prática, o efeito da lei será acabar com a competição – e a comparação – entre as escolas públicas e privadas. [...] Agora, com a vaga em uma universidade garantida para os estudantes das escolas públicas, perde-se um poderoso mecanismo de pressão sobre os governantes pela melhora do ensino".

Estratégia semelhante é utilizada pela autora ao analisar estudos que apontariam para a semelhança de desempenho entre alunos cotistas e não cotistas ao final de suas graduações. Lançando suspeitas sobre as condições em que tais análises teriam sido produzidas, Carvalho afirma: "Os dados, no entanto, devem ser vistos com ressalvas. 'As pesquisas que aferem rendimento de cotistas são muito discutíveis, porque são feitas pelas próprias instituições interessadas em comprovar que suas políticas funcionam', diz o sociólogo Demétrio Magnoli".

A matéria "O grande erro das cotas", é seguida por outra, na mesma edição, intitulada "Em busca do melhor", de André Petry, na qual o redator analisa o histórico das políticas de ações afirmativas nos Estados Unidos, cujo aumento da presença de estudantes negros em universidades (que subiu de 9,4% para 14,3%), ele classifica como "tímido demais", sugerindo a todo instante que seus efeitos teriam sido pequenos no decorrer das décadas. Vale ressaltar que a Lei de Cotas – cuja ratificação iminente pelo Executivo justificava ambas as matérias – foi sancionada pela Presidente Dilma Roussef naquele mesmo dia 29/08/2012.

O Estado de S. Paulo

Longe, porém, de ser uma voz isolada, a postura demonstrada pela revista *Veja*, conhecida por assumir posições mais à direita no espectro político, e por se associar a um violento discurso de oposição aos governos federais encabeçados pelo Partido dos Trabalhadores (PT), pode ser identificada também em veículos jornalísticos mais tradicionais, caso de *O Estado de S. Paulo*. Dotado de uma linha editorial conservadora, porém, nominalmente menos violenta em suas críticas que as da revista *Veja*, o *Estadão* não se furtou a escrever um editorial intitulado "Justiça com lentes coloridas", publicado em 28/04/2012, acerca da decisão do STF favorável à política de cotas raciais. Em seu primeiro parágrafo, o texto (que não foi assinado), já afirmava: "A discriminação racial no Brasil é constitucional, segundo decidiram por unanimidade os ministros do Supremo Tribunal

Federal, num julgamento sobre a adoção de cotas para negros e pardos nas universidades públicas. Com base numa notável mistura de argumentos verdadeiros e falsos, eles aprovaram a reserva de vagas para estudantes selecionados com base na cor da pele ou, mais precisamente, na cor ou origem étnica declarada pelo interessado. Mesmo enfeitada com rótulos politicamente corretos e apresentada como 'correção de desigualdades sociais', essa decisão é obviamente discriminatória e converte a raça em critério de ação governamental. Para os juízes, a desigualdade mais importante é a racial, não a econômica, embora eles mal distingam uma da outra".

O maior destaque do editorial reside naquilo que o diferencia das diversas matérias (de forte teor opinativo) publicadas pela revista *Veja*: diferente do semanário, o *Estadão* recusa-se, em diversos momentos, a reconhecer a desigualdade de oportunidades reservadas a negros/pardos e brancos como um dado sócio-histórico cabal. Tal pode ser percebido na análise que o editorialista produz acerca dos *veredictos* de cada juiz: "O Ministro Joaquim Barbosa referiu-se à política de cotas como forma de combater 'a discriminação de fato', 'absolutamente enraizada', segundo ele, na sociedade. Mas como se manifesta a discriminação? Candidatos são reprovados no vestibular por causa da cor? E os barrados em etapas escolares anteriores? Também foram vítimas de racismo? A Ministra Rosa Weber foi além. 'A disparidade racial', disse ela, 'é flagrante na sociedade brasileira'. 'A pobreza tem cor no Brasil: negra, mestiça, amarela', acrescentou. A intrigante referência à cor amarela poderia valer uma discussão, mas o ponto essencial é outro. Só essas cores identificam a pobreza no Brasil? Não há pobres de coloração diferente? [...] E concluiu: 'Não parece razoável reduzir a desigualdade social brasileira ao critério econômico'. A afirmação seria mais digna de consideração se fosse acompanhada de algum argumento. Mas não o é. O fator não econômico e estritamente racial nunca foi esclarecido na exposição da ministra nem nos votos de seus colegas".

Percebe-se que a falta de um recorte histórico (presente nas edições de *Veja* analisadas), pode ser utilizada pelo editorialista para sustentar, por negação, a premissa de que o acesso às universidades públicas não seria marcado pela desigualdade racial: a ausência de dados históricos e estatísticos que sustentassem a assertiva dos ministros do STF levaria o redator a concluir pela inexistência mesma de tal desigualdade, que se circunscreveria tão somente ao âmbito econômico. É a partir daí que outro argumento começa a se consolidar no texto do editorialista, centrado no que seria a injustiça causada pela decisão junto à população branca pobre: "Talvez haja bons argumentos a favor da discriminação politicamente correta defendida pelos juízes do STF, mas nenhum desses foi apresentado. Brancos pobres também têm dificuldade de acesso à universidade, mas seu problema foi menosprezado". A esse argumento soma-se a contraposição entre ações afirmativas e melhoria dos ensinos Médio e Fundamental, presente em *Veja*, e construída já no último parágrafo do editorial do *Estadão*: "Como suas excelências poderão ser envolvidas em outras questões de política educacional, talvez devam dar uma espiada nos censos. Os funis mais importantes e socialmente mais danosos não estão na universidade, mas nos níveis fundamental e médio. Países emergentes bem-sucedidos na redução de desigualdades deram atenção prioritária a esse problema. O resto é demagogia".

Ecoando não apenas certa tradição brasileira conservadora, capaz de negar ou considerar de menor importância a existência de discriminação racial no Brasil, o editorial do *Estadão* talvez possa ser justificado pelo ambiente no qual foi produzido. No blog do articulista Eduardo Leite, em texto escrito acerca da Copa do Mundo na África do Sul, publicado em 11/05/2010, o autor historiciza o preconceito racial e a busca pela inserção da comunidade afrodescendente na estrutura socioeconômica do país: "A imprensa brasileira, apesar de recorrentemente abordar assuntos sobre diversidade e outras questões raciais em suas páginas, ainda está longe de ser um exemplo no assunto. Para ficar no exemplo da casa que abriga esse blog (o grupo *O Estado de S. Paulo*), nos três veículos que ocupam duas amplas áreas de redação em único andar, é possível contar nos dedos – de uma só mão – o número de negros entre quase 500 jornalistas que dão expediente ao longo do dia nas mais diferentes tarefas e funções de escrever, editar, diagramar e fotografar. Já em outros setores, como na gráfica ou nos setores de serviços terceirizados que cuidam da limpeza e do transporte a situação é inversa. Não tenho dados para afirmar que os negros são a maioria nessas funções. Mas qualquer um que tiver a oportunidade de fazer uma visita aos diversos setores de uma empresa jornalística no Brasil poderá constatar a situação". A presença mesma desta coluna, entretanto, aponta para a busca por uma reflexão heterodoxa, no que concerne à opinião defendida pelo veículo analisado, percebida também em *Veja* quando da publicação da coluna do historiador Luiz Felipe de Alencastro, favorável às cotas.

A disseminação de uma opinião contrária à linha editorial do veículo é crucial na construção de uma imagem de imparcialidade, capaz de legitimar a sua oposição às cotas, por exemplo, a partir da afirmação (não dita) de que esta teria sido publicada juntamente com um posicionamento a ela oposto – visando, assim, difundir a percepção, entre os leitores, da neutralidade do jornal. Porém, a presença de um texto favorável às cotas, escrito por Eduardo Leite, tal qual a coluna assinada pelo historiador em *Veja*, consiste na exceção à regra, sendo clara a profusão de notícias cujo recorte é contrário às políticas de ações afirmativas.

Eis alguns exemplos de títulos de matérias, que podem ser identificados no site do jornal *O Estado de S. Paulo*, ao se procurar o tópico "cotas raciais": "Modelos negros terão cota de 10% em desfiles" (21/05/2009); "Raça não é fator para concessão de cotas, afirmam especialistas" (05/03/2010); "Criticada, Lei das Cotas terá de ser adotada por metade das instituições" (11/08/2012 – notícia publicada em Estadao.com.br); "Reitor de universidade federal critica Lei das Cotas e muda vestibular 2014 (20/10/2012); além do editorial "Justiça com lentes coloridas" (28/04/2012). Podem-se levantar, também, as entrevistas realizadas pelo *Estadão* com reitores e educadores, para o caderno "Educação", em comemoração ao aniversário de 80 anos de fundação da Universidade de São Paulo (USP), nas quais são levantadas, sob diversos vieses, posições contrárias às cotas raciais.

É o caso da matéria "Cota deve existir pelo lado social e econômico; entrada é por mérito" (entrevista com o ex-reitor Adolpho Melfi, publicada em 24/01/2014) e da entrevista com o ex-reitor Flávio Fava de Moraes, intitulada "Crescer exageradamente pode comprometer a qualidade, diz ex-reitor Fava de Moraes", do mesmo dia, em que o educador responde, quando perguntado sobre sua opinião acerca das cotas: "Sou mais a favor da relação social do que relações de outras naturezas, como étnicas ou raciais. Embora possa ser exceção, é sempre um bom argumento você apelar para a área social quando você considera que às vezes uma pessoa de cota racial possa ter um desempenho pior do que uma pessoa não vinculada à cota racial e, quando você vê a área econômica, aquele da cota racial pode ser até economicamente mais abonado do que aquele da cota não racial".

Ao evocar uma voz especializada em um dado tema (neste caso, educação) e optar por aquelas que se oponham às cotas, o jornal confere à opinião dos ex-reitores o caráter de análise técnica, isenta e dissociada do campo das opiniões políticas. Em consequência, posicionar-se contra as cotas raciais passaria a consistir não apenas em uma questão de opinião individual, mas em uma opção correta e de teor científico, visto ser ela identificada em discursos de supostas autoridades acadêmicas (os ex-reitores da USP).

Outra estratégia no processo de legitimação de posições contrárias às cotas raciais reside na reutilização de vozes opositoras, já conhecidas pelos veículos de comunicação analisados, como forma de reproduzirem um discurso já realizado em outras ocasiões. Tal se deu com Demétrio Magnoli, notório opositor das cotas raciais, chamado pelo *Estadão*, em 16/02/2013, a fim de opinar acerca dos resultados da pesquisa Ibope encomendada pelo jornal sobre políticas de ações afirmativas. O levantamento apontou que 62% da população apoiam cotas para alunos negros, pobres e de escola pública. Em decorrência destes dados foi publicada, na mesma edição, a matéria "Resultado não indica reflexão, dizem críticos", assinada por Ocimara Balmant e Paulo Saldanha. No texto constam entrevistas com Magnoli, o Senador Aloysio Nunes (PSDB-PR), e o diretor da ONG Educafro, Frei David Santos. O primeiro elemento a chamar atenção para a organização da matéria seria a disparidade de opiniões abarcadas pela mesma: o sociólogo Demétrio Magnoli é identificado logo no começo do texto como um dos "críticos das cotas"; o Senador Aloysio Nunes é apontado como o único senador a votar contra a Lei de Cotas federal; e apenas o Frei Santos exerce o papel de defensor das ações afirmativas. Cabe ainda questionar o espaço reservado para a fala de cada um no corpo da matéria, pois enquanto Magnoli ocupou três parágrafos, e Nunes recebeu dois, a Santos é reservado apenas um.

Magnoli também ganha destaque na reportagem, por oferecer uma leitura crítica sobre o resultado da pesquisa: "Segundo o sociólogo Demétrio Magnoli, o resultado do levantamento é uma mostra de que a imensa maioria dos brasileiros é contrária às desigualdades sociais e costuma ser favorável a qualquer política que pareça gerar uma redução desse problema. 'Mas, com isso, aparece uma forma mágica de acesso que tende a ocultar o debate sobre o nível das escolas públicas'. Ele afirma que a estratégia interessa a políticos de todos os partidos, ao agradar ONGs e ser garantia de votos. 'Uma aparente solução agrada grupos com muito peso eleitoral. E estar ao lado de grupos influentes dá melhores resultados políticos que defender interesses difusos como a melhoria da educação'". Vale destacar a recorrência da contraposição entre a melhoria dos ensinos Médio e Fundamental e as políticas de ações afirmativas, já identificada em *Veja*.

O mesmo preceito tem sua presença ampliada na matéria a partir da fala do Senador Aloysio Nunes: "Quando a lei (de Cotas) foi aprovada no plenário, Nunes afirmou que as universidades teriam prejuízo em qualidade. 'Sou avesso ao método de modelo único para as universidades, passando por cima de experiências de cada instituição', afirma ele, que também é contrário à adoção de critérios raciais. 'Tem de haver políticas de igualdade, combate à discriminação, distribuição de renda. Ações universais, porque o ingresso na universidade, na minha opinião, não é chave para resolver a desigualdade social'". Já ao Frei David Santos, no último parágrafo da matéria, é reservada apenas uma frase: "Quando a sociedade passou a ter informações qualificadas, equilibradas, sem a emoção de militantes a favor ou contra, o povo passou a entender a verdade da causa".

Assim como a coluna de Eduardo Leite, a presença de uma voz favorável às cotas é necessária como mecanismo de legitimação do recorte adotado pela matéria, responsável por dar um destaque consideravelmente maior às opiniões contrárias às mesmas. Este caráter é acentuado ao se constatar que a matéria principal (*62% apoiam cotas para alunos negros, pobres e da escola pública, diz Ibope*) não abordou qualquer tipo de posicionamento político acerca das ações afirmativas, limitando-se a divulgar a pesquisa realizada e a metodologia utilizada durante o levantamento.

Outro argumento presente em colunas de opinião concernentes às cotas, publicadas pelo *Estadão*, reside no que seria a violação da autonomia universitária causada por sua implementação enquanto política de Estado (balizada por uma lei federal e sancionada por decisão do STF). É o que se constata, por exemplo, no texto "O que as cotas mascaram", de 09/08/2012, sem identificação de autoria, publicado acerca da sanção da Lei de Cotas pela presidência da República: "A adoção de cotas raciais na universidade é constitucional, conforme decisão unânime do Supremo Tribunal Federal (STF), em abril último. Isso não quer dizer que o sistema devesse ser adotado. Os seus insuperáveis defeitos de origem são múltiplos – a começar pela enormidade, em sentido literal e figurado, da reserva de vagas, configurando uma limitação brutal da disputa não discriminada pelo acesso à formação superior. [...] Além disso, a imposição de um índice único a todas as 59 universidades mantidas pela União representa uma gritante ruptura do princípio da autonomia universitária. Nas palavras do diretor da Fapesp e ex-reitor da Unicamp, Carlos Henrique de Brito Cruz, trata-se de 'uma usurpação' do direito de cada universidade de escolher o modelo de ampliação das oportunidades de acesso a seus cursos que julgar mais adequado ao seu perfil e vocação".

A publicação de colunas de opinião contrárias às cotas, em uma incidência superior àquela de textos favoráveis, pode ser demonstrada pela cobertura da introdução da política de ações afirmativas na Uerj, em 2003. Após um ano – em que o jornal se limitou a publicar matérias noticiosas sobre o fato – o primeiro texto de opinião concernente à adoção de cotas raciais pela Universidade do Estado do Rio de Janeiro (publicado em 13/04/2004), consiste em uma crítica às mesmas, assinada pelo historiador José Roberto Pinto de Góes, que o jornal frisa ser "professor da Uerj, autor de tese sobre escravidão", em uma tentativa de legitimar tematicamente suas assertivas de cunho político e pessoal.

A coluna, intitulada "Cotas, um remédio que é veneno", apela em parte para um discurso, historicamente localizável no século XX, capaz de dirimir os efeitos do racismo sobre a sociedade brasileira a partir do dado da miscigenação racial: "O racismo existe entre nós, sim, e cada manifestação sua é cruel e covarde, fere, avilta e humilha. Mas existe também presente na cultura brasileira uma grande aversão ao racismo, que se expressa numa vergonha de parecer racista. Somos miscigenados demais e possuímos um passado histórico muito particular – não podia ser diferente. Podemos não ser exatamente cordiais, a bem da verdade somos cada vez menos, mas não temos o defeito da intolerância racial, não somos escravos dessa estupidez. Que Deus e os orixás nos conservem assim. O certo é que nenhum garoto deixa de entrar na universidade por causa da cor da pele. Não passa no vestibular quem não teve uma boa escola. E por não havê-la tido é que se é reprovado nos concursos para o serviço público, onde também querem criar cotas raciais. O problema está na escola que falta à população pobre de todas as cores. Todo mundo sabe disso, menos o governo. O remédio prescrito é um veneno". Note-se a contraposição totalizante efetuada entre "cotas raciais" e "melhoria dos ensinos Médio e Fundamental", que o enunciador considera mutuamente excludentes, produzindo um argumento capaz de justificar a oposição a programas de ação afirmativa.

Folha de S. Paulo

Opinião semelhante a do *Estadão* é reproduzida na *Folha de S. Paulo*, outro veículo tradicional da imprensa brasileira. Em editorial não assinado, intitulado "Cotas raciais, um erro", publicado no dia 27/04/2012 – referente à decisão do STF, que considerou as cotas raciais compatíveis com a Constituição – a defesa da inexistência de racismo sistêmico na sociedade brasileira baseia-se no que seria a presença de intensa miscigenação racial, como se percebe já no subtítulo do editorial: "Tratamento desigual para reparar injustiças deveria contemplar apenas critérios sociais objetivos – não a cor da pele, obsessão importada".

Ao associar o racismo a práticas culturais estrangeiras, por meio do adjetivo "importada", o subtítulo abre espaço para que esta premissa seja mais amplamente desenvolvida no corpo do texto: "[As cotas] São políticas corretivas que podem fazer sentido em países onde não houve miscigenação e as etnias se mantêm segregadas, preservando sua identidade aparente. Não é o caso do Brasil, cuja característica nacional foi a miscigenação maciça, seguramente a maior do planeta. Aqui é duvidoso, quando não impraticável, qualquer tentativa de estabelecer padrões de 'pureza' racial. Não se trata de negar a violência do processo demográfico ou o dissimulado racismo à brasileira que dele resultou, mas de ter em mente que a ampla gradação nas tonalidades de pele manteve este sentimento destrutivo atrofiado, incapaz de se articular de forma ideológica ou política. Com a mentalidade das cotas raciais, importa-se dos Estados Unidos uma obsessão racial que nunca foi nossa".

O editorial não nega o peso sociopolítico deixado pela escravidão sobre os descendentes dos ex-cativos, afirmando que estes "sofrem, na maioria dos casos, uma desvantagem competitiva impingida desde o nascimento". Porém, continua a discordar da adoção das cotas raciais por considerar que: "No Brasil, a disparidade étnica se dissolve numa disparidade maior, que é social – uma sobreposta à outra. A serem adotadas políticas compensatórias, o que parece legítimo, deveriam pautar-se por um critério objetivo – alunos de escola pública, por exemplo – em vez de depender do arbítrio de tribunais raciais cuja instalação tem algo de sinistro". Percebe-se aqui que, no intuito de atingir o programa de cotas raciais, o editorialista realiza uma concessão e sugere que políticas compensatórias deveriam se pautar, tão somente, por critérios sociais. Mas para que seu argumento possa ser válido requer-se negar a existência premente do racismo (tanto do ponto de vista social quanto institucional), adotando um discurso altamente disseminado no país a partir da segunda metade da década de 1930, capaz de considerar a miscigenação como elemento responsável por uma bem-sucedida integração étnica.

Persiste, entretanto, o apelo a um idealizado modelo meritocrático, que estaria sendo ameaçado pelas políticas de ação afirmativa. Tal é o que se observa quando o editorial da *Folha* efetua uma comparação entre a reserva de vagas no vestibular e o modelo tributário brasileiro: "A Constituição estipula que todos são iguais perante a lei. É um princípio abstrato; inúmeras exceções são admitidas se forem válidos os critérios para abri-las. A ninguém ocorreria impugnar, em nome daquele preceito constitucional, a dispensa de pagar Imposto de Renda para os que detêm poucos recursos. O cerne da questão, portanto, consiste em definir se há justiça em tratar desigualmente as pessoas por causa do tom de pele ou se seria mais justo, no empenho de corrigir a mesma injustiça, tratá-las desigualmente em decorrência do conjunto de condições sociais que limitaram suas possibilidades de vida". Vale frisar que o editorialista repete sua tese original, associando o reduzido escopo de possibilidades de ascensão social identificado junto à população negra e parda brasileira a um cenário de desigualdade estritamente social.

Tal é o mesmo recorte presente em texto de Joel Pinheiro da Fonseca, editor da revista *Dicta e Contradicta*, publicado pela *Folha* em 21/03/2012, dentro do caderno *Opinião*, na coluna *Tendências/debates*. Sob o tema "O assunto é racismo" o jornal publicou nesta edição dois textos que abordavam a temática mais ampla da discriminação racial, a partir da qual abordaram a questão das cotas. O primeiro, com o título "Eliminar a discriminação contra negros", assinado por Eloi Ferreira de Araújo, presidente da Fundação Cultural Palmares, ateve-se a considerar, em tom otimista, que diversos esforços movidos contra o racismo já teriam começado a produzir "avanços": "As ações afirmativas de cotas na universidade para os jovens negros, o Prouni, o programa de saúde para a população negra, o reconhecimento das terras dos remanescentes de quilombos, o combate à intolerância religiosa em face das religiões de matriz africana, entre outras ações, trazem para ordem do dia um pouco dos desafios que ainda temos de enfrentar para construir uma sociedade mais igualitária".

Inserido como contraponto ao texto de Araújo, o artigo de Fonseca, intitulado "O racismo como desculpa", parte da admissão de que uma "das conquistas inegáveis de nosso tempo é a proscrição, pela opinião pública, do racismo" para argumentar que "essa conquista, como tudo na vida, teve um preço: a reação ao racismo, ao preconceito e à desigualdade em geral atribui a eles mais poder do que merecem".

A partir daí, o autor se debruça sobre a questão das cotas nos Estados Unidos e no Brasil, valendo-se da ironia como instrumento de sustentação argumentativa: "Os negros estão sub-representados em faculdades e empresas? (De fato, estão.) Então a única solução é corrigir essa injustiça via ações afirmativas no resultado final. Ser contrário a isso é ser contra os negros. Se a universidade não espelha a demografia geral do país, procuremos as causas e, se entre elas encontramos injustiças, descubramos como melhor vencê-las. Dessa maneira, o resultado final será corrigido sem arremedos. Caso contrário, levando em conta que judeus e mulheres estão super-representados nas universidades, deveríamos dar cotas a homens e a não judeus?"

As diferenças entre o Brasil e os Estados Unidos, defende o autor, poderiam ser mais precisamente identificadas a partir da forma mesma em que o racismo teria se desenvolvido em ambos os países: "No caso do Brasil, é tolo perguntar se há racismo. É claro que há. Mais interessante é indagar qual racismo é esse. O ódio racial da Ku Klux Klan é inexpressivo. O nojo racial também não é preponderante, vide o grau de miscigenação, casamentos mistos e apreciação geral das belezas negra e mulata. Há, contudo, o racismo da condescendência, de ver o negro como mais selvagem, mais bruto e menos capaz intelectualmente. O discurso dos movimentos raciais confirma, implicitamente, a tese preconceituosa da incapacidade do negro, que precisaria de ajuda externa para ascender".

Contrapondo a política de cotas à forma como acredita terem se portado os judeus, diante da perseguição e discriminação, o autor afirma que os últimos teriam optado por adotar uma "cultura de excelência", ao invés de exigirem compensações que ele parece considerar artificiais: "Não se trata de competir para ver quem foi mais historicamente injustiçado nem de negar a realidade da injustiça. Trata-se, isso sim, de identificar diferentes respostas a obstáculos e as implicações individuais e culturais que elas acarretam. Uma vez garantidos os direitos iguais, o exemplo fala mais alto do que lamúrias e coação. Os direitos são iguais. Que não se permita que a raça, objeto de preconceito, transforme-se em desculpa de fracasso".

É interessante observar que parte do recorte histórico e dos argumentos discursivos dos quais se valeu o autor seriam reproduzidos no editorial da própria *Folha de S. Paulo* de 27/04/2012. Note-se que, desde 2003 o jornal parece encarar as políticas de ação afirmativa com reservas. Como exemplos, podem-se citar as matérias "Cotas em universidades podem ser desastrosas, diz Uerj" (assinada por Antônio Góis e Sabrina Petry), e "Estudantes negros temem discriminação" (assinada pela sucursal da *Folha* do Rio de Janeiro), publicadas na seção *Cotidiano* em 09/02/2003. Ambas se valem de um teor consideravelmente sensacionalista em suas manchetes – sugerindo uma atmosfera tensa, desmentida, em parte, pelos próprios textos que encabeçam. É o caso da primeira matéria que, após o título "Cotas em universidades podem ser desastrosas, diz Uerj", apresenta tão somente a menção a um relatório que advoga a necessidade de apoio financeiro aos alunos cotistas, para que estes sejam capazes de concluir suas graduações.

Já a matéria "Estudantes negros temem discriminação" (formada por entrevistas) apresenta de forma mais clara um recorte tendente a encarar potenciais aspectos negativos das cotas raciais, como a possibilidade de manifestações discriminatórias e a falta de apoio financeiro para estudantes mais humildes: "O fato de quase todos os candidatos negros terem completado os ensinos Fundamental e Médio em escolas públicas os preocupa. Sem as cotas, dizem, a competição com alunos de colégios particulares é desleal. [...] Os alunos que se candidataram pelo novo sistema também acham que as cotas devem ser temporárias, até as escolas públicas recuperarem a defasagem em relação às instituições privadas. [...] 'As cotas devem servir para corrigir uma distorção de longa data, em que negros e pobres ficaram excluídos, e devem ser o início de uma revisão da educação pública no país', opina Marluce de Moraes Braz, 19, candidata ao Curso de Direito da Uerj. 'Mesmo sendo uma ajuda, seria bem melhor poder entrar por nós mesmos', concorda José Augusto Fonseca, 21, que prestou vestibular para História. [...] O preconceito também preocupa os futuros universitários. Eles acham que a discriminação poderá vir dos alunos que passaram no vestibular dentro do sistema tradicional. [...] Os futuros alunos dizem que, se não houver um auxílio financeiro para a compra de livros e materiais, muitos não conseguirão levar o curso até o fim".

Note-se a ênfase dada pelo(s) redator(es) aos problemas identificáveis no ensino público Médio e Fundamental, além do espaço conferido a uma voz "melancólica" com relação às cotas segundo a qual teria sido preferível passar no vestibular sem esse benefício.

O Globo

Já *O Globo* parece ter adotado uma postura mais comedida ao abordar a questão das cotas – podendo-se questionar se o fez, em parte, por reconhecer seu maior alcance junto a amplos segmentos da sociedade brasileira (fato que exigiria uma estratégia de moderação discursiva, a fim de atingir o maior número de leitores/espectadores possível). É o que se percebe, por exemplo, no caderno *Opinião* do jornal *O Globo*. Em um dos primeiros textos sobre o assunto, expostos na seção (no início dos anos de 2000), o periódico optou por abordar a questão das cotas raciais na Uerj, então um tema recente, por meio do debate entre duas posições opostas, inserindo um texto contrário às cotas, assinados por Luís Roberto Barroso, e um favorável, assinado pelo Senador Paulo Paim, na edição de 28/02/2003.

A essa atitude inicial, porém, a seção *Opinião* seguiu, um ano depois, com um artigo assinado por Ali Kamel, intitulado "Sumiram com os pardos" (edição de 11/02/2004), no qual o autor afirmou ter a legislação fluminense desaparecido com a tipificação "pardo", estabelecida na lei de cotas de 2001. O texto baseia-se em assertivas como: "Eu temia também que as cotas trouxessem ao Brasil o que não conhecemos – o ódio racial – e relegasse à própria sorte, além dos pardos, 19 milhões de brancos pobres"; "Volto a repetir: sei que o racismo existe no Brasil como em qualquer parte onde haja homens, mas, entre nós, ele não é preponderante"; "E a cor não impede ninguém de entrar na universidade. Quem impede é a pobreza, ao impor um Ensino Médio ruim, seja a negros, pardos ou brancos".

Porém, contrabalançando as conclusões de Ali Kamel, a seção *Opinião* publicou, em 14/04/2004, artigo de Peter Fry que analisa a decisão da UnB de formar comissões para análise fotográfica dos vestibulandos, a fim de determinar se os proponentes às cotas raciais seriam ou não negros. Tratando-se de um tema consideravelmente polêmico, o jornal aceitou um texto em que Frey esmiúça o procedimento e tenta explicar o seu porquê: "A decisão da UnB de fotografar os candidatos e estabelecer uma comissão para averiguar o *status* racial deles é absolutamente consistente com a lógica que está por trás das cotas. A ideia das cotas é de compensar os obstáculos engendrados pelo racismo. A lógica delas, portanto, não está na autoatribuição de raça, mas na atribuição feita pelos discriminadores em potencial. [...] Nos debates sobre essa questão, os mais engraçados defensores das cotas escamotearam a questão da definição racial, sugerindo a formação de comissões compostas de policiais e donos de restaurantes". O texto conclui ainda em seu penúltimo parágrafo: "O estabelecimento de uma comissão de *experts* é uma consequência lógica de uma política que exige a definição dos candidatos em duas categorias raciais estanques. A lógica é prístina. As cotas vieram para compensar as agruras da discriminação racial, que no Brasil como alhures se dá fundamentalmente a partir da atribuição de raça a partir da decodificação informal da pessoa na sua frente".

A mesma estratégia de equidistância opinativa pode ser identificada quando da decisão do STF pela constitucionalidade das cotas (2002), abordada pelo jornal em dois editoriais não assinados (representativos do posicionamento do veículo) e dois editoriais assinados pela economista Miriam Leitão. No artigo "Um dia, no futuro" (de 27/04/2012), disponível no site do jornal, a articulista principia com a defesa da importância histórica do *veredicto*: "Foi um dia histórico o de ontem, em que o país ficou sabendo que, sim, as cotas raciais são constitucionais. Ministros e ministras seguiram o voto do relator e o Direito avançou. Mais do que votar, os ministros explicaram o conceito básico de que a igualdade não acontece por inércia, mas por ação. A unanimidade deu à decisão a estatura que a questão exige e eliminou espaço à contestação, por ser vinculante".

Já em "O bom combate" (26/04/2012), a economista defende os resultados até então mostrados pela política de ação afirmativa: "Atualmente, segundo o Grupo de Estudos Multidisciplinares da Ação Afirmativa, do Instituto de Estudos Sociais e Políticos da Uerj, são setenta as universidades federais e estaduais nas quais as políticas de ação afirmativa favorecendo negros, índios e pobres foram implementadas, com diferentes métodos. A prática demoliu os temores levantados pelos críticos das cotas: que haveria conflito nas universidades, que haveria queda da qualidade, que os cotistas não teriam bom desempenho, que se quebraria o princípio do mérito. A realidade provou o contrário. Não houve conflito, a qualidade não caiu, os cotistas tiveram desempenho semelhante aos não cotistas, o princípio do mérito não deixou de existir".

No entanto, um mês depois, o jornal *O Globo* publica o editorial "Afinal, copiamos um mau modelo: o 'racialismo'" (02/05/2012), em que reproduz vários dos argumentos apresentados em editoriais e matérias do *Estadão*, da *Folha* e da revista *Veja*, como a tese histórica da presença da miscigenação enquanto forma de dirimir os efeitos do racismo, a primazia que a desigualdade econômica teria sobre a discriminação racial e a contraposição entre políticas de ação afirmativa e melhoria do ensino público básico: "A aprovação das cotas raciais pelo Supremo Tribunal Federal (STF) encerra apenas do ponto de vista institucional a discussão sobre a reserva de vagas para estudantes negros na universidade. Ficam em aberto, no entanto, outras questões que não podem ser resolvidas pelo viés próprio de decisões como a tomada pela corte semana passada. Uma delas é que se deixou espetada na conta do branco pobre a fatura da suposta 'dívida histórica' da sociedade brasileira com os negros, que a brigada racialista invariavelmente antepõe como pressuposto da defesa de suas ideias. [...] Outra questão, de alcance mais amplo, é que se relega a segundo plano, em nome do alegado problema da discriminação de que seriam vítimas os estudantes negros brasileiros, a questão-chave, a mãe de todas as ações afirmativas, na qual se inserem as cotas: a melhoria do ensino básico público. Este, sim, seria o ponto de inflexão da educação no país. [...] O negro tem presença rarefeita na universidade não por ser negro, mas por ser pobre. Outra questão a ser discutida é o modelo sobre o qual se alicerçou todo o movimento pela instituição das cotas raciais no Brasil. A referência direta é o sistema americano. Ao importar a réplica dos Estados Unidos, o movimento cotista eclipsou aspectos que distinguem a sociedade americana da brasileira. Relevou-se, por exemplo, o pressuposto histórico de que, lá, a sociedade se constituiu sobre "raças", ao passo que no Brasil consagra-se o princípio da miscigenação. Aqui, o risco é de o país ficar suscetível a tensões até agora inexistentes".

A noção de "importação de conflitos étnicos", que seriam estranhos à sociedade brasileira, é reiterada pelo jornal no editorial "Radicalização da política racialista", de 18/10/2012, em que o editorialista também volta a caracterizar as cotas raciais como um ataque à meritocracia (destacam-se também os primeiros temores sobre uma possível ampliação da Lei de Cotas para o funcionalismo público): "Em prosseguimento na marcha insensata para a relativização do mérito na sociedade brasileira, o governo, depois de acelerar a entrada em vigor da lei de cotas raciais nas universidades públicas, pode estender a regra cartorial racialista para o preenchimento de vagas no funcionalismo público. A ideia da Secretaria de Políticas de Promoção da Igualdade Racial (Seppir), o ministério de políticas racialistas, está em avaliação na Casa Civil, revelou o jornal *Folha de S. Paulo*. Se a proposta for aprovada, 30% das vagas nas áreas de educação, cultura-comunicação e trabalho passarão a ser destinadas ao grupo 'negro, pardo, índio'. Pensa-se, ainda, em benefícios fiscais a empresas privadas que adiram à política. Radicaliza-se a inoculação na sociedade da perigosa ideia de classificação dos brasileiros pela cor da pele. [...] Os próprios americanos já perceberam há tempos que as cotas raciais quantitativas são nocivas. Até como fator de estímulo a conflitos raciais, algo bastante pernicioso que o Brasil começa a importar, infelizmente".

A falácia meritocrática

Como se pode inferir, a argumentação meritocrática dos intelectuais coletivos das classes dirigentes tem um claro fundo patrimonialista no sentido adotado por Raymundo Faoro para explicar o poder de classe no Brasil, ou seja, *patrimonialismo* como um complexo de relações mantido por família, clã ou grupo afim, com o objetivo de preservar o conjunto pela distribuição interna de bens. Recapitulemos: No fim do Medievo português, a ética, as leis e a religião convergiam para uma forma social patrimonialista, em que a circulação de riquezas obedecia a critérios familiares da monarquia. As conquistas territoriais representavam a possibilidade de o monarca oferecer riqueza e poder ao estamento dirigente. Com esta característica constituíram-se o Estado e as relações de poder no Brasil, a principal colônia portuguesa no ultramar. Por mais que importe o fator econômico, a essência da razão patrimonialista é cultural: a manutenção daquele grupo específico, a sua intrínseca familiaridade.

O mérito individual não é uma variável independente dos mecanismos de reprodução da lógica patrimonialista, aliás, perfeitamente afinada com a forma social escravagista. A pele clara sempre foi e continua a ser uma vantagem patrimonial na hierarquia dinâmica das classes sociais brasileiras. Intervir em privilégios ancestrais por meio de cotas explicitamente "raciais" (mesmo se sabendo que "raça" não existe, e sim a "relação racial") é primeiramente dar nome a uma questão também ancestral que se "ex-nominava" por meio da escamoteação conciliatória.

No limite, as cotas implicam uma "colorização" de espaços neocoloniais que se querem eternamente claros e imunes à proximidade igualitária do Outro – é o sintoma crepuscular de uma ideologia racial pós-abolicionista, quando a segregação racial de natureza escravagista cedeu lugar ao racismo de dominação. Agora, pode bem ser o caso de se evocar a estrofe final de *Crepúsculo*, poema do baiano Sosígenes Costa: "Todo o horizonte de lilás se enflora / Traja galas de príncipe a açucena / Não parece o poente, mas a aurora".

Referências

a) Teóricas

AGAMBEN, G. *La communauté qui vient* – Théorie de la singularité quelconque. Seuil, 1990.

APPIAH, A.K. *Na casa de meu pai* – A África na filosofia da cultura. Contraponto, 1997.

ARKOUN, M. *La pensée arabe*. PUF [Coll. Que Sais-Je?, n. 915].

AUGÉ, M. *Não lugares* – Introdução a uma antropologia da supermodernidade. Papirus, 1994.

AUGRAS, M. *O duplo e a metamorfose*. Vozes.

AZEVEDO, C.L.; CAMARGO, M. & SACCHETA, V. *Monteiro Lobato*: furacão na Botocúndia. Senac, 1977.

AZEVEDO, F. *A cultura brasileira*. IBGE, 1943.

BADIOU, A. *L'Éthique* – Essai sur la conscience du mal. Hatier, 1993.

BALIBAR, E. & WALLERSTEIN, I. *Race-nation-classe* – Les identités ambigues. La Decouverte, 1988.

BAREL, Y. *La société du vide*. Seuil, 1984.

BARTHES, R. *Mitologias*. Difel, 1972.

BARTHOLO, R. & CAMPOS, A.E. (orgs.). *O credo e a conduta*. Iser/Imago, 1990.

BASTIDE, R. *As religiões africanas no Brasil*. 2 vols. Pioneira, 1971.

BAYART, J.-F. *L'Illusion identitaire*. Fayard, 1996.

BLONDIN, D. *Les deux espèces humaines* – Autopsie du racisme ordinaire. La Pleine Lune, 1994.

BLOOM, W. *Personal Identity and International Relations*. Cambridge University Press, 1995.

BOBBIO, N. *Governo e sociedade*. Paz e Terra.

BONDY, S.A. *Existe una filosofía de nuestra América?* Siglo Veintiuno, 1988.

BONFIM, M. *O Brasil nação* – Realidade da soberania brasileira. Topbooks, 1996.

BOURDIEU, P. *Economia das trocas linguísticas*. Edusp, 1996.

______. *L'Ontologie politique de Martin Heidegger*. Minuit, 1988.

______. *La distinction*. Minuit, 1979.

CÂNDIDO, A. *Literatura e sociedade* – Estudos de teoria literária. Nacional, 1976.

CELSO, A. (Conde). *Porque me ufano do meu país*, 1900.

CORBISIER, R. *Formação e problema da cultura brasileira*. MEC/Iseb, 1960.

CRESPI, F. *Médiation symbolique et société*. Librairie des Méridiens, 1983.

CRESPO, A.R. *Esclavos negros en Bolivia*. Juventud, 1995.

CUNHA, M.C. *Estrangeiros* – Os escravos libertos e sua volta à África. Brasiliense, 1985.

DELEUZE, G. & GUATTARI, F. *Qu'est-ce-que la philosophie?* Minuit, 1991.

DIAS, M.O.L.S. *Quotidiano e poder em São Paulo no século XIX*. Brasiliense, 1984.

DIAS, P. *Un autre partage*. Erés/Unesco.

DIJK, T.A. *Cognição, discurso e interação*. Contexto, 1992.

DIOP, C.A. *Civilization or Barbarism*: an Authentic Anthropology, 1991.

DÓRIA, F.A. *Os herdeiros do poder*. Revan, 1996.

D'ORS, E. *Du baroque*. Gallimard, 1935.

ELIADE, M. *Le mythe de l'éternel retour*. Gallimard, 1969.

ELIAS, N. *A sociedade dos indivíduos*. D. Quixote, 1993.

_____. *Sobre el tiempo*. Fondo de Cultura Económica, 1989.

FAORO, R. *A pirâmide e o trapézio*. Nacional, 1974.

_____. *Os donos do poder* – A formação do patronato político brasileiro. 2 vols. José Olympio, 1973.

FREUD, S. *Mal-estar na cultura* (1930). Imago.

FREYRE, G. *Ordem e progresso*. 2 vols. José Olympio, 1962.

_____. *Casa grande & senzala*. 2 vols. José Olympio, 1946.

_____. *Sociologia*. 2 vols.

GEERTZ, C. *O saber local*. Vozes, 1998.

GIL, J. *Metamorfoses do corpo* – A regra do jogo. LDA, 1980.

_____. *Fernando Pessoa ou a metafísica das sensações*. Lisboa.

GOFFMAN, E. *Stigmate*. Minuit.

GOMES, H.T. *O negro e o romantismo brasileiro*. Atual, 1988.

GOUX, J.J. *Économie et symbolique*. Seuil, 1973.

GRAHAM, R. *Clientelismo e política no Brasil do século XIX*. UFRJ, 1997.

HEGEL, G.W.F. *The Philosophy of History*. Dover, 1956.

HEIDEGGER, M. *Identidade e diferença* – O princípio de identidade e constituição onto-teo-lógica da metafísica. Abril, 1973 [Col. Os Pensadores].

_____. *Sobre o humanismo*. Tempo Brasileiro, 1967.

HEMPHIL, E. & MERCER, K. *Brother to Brother* – New writings by black gay men. Alyson Publications, 1992.

HOLANDA, S.B. *Caminhos e fronteiras*. José Olympio, 1975.

_____. *Raízes do Brasil*. José Olympio, 1974.

HUNTINGTON, S.P. *O choque das civilizações e a recomposição da ordem mundial*. Objetiva, 1997.

JASPERS, K. *Introduction à la philosophie*. Plon, 1953.

JEUDY, H.-P. *Sciences sociales et démocratie*. Circé, 1998.

KANT, I. *Observações sobre o sentimento do belo e do sublime* – Ensaio sobre as doenças mentais. Papirus.

_____. *Reflexionen*. Adickes.

KIERKEGAARD, S. *El concepto de angustia*. Aspasa Calpa [Colección Austral].

LACAN, J. *1961* – Seminário de 06/12 [s.d.].

LASCH, C. *The Revolt of the Elites and the Betrayal of Democracy*. W.W. Norton & Company, 1995.

LEAL, V.N. *Coronelismo, enxada e voto*. Nova Fronteira, 1997.

LEDRUT, R. *La forme et le sens dans la société*. Méridiens, 1984.

______. *La révolution cachée*. Casterman, 1979.

LEITE, D.M. *O caráter nacional brasileiro* – História de uma ideologia. Pioneira, 1968.

LÉVI-STRAUSS, C. (org.). *La identidad*. Petrel, 1981.

______. *Antropologia estrutural*, I e II. Tempo Brasileiro.

LIMA, O. *D. João Sexto no Brasil*. Topbooks, 1996.

LUZ, M.A. *Agadá* – Dinâmica da civilização africano-brasileira. Universidade da Bahia.

LYOTARD, J.-F. *Le mur du Pacifique*. Galilée, 1979.

MAFFESOLI, M. *No fundo das aparências*. Vozes, 1996.

______. *La connaissance ordinaire*. Méridiens, 1985.

MALCOLM, N. *Bosnia*: a Short History. New York University Press, 1995.

MOTA, C.G. *Ideologia da cultura brasileira*. Ática, 1985.

MOURA, C. *Imprensa negra*. Imprensa Oficial de São Paulo/ Secretaria de Cultura de São Paulo, [s.d.].

MOURA, C.E. (org.). *Candomblé*: desvendando identidades. EMW, 1987.

NABUCO, J. *O abolicionismo*. Vozes, 1977.

______. *Minha formação*. José Olympio, 1957.

NATHAN, T. & HOUNKPATIN, L. *La guérison Yoruba*. Odile Jacob, 1998.

ORTIZ, F. *On The Social Phenomenon of Transculturation and its Importance in Cuba*. A.A. Knopf, 1947.

PAIVA, R. *O espírito comum* – Comunidade, mídia e globalismo. Vozes, 1998.

PARFIT, D. *Reasons and Persons*. Oxford University Press, 1986.

PARSONS, T. *The Social System*. Free Press.

PEDRO (Infante D.). "Livro da virtuosa benfeitoria" [séc. XV]. In: *Obras dos príncipes de Avis*. Lello & Irmãos.

PELOSO, S. *O canto e a memória*. Ática, 1996.

PINTO, Á.V. *Consciência e realidade nacional*. 2 vols. Iseb-MEC, 1960.

PINTO, L.A.C. *O negro no Rio de Janeiro* – Relações de raças numa sociedade em mudança. UFRJ, 1988.

POLANYI, K. *The Great Transformation*. Beacon Press, 1968.

PRADO, P. *Retrato do Brasil* – Ensaio sobre a tristeza brasileira. 5. ed. Brasiliense, 1994.

QUERINO, M. *A raça africana*. Progresso, 1955.

RAMOS, A.G. *Introdução crítica à sociologia brasileira*. UFRJ, 1995.

REICH, R.B. *O trabalho das nações* – Preparando-nos para o capitalismo do século XXI. Educator, 1994.

RICOEUR, P. *Soi-même comme un Autre*. Seuil, 1985.

______. *Temps et récit* – III: Le temps raconté. Seuil, 1985.

RODRIGUES, N. *Os africanos no Brasil*. UnB, 1988.

______. *As raças humanas*. Progresso, 1957.

ROMERO, S. *História da literatura brasileira*. José Olympio, 1943.

SANTOS, J.E. *Os nàgô e a morte*. 7. ed. Vozes, 1993.

SIMMEL, G. *La tragédie de la culture et autres essais*. Rivages, 1988.

SKIDMORE, T. *Black into White*: Race and Nationality in Brazilian Thought. Oxford University Press, 1974.

SLOTERDIJK, P. *Falls Europa Erwacht*. Suhrkamp, 1994.

SMITH, A.D. *A identidade nacional*. Gradiva, 1997.

SODRÉ, M. *O terreiro e a cidade* – A forma social negro-brasileira. Vozes, 1988.

TAGUIEFF, P.-A. *Les fins de l'antiracisme*. Michalon, 1995.

______. *La force du préjugé* – Essai sur le racisme et ses doubles. La Decouverte, 1988.

TARDE, G. *Les lois de l'imitation*. Slatkine, 1919.

TODOROV, T. *Nous et les Autres* – La réflexion française sur la diversité humaine. Seuil, 1989.

TOENNIES, F. *Comunidad y asociación*. Península, 1979.

TORRES, A. *O problema nacional brasileiro*. 4. ed. UnB, 1982 [Col. Temas Brasileiros].

VASCONCELOS, J. *The Cosmic Race* [La raza cósmica]. Pace Publications, 1979 [Ed. de Didien T. Jaén].

WITTGENSTEIN, L. *Tractatus Logico-Philosophicus*. Fundação Calouste Gulbenkian, 1987.

______. *Investigações filosóficas*. Fundação Calouste Gulbenkian, 1987-1988.

VATTIMO, G. *As aventuras da diferença*. Ed. 70, 1980.

ZAHAN, D. *Religion, spiritualité et pensée africaines*. Payot, 1970.

ZEA, L. *Descubrimiento e identidad latinoamericana*. Universidad Autónoma de México, 1990.

b) Literárias

ALENCAR, J. *O tronco do ipê*. José Olympio.

AMADO, J. *Jubiabá*. Record.

______. *Os velhos marinheiros*. Record.

ANDRADE, M. *Macunaíma*. São Paulo, 1928.

ASSIS, M. *Iaiá Garcia* – Obras Completas. José Aguilar.

______. *Quincas Borba*. Ática.

AZEVEDO, A. *Casa de pensão*. Martins.

______. *O mulato*. Ática.

BARRETO, L. *Recordações do escrivão Isaías Caminha*. Ediouro.

______. *Diário íntimo*. Brasiliense.

______. *Vida e morte de M.J. Gonzaga de Sá*. Ediouro.

______. *Cemitério dos vivos*. Prefeitura Municipal do Rio de Janeiro, 1993.

CALVINO, Í. *As cidades invisíveis*. Cia. das Letras.

CAMINHA, A. *O bom crioulo*. Ediouro.

GUIMARÃES, B. *A escrava Isaura*. Ediouro.

LOBATO, M. *O presidente negro ou o choque das raças*. Brasiliense.

______. *Cartas escolhidas* (1895-1948). 2 vols. Brasiliense.

______. *A barca de Gleyre*. Nacional.

MACEDO, J.M. *A moreninha*. Ediouro.

MARQUES, X. *O feiticeiro*. GRD/MEC.

OLINTO, J. *A casa da água*. Bloch.

PENA, C. *A menina morta*. José Olympio.

Conecte-se conosco:

facebook.com/editoravozes

@editoravozes

@editora_vozes

youtube.com/editoravozes

+55 24 2233-9033

www.vozes.com.br

Conheça nossas lojas:

www.livrariavozes.com.br

Belo Horizonte – Brasília – Campinas – Cuiabá – Curitiba
Fortaleza – Juiz de Fora – Petrópolis – Recife – São Paulo

EDITORA VOZES
VOZES NOBILIS
Vozes de Bolso
Vozes Acadêmica

EDITORA VOZES LTDA.
Rua Frei Luís, 100 – Centro – Cep 25689-900 – Petrópolis, RJ
Tel.: (24) 2233-9000 – E-mail: vendas@vozes.com.br